<핵심요약> 알기 쉽게 이해하는
사회복지정책론

최 성 혁 著

〈핵심요약〉
알기 쉽게 이해하는 사회복지정책론

2021년 8월 20일 초판 1쇄 인쇄
2021년 8월 31일 초판 1쇄 발행

저　자	최 성 혁 著
발 행 처	도서출판 에듀컨텐츠휴피아
발 행 인	李 相 烈
등록번호	제2017-000042호 (2002년 1월 9일 신고등록)
주　소	서울 광진구 자양로 28길 98, 동양빌딩
전　화	(02) 443-6366
팩　스	(02) 443-6376
e-mail	iknowledge@naver.com
web	http://cafe.naver.com/eduhuepia
만든사람들	기획·김수아 / 책임편집·이진훈 황혜영 주세훈 박나영 디자인·유충현 / 영업·이순우

I S B N　|　978-89-6356-318-3 (93330)

정　가　|　20,000원

ⓒ 2021, 최성혁, 도서출판 에듀컨텐츠휴피아

이 책은 저작권법에 따라 보호받는 저작물이므로 무단전재와 무단복제를 금지하며, 이 책 내용의 전부 또는 일부를 이용하려면 반드시 저작권자 및 도서출판 에듀컨텐츠휴피아의 서면 동의를 받아야 합니다.

[문헌정보QR코드]

〈 목 차 〉

제1장 사회복지정책의 일반론[Ⅰ] ·· 1
1. 사회복지정책의 개념 ··· 1
2. 사회복지정책의 모형 ··· 3
3. 사회복지정책의 특성 ··· 4
* 평가하기 ··· 6

제2장 사회복지정책의 일반론[Ⅱ] ·· 9
1. 사회복지정책의 가치 ··· 9
2. 사회복지정책의 기능 ··· 11
3. 사회복지정책의 역기능 ··· 13
4. 사회복지정책의 구성요소 ··· 13
5. 사회복지정책의 영역 ··· 14
6. 사회복지정책과 사회복지실천의 관계 ······································· 16
* 평가하기 ··· 17

제3장 사회복지정책의 역사 ·· 23
1. 사회복지정책 발달의 전(前) 단계 ··· 23
2. 영국 사회복지정책의 역사 ··· 23
3. 미국 사회복지정책의 역사 ··· 26
4. 한국 사회복지정책의 역사 ··· 28
* 평가하기 ··· 35

제4장 사회복지정책의 필요성 ·· 44
1. 자본주의에 대한 비판 ··· 44
2. 복지국가의 형성과 특성 ··· 44
3. 복지국가에 대한 비판 ··· 44
* 평가하기 ··· 46

제5장 사회복지정책의 이념 ···48
1. 복지 이데올로기 ···48
2. 자유방임주의 ···48
3. 자유주의 ···49
4. 신자유주의 ··49
5. 사회민주주의 ···50
6. 마르크스주의 ···50
7. 신마르크스주의 ···51
8. 페미니즘 ···51
9. 그린이즘 ···51
* 평가하기 ···53

제6장 사회복지정책의 주체와 대상 ···56
1. 사회복지정책의 주체 ··56
2. 사회복지정책의 대상 ··59
* 평가하기 ···62

제7장 사회복지정책의 재원 ···71
1. 공공부문 재원 ··71
2. 민간부문 재원 ··71
* 평가하기 ···72

제8장 사회복지정책의 형성과정 ···73
1. 사회복지정책의 형성과정에 대한 이해 ···73
2. 사회복지정책의 형성과정(단계) ···74
* 평가하기 ···81

제9장 사회복지정책의 분석틀과 설명 이론 ··88
1. 사회복지정책의 분석틀 ···88
2. 사회복지정책의 설명이론 ··91
* 평가하기 ···96

제10장 사회복지정책의 전달체계 ·······103
1. 전달체계의 개념 ·······103
2. 전달체계의 원칙 ·······103
3. 전달체계의 종류 ·······105
4. 전달체계의 선택 ·······112
* 평가하기 ·······118

제11장 사회보장의 일반적 이해 ·······126
1. 사회보장의 개념 ·······126
2. 사회보장의 기능 ·······128
3. 사회보험과 공공부조의 비교 ·······130
4. 사회보험과 민간보험의 비교 ·······132
* 평가하기 ·······134

제12장 사회보험제도의 일반적 이해 ·······144
1. 사회보험의 의의 ·······144
2. 사회보험의 기본원리 ·······144
3. 사회보험의 특성 ·······145
4. 사회보험의 구성요소 ·······146
5. 사회보험의 형태 ·······147
* 평가하기 ·······148

제13장 공공부조제도의 일반적 이해 ·······154
1. 공공부조의 개념 ·······154
2. 공공부조제도의 원리 ·······154
3. 공공부조의 특성 ·······154
4. 공공부조의 발달배경 및 과정 ·······155
5. 자산조사 ·······156
* 평가하기 ·······158

제14장 사회보험제도[1] : 산업재해보상보험제도 ·········161
1. 산업재해보상보험제도의 개념 ·········161
2. 산업재해보상보험제도의 관리운영 ·········161
2. 산업재해보상보험제도의 적용대상 ·········162
3. 산업재해보상보험제도의 보험료 ·········162
4. 산업재해보상보험제도의 급여 ·········162
* 평가하기 ·········166

제15장 사회보험제도[2] : 국민건강보험제도 ·········175
1. 국민건강보험제도의 개념 ·········175
2. 국민건강보험제도의 유형 ·········175
3. 국민건강보험제도의 발전과정 ·········176
4. 국민건강보험제도의 관리운영 ·········176
5. 국민건강보험제도의 적용대상 ·········176
6. 국민건강보험제도의 급여 ·········178
7. 국민건강보험제도의 보험재정 ·········179
* 평가하기 ·········182

제16장 사회보험제도[3] : 노인장기요양보험제도 ·········186
1. 노인장기요양보험제도의 시행 의의 ·········186
2. 국민건강보험제도와의 차이점 ·········186
3. 노인장기요양보험제도의 적용대상 ·········186
4. 노인장기요양보험제도의 급여 ·········187
5. 노인장기요양보험제도의 재원 ·········187
6. 노인장기요양보험제도의 기대효과 ·········187
* 평가하기 ·········189

제17장 사회보험제도[4] : 고용보험제도 ·········193
1. 고용보험제도의 개념 ·········193
2. 고용보험제도의 기능 ·········193
3. 고용보험제도의 기본원칙 ·········194

    4. 고용보험제도의 관리운영 ···194
    5. 고용보험제도의 적용대상 ···195
    6. 고용보험제도의 급여 : 고용안정사업, 직업능력개발사업, 실업급여사업 ············195
    7. 고용보험제도의 재원(보험료) ···196
    * 평가하기 ···199

제18장 사회보험제도(5) : 국민연금제도 ···205
    1. 국민연금제도의 개요 ··205
    2. 국민연금제도의 내용 ··206
    3. 국민연금제도의 재정방식 ···209
    * 평가하기 ···211

제19장 공공부조제도(1) : 국민기초생활보장제도 ··216
    1. 국민기초생활보장제도의 주요내용 ···216
    2. 국민기초생활보장제도의 실시상의 원칙 ···217
    3. 국민기초생활보장제도 급여의 원칙 ··218
    4. 국민기초생활보장제도의 급여 내용 ··219
    * 평가하기 ···221

제20장 공공부조제도(2) : 의료급여제도 등 ··226
    1. 의료급여제도 ··226
    2. 긴급복지지원제도 ···227
    3. 재해구호 사업 ··227
    4. 근로장려세제(EITC) ···228
    5. 기타 ···228
    6. 우리나라의 공공부조의 문제점과 주요 과제 ··229
    * 평가하기 ···230

제21장 사회복지정책의 과제와 전망 ··240
    1. 목표체계의 확립과 대상범위의 확대 ···240
    2. 사회복지정책 프로그램과 급여의 내실화 ···240

3. 전달체계의 개선 ···240
4. 재원의 조달: 사회복지 관련 재원의 안정적인 확보 ·····························240

[참 고 문 헌] ···241

〈 표 목차 〉

〈표 1-1〉 보완적 모형과 제도적 모형의 비교 ···3
〈표 2-1〉 소득재분배의 분류 ···12
〈표 2-2〉 사회복지정책의 영역 ···15
〈표 3-1〉 자선조직협회와 인보관운동의 비교 ···25
〈표 5-1〉 학자별 사회복지정책의 이념 모델 ···48
〈표 6-1〉 사회복지정책의 주체별 사회복지의 형태 ···57
〈표 11-1〉 소득재분배의 유형 ···130
〈표 11-2〉 사회보험과 공공부조의 차이점 비교 ···131
〈표 11-3〉 선별주의와 보편주의의 차이점 비교 ···131
〈표 11-4〉 사회보험과 민간보험(사보험)의 차이점 비교 ································133
〈표 12-1〉 사회보험 재정의 운영방식 ···146
〈표 14-1〉 산업재해보상보험법싱 장해급여표 ···163
〈표 14-2〉 산업재해보상보험제도 급여의 종류와 내용 ···································164
〈표 14-3〉 우리나라 산업재해보상보험제도의 주요 내용 분석 ·····················165
〈표 15-1〉 국민건강보험제도의 급여의 종류 ···179
〈표 15-2〉 국가별 보건의료서비스 방식 ···180
〈표 15-3〉 우리나라 국민건강보험제도의 주요 내용 분석 ·····························181
〈표 16-1〉 우리나라 노인장기요양보험제도의 주요 내용 분석 ·····················188
〈표 17-1〉 구직급여의 소정급여일수 ···196
〈표 17-2〉 고용보험제도의 보험료율 ···197
〈표 17-3〉 우리나라 고용보험제도의 주요 내용 분석 ·····································198
〈표 18-1〉 우리나라 국민연금제도의 급여종류별 수급요건 및 급여수준 ···208

<표 18-2> 우리나라 국민연금제도의 주요 내용 분석 ·················209
<표 19-1> 우리나라 국민기초생활보장제도의 주요 내용 분석 ·················219

〈 그림 목차 〉

[그림 1-1] 사회복지정책과 인접정책 ·················2
[그림 2-1] 사회복지정책과 사회복지실천과의 관계도 ·················16
[그림 3-1] 한국 사회복지 법령 및 제도의 역사적 전개(Ⅰ) ·················32
[그림 3-2] 한국 사회복지 법령 및 제도의 역사적 전개(Ⅱ) ·················32
[그림 3-3] 사회복지정책의 역사 ·················33
[그림 10-1] 우리나라 사회보장정책의 공공전달체계 ·················109
[그림 10-2] 우리나라 사회서비스정책의 민간전달체계 ·················110

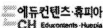

제1장 사회복지정책의 일반론(Ⅰ)

1. 사회복지정책의 개념

1) 사회복지정책은 각 국가의 이념적, 정치적, 경제적, 문화적 여건과 시대적 상황을 반영하는 역사적 형성체로서 개념 정의가 어려움(강용규 외, 2020: 101).

2) 어원적 개념 : 사회복지 + 정책 = 사회복지정책은 '사회복지의 목표를 이루기 위하여 필요한 행동들에 관한 원칙', '사회생활을 영위하는 데 있어서 인간의 기본적 욕구에 대응하기 위한 정책 분야이며, 각종 사회문제의 해결을 목적으로 하는 사회복지프로그램의 형성 및 구체화를 통한 권위적인 가치 배분 활동' [1]

3) 국가별 개념(강용규 외, 2020: 102-103)[2]
   ① 영국의 사회복지정책 : 사회서비스[3](사회정책)(Titmuss, 1958, 박병현, 2013: 24-25 재인용), 사회행정(Brown, 1977: 13; Townsend, 1975: 2), 사회입법과 사회행정(김영모, 1999: 2), 사회복지정책(Marshall, 1965b: 7)
   ② 독일의 사회복지정책 : 사회정책(social policy)(Wagner, 1891: 4; Schmoller, 1875: 90)
   ③ 미국의 사회복지정책 : 사회복지서비스(Gil, 1992: 9; Prigmore, 1979: 19; Jansson, 1984: 6; Gilbert & Specht, 1974: 6-8)

---

[1] Gibert & Terrell(2002: 2), 박병현(2010: 19), 송근원·김태성(1999: 21), 원석조(2010: 20), 양점도 외(2010: 161), 박경일(2009: 17), 강용규 외(2020: 102) 등 참조
[2] 사회복지정책에 대한 영국과 미국의 견해 차이가 있는데, 이것은 그 나라의 역사적(사회적), 문화적(학문적) 배경의 차이에서 비롯되고 있음. 영국에 있어서 사회정책은 일찍이 산업화 과정에서 초래된 빈곤문제를 해결하기 위한 빈곤정책이나 사회적 위험(노령, 실업, 질병 등)을 예방·치료하기 위한 사회봉사 및 사회보장정책의 발달에서 형성된 것이기 때문에, 빈곤과 사회적 위험에 대한 사회적(국가적) 책임과 시민권의 발달에서 초래되었다고 볼 수 있는 반면에, 미국의 사회복지정책은 실업보험과 연금보험(노령유족보험)이 있었으나 이것보다도 오히려 공적 부조와 사회복지서비스를 말하는데, 특히 이러한 공적 부조와 사회복지서비스의 정책형성이나 평가 등 사회복지정책을 협의로 생각하고 주로 기술론적 관점에서 접근하여 사회복지행정의 개념과 동일시하는 경향이 있음(김영모, 1999: 1-2). 영국과 독일의 사회복지정책에 대한 구체적인 내용에 대해서는 김영모(1999: 2-13), 박병현(2010: 109-131), 원석조(2010: 103-129) 등을 미국의 사회복지정책에 대한 구체적인 내용은 원석조(2010: 103-129), 박병현(2010: 131-147) 등을 참고하기 바람. 특히, 영국, 미국, 독일의 사회복지정책의 체계에 대해서는 원석조(2016: 35, 〈표 1-2〉), 박병현(2013: 23-28)을 참고하기 바람.
[3] 사회서비스는 신체적, 정신적 또는 사회적으로 불리한 조건으로 발생한 인간의 개인적인 욕구를 해결하기 위한 대인서비스를 수행하는 정부의 정책을 포괄적으로 의미함.

④ 한국의 사회복지정책 : 복합적으로 사용됨, 최근에는 사회보장(social security)

4) 소결: 사회복지정책의 개념[4])
  (1) 사회복지에 관한 정책이며, 이는 사회복지에 관한 일련의 집단적 행동지침
  (2) 정부가 사회복지의 목표를 달성하기 위해 의도적으로 선택한 행동지침, 강제성 수반

5) 인접 정책과의 관계성

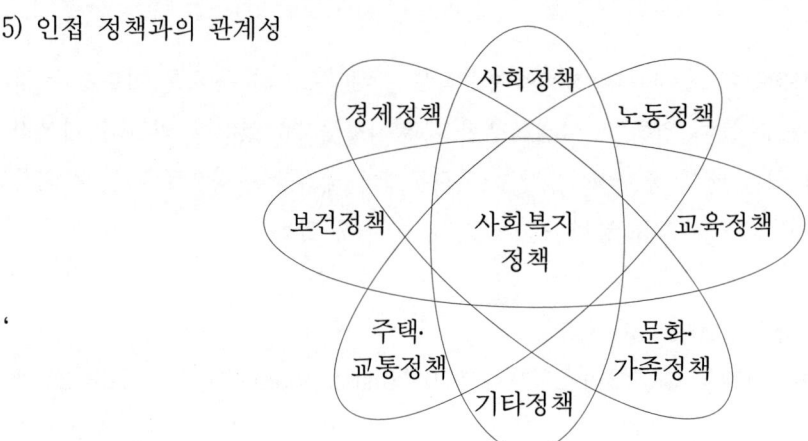

[그림 1-1] 사회복지정책과 인접정책(김영모, 1999: 21 재인용)

6) Romanyshin(1971: 28)의 사회복지정책의 개념 변화
  ① 보충적(보완적, 잔여적) → 제도적
  ② 자선 → 시민의 권리
  ③ 선별성 → 보편성(빈민대상 특수한 서비스 → 전체국민 대상 보편적 서비스)
  ④ 최저 조건 → 최적 조건
  ⑤ 개인적 해결 → 사회개혁(문제 해결 중심 → 문제 예방)
  ⑥ 민간(자발성) → 공공지원(공공성)
  ⑦ 빈민복지(빈민구제) → 복지국가 또는 복지사회

---

[4]) 사회복지정책의 개념에 대해서는 DiNitto(2000: 2-3), Kahn(1979: 69), Marshall(1965: 7; 1970: 11-15), Prigmore & Atherton(신섭중 역, 1984: 19 재인용), Rein(1970: 3-4), Titmuss(1974: 박차상 외, 2011: 86 재인용, 1979: 192), 송근원(2004: 22), 박병현(2003: 19), 송근원·김태성(1995: 31), Kahn(1979: 배기효 외, 2010, 154 재인용), 박석돈 외(2008: 69), 배기효 외(2010: 154), 정무성 외(2010: 138-139), 김준규 외(2011: 163-164), 임우석 외(2012: 125) 등을 참고하기 바람.

2. 사회복지정책의 모형(사회복지정책 형태의 유형화)

1) Wilensky & Lebeaux의 모형(1958: 138-139)[5]

  (1) 보완적 모형(residual model)
    ① 가족과 시장이 정상적인 기능을 수행하지 못할 때 이의 보완적 기능을 담당하고 있는 사회복지서비스가 일차적 기능으로서 잠정적·일시적으로 그 기능을 대신
    ② 자유주의, 개인주의, 시장경제를 기초
    ③ 예) 초기 산업사회 및 자유주의 국가

  (2) 제도적 모형(institutional model)
    ① 국가가 적극적으로 개입함으로써 복지가 구현됨
    ② 사회복지서비스를 현대 산업사회에 있어서 정상적인 일차적 기능으로 간주
    ③ 보편주의적 서비스, 사회평등의 원리에 입각한 사회복지정책, 소득재분배 강조
    ④ 예) 후기 산업사회의 복지국가

2) Titmuss의 모형(1974, 박차상 외, 2011: 86 재인용)
    ① 보완적 복지모형 : 윌렌스키와 르보의 보완적 모형 참조
    ② 산업성취 수행모형 : 사회복지제도의 주요한 역할을 경제의 부속물로 생각한다. 이것은 사회적 욕구가 업적, 노동수행 및 생산성에 기초하여 해결되어야 한다는 것
    ③ 제도적 재분배모형 : 윌렌스키와 르보의 제도적 모형 참조

〈표 1-1〉 보완적 모형과 제도적 모형의 비교

구분	보충(잔여)적 개념	제도적 개념
생활책임관	개인책임	사회책임
출생배경	근대 자유주의사회(전 산업사회)	현대 복지국가
대상	정상적 사회경제생활을 하지 못하고 있는 소수 불행자(빈곤자)	전국민
대책	임시 구제(relief)	제도적 조치화

---

5) 김영모(1999: 13-19) 참고

구분	보충(잔여)적 개념	제도적 개념
기술	개별화	표준화
주요 사회보장수단	공공부조 : 국민기초생활보장법, 의료급여, 보훈사업	사회보험 또는 demogrants : 국민연금, 국민건강보험법, 고용보험 등
대상 및 처방 결정방법	선별성 원칙 : 수요자를 한정적으로 하는 것(자산조사 실시 등)	보편성 원칙

※ 출처 : 김영모(1999: 13-19) 재구성

3. 사회복지정책의 특성[6]

1) 인간지향적인 정책(송근원, 1994: 12; 박병현, 2013: 38-39)
    ① 사회복지정책은 어떤 사람이든 누구나 인간으로서의 존엄성을 지켜 나가면서 인간으로서 대우받을 수 있는 생활을 보장하는 데 그 목적이 있음.
    ② 사회복지정책의 대상은 어떠한 문제로 인해 인간의 존엄성을 훼손당하거나 위협받을 가능성이 있는 사람들이라고 볼 수 있음.

2) 소득재분배 정책(박병현, 2013: 39) : 사회복지정책은 경제성장의 결과로서 나타나는 부의 증대를 배분하는 것이 목표임.

3) 시장논리보다는 정치논리에 좌우하는 정책(박병현, 2013: 39) : 사회복지정책에 의해 배분되어지는 자원은 시민들이 소유할 자격이 있다고 주장하는 공공재(public good)인데, 이는 자원을 갖게 되는 것은 시장논리(market status)에 의해서라기 보다는 정치논리(political status)에 달려 있다는 것

4) 변화하는 정책 : 사회복지정책은 외부적으로 사회변동에 따라 발생하는 사회문제의 내용에 대응하여 사회복지정책의 내용이 달라지기도 하는 한편, 한 개인의 경우 삶의 주기에 따라 개인적 욕구가 다를 수 있는데, 특히 자신이 스스로 인간다운 생활을 영위할 수 없는 사회적 약자에 대응하여 사회복지정책 내용이 변화하기 때문임.

---

[6] 사회복지정책의 특성을 정책급여를 기준으로 보면, "배타적(개별적) > 비배타적(집합적), 직접적 > 간접적, 비시장적 > 시장적, 공식적 > 비공식적, 비영리적 > 영리적, 일방적 > 쌍방적, 생산적 > 소비적" 등으로 분류할 수 있음. 사회복지정책의 특성에 대해서는 강용규 외(2020: 103-104)를 참고하기 바람.

5) 가치개입적 정책 : 사회복지정책은 합리성과 효율성, 효과성을 중시하고 다른 정책에 비하여 상대적으로 가치와 이념에 강한 연관성을 지니고 있음.

6) 희소성의 원칙이 지배하는 정책 : 사회복지정책은 사회 내의 한정된 자원으로써 충족되지 않고 존재하는 욕구를 해결하기 위한 정책이라는 의미

◆ <핵심요약> 알기 쉽게 이해하는 사회복지정책론 ◆

★ 평가하기

Q1 개인의 욕구충족은 원칙적으로 가족이나 시장을 통해서 자체적으로 이루어져야 하는 것이 원칙이나 어떤 원인으로 가족이나 시장과 같은 정상적인 공급구조가 제 기능을 다하지 못할 때만 사회복지가 개인 생활에 개입하여 도움을 주는 기능을 하는 사회복지개념은?

① 제도적 개념　　　　　**② 보충적 개념**　　　　　③ 어의적 개념
④ 이념적 개념　　　　　⑤ 대상적 개념

해설 : 윌렌스키(Wilensky)와 르보(Lebeaux)의 기능적 사회복지 개념
　　　① 보충적 개념(Residual Concept) : 가족과 시장(직장)이 정상적인 기능을 수행하지 못할 때 이의 보완적이고 임시적인 기능 담당
　　　② 제도적 개념(Institutional Concept) : 개인, 집단, 지역사회가 만족할 만한 수준의 삶과 건강을 누릴 수 있도록 돕기 위한 사회복지서비스와 제도의 조직화된 체계

Q2 사회복지 개념에 대한 범위적 관점 중 광의적 개념과 협의적 개념에 대한 설명이 제대로 연결된 것은?

① 광의적 개념 - 사회복지는 부적응자 등 특정한 국민을 대상으로 한다.
② 협의적 개념 - 모든 생활영역에서 그 수준의 향상을 목적으로 한다.
③ 광의적 개념 - 구체적인 복지정책이나 사업계획을 통해 목표를 달성하고자 한다.
④ 협의적 개념 - 생활수요의 최저한 또는 평균선 유지를 추구한다.

해설 : ①은 협의적 개념, ②는 광의적 개념, ③은 협의적 개념을 기술한 것이다.

Q3 사회복지 개념에 대한 기능적 관점을 서술한 것으로서 적절한 것은?

① 사회적 약자에 대한 2차적, 보충적 개념으로 보는 것이 제도적 개념
② 윌렌스키와 르보에 의하여 잔여적인 것과 제도적인 것으로 세분화 됨.
③ 사회복지가 사회유지에 필수적인 독자기능을 수행한다고 보는 것이 잔여적 개념
④ 가족, 종교 등 기존 제도와 구분되는 독자영역이 없다고 보는 것이 제도적 개념

해설 : ①에서 사회적 약자에게 안전망(safety-net) 기능을 수행하는 것이 사회복지의 기능이라고 보는 입장은 잔여적 개념의 내용이다. ③에서 제도적 개념에서는 사회복지가 사회를 유지하는 데 필수적이며 독자적인 고유 기능을 수행한다고 본다. ④에서 가족, 종교 등 기존 제도와 구분되는 독자영역이 없다고보는 것은 잔여적 개념이다.

Q4 역사적 관점에 기초하여 사회복지 개념의 각 시대별 변화상을 정리한 내용으로서 적절하지 않은 것은?
① 원시사회는 상호부조의 개념에 기초하여 촌락단위에서 구제를 실시
② 고대 및 중세사회는 자선사업의 차원에서 개개의 궁핍자에 초점
③ **근대시민사회는 구빈법을 통한 빈민(paupers)의 구제 및 통제를 강조**
④ 현대산업사회는 사회복지 차원에서 전 국민의 생활문제 해결을 추구

해설 : 구빈법을 통한 빈민의 구제 및 통제를 강조한 것은 절대주의 국가시대였다.

Q5 Titmuss의 사회복지정책 이념모형 중, 산업적·업적성취모형에 관한 설명이라고 할 수 없는 것은?
① 보충적·잔여적 모형과 제도적 재분배 모형의 중간
② **요보호자에 대한 선별적 공공부조 프로그램을 강조**
③ 개인의 자유를 강조하고 시장을 통한 재분배를 당연시
④ 사회복지정책을 경제성장의 수단적 의미로 간주

해설 : 요보호자에 대한 선별적 공공부조 프로그램을 강조한 것은 Titmuss의 사회복지정책 이념모형 중 보충적·잔여적 모형에 해당한다. 시장·가족 등 전통적인 제도가 붕괴될 경우에 예외적·잠정적으로 사회복지정책이 기능하면 충분하기 때문이며, 따라서 개인의 자립의지를 전제로 한 사회 최저수준의 빈민구제만 실시하는 형태다.

Q6 다음은 Wilensky와 Lebeaux의 사회복지정책 중 제도적 개념에 대한 설명이다. 틀린

것은?

① 후기산업사회의 복지국가에서 많이 볼 수 있다.
② 국가의 적극적 개입을 통한 제도적 서비스로서 복지를 구현한다.
③ **시장경제의 원리를 통하여 이루어진다.**
④ 서비스대상자의 낙인을 최소화하는 것으로 국가가 적극적으로 개입한다.
⑤ 사회복지를 가족이나 시장경제 등과 같이 사회의 기본적인 기능을 수행하는 제도로 본다.

해설 : 자유주의, 개인주의, 시장의 원칙에 따라 작동한다고 보는 것은 보충적 관점이다.

Q7 사회복지정책의 특성을 잘못 설명한 것은?

① 인간의 존엄성의 가치를 기반으로 한다.
② **시장 기제를 통해 쌍방의 자율적 교환관계를 주요 기능으로 본다.**
③ 공공부문이 주도적 역할을 한다.
④ 사회적 욕구가 자원보다 많다.

해설 : 사회복지정책은 시장기제가 실패하여 불평등이 초래되었을 때 정부가 이를 조절하기 위하여 개입하는 것을 의미한다.

Q8 사회복지 재화는 공공재적 성격을 갖는다.　① **예** / ② 아니오

해설 : 공공재(public good)는 사회적으로 필요한 것이지만 시장에만 맡겨두면 투자가 이루어지지 않거나 많은 비용을 지불해야 한다. 사회복지 서비스를 국가가 주도적으로 제공할 필요가 여기에 있다.

Q9 고소득층으로부터 저소득층으로의 소득이전과 관련된 정책은 (　　　)정책이다.

① 규제정책 / ② **재분배정책**

해설 : (소득의) 재분배 정책과 관련된 문제이다.

제2장 사회복지정책의 일반론(II)

1. 사회복지정책의 가치

- 사회복지정책의 일반적 가치[7] : 사회복지정책을 수립하는 밑바탕을 이루는 가치, 사회복지 정책이 일반적으로 추구하는 목표, 따라서, 사회복지정책의 일반적 가치를 이해하는 것은 사회복지정책을 이해하기 위한 첫걸음[8][9]
- Furniss and Tilton(1977: 8)은 현대사회에서 사회복지정책이 추구하는 일반적인 가치로 「평등, 자유, 민주주의, 사회적 연대의식, 생존권의 보장, 경제적 효율」 등을 제시

1) 평등

① 평등 : 사회적 자원의 재분배를 통하여 사회구성원의 삶의 질을 골고루 향상시키고자 하는 가치(장인협 외, 1999: 25)

② 평등의 유형(남기민, 2010: 32)
- 산술적 평등(결과의 평등) : 모든 사람들에게 그들의 욕구나 능력의 차이에 관계없이 사회적 자원을 균등하게 분배하는 평등(= 적극적 평등), 사회복지정책에 있어서의 일반적 평등의 의미
- 비례적 평등(공평) : 개인의 욕구나 능력, 기여의 정도에 따라서 사회적 자원을 다르게 분배하는 평등
- 기회의 평등 : 결과를 무시한 채 어떤 과정상의 기회만 똑같이 해주는 평등(= 소극

---

[7] Fridlander(1961; 장인협, 1988: 41 재인용)는 사회복지의 기본적 가치로, 개인존중, 자발성 존중, 기회균등, 사회연대 등을 들고 있으며, 장인협(1988: 42-44)은 이러한 기본적 가치를 바탕으로 우리가 지향해야 할 가치로 인간존중의 사상, 상부상조의 공동체의식, 자유와 평등사상, 복지국가주의, 국가적 효율성 등을 제시하고 있음.
[8] Gilbert & Specht(1974: 40-43)는 배분적 정의에 기초가 되는 가치로 평등(equality), 공평(equity), 적절(adequacy) 등을 지적하고 있고(남기민, 2010: 32)은 이러한 배분적 정의를 '사회복지정책의 가장 중요한 목표 중의 하나인 자원의 배분에 관한 정책으로서의 의미를 가진다'고 했음), 송근원·김태성(1999: 199-200, 209-276)은 사회복지정책과 관련된 대표적인 가치들로 평등, 자유, 효율, 욕구(need), 사회적 적절성, 인간의 존엄성 등을 제시하고 있음.
[9] 남기민(2010: 36-41)과 박병현(2012: 49-54)은 사회복지정책에 있어서 대립되는 가치로 ① 개인주의 Vs 집합주의, ② 선별주의 Vs 보편주의, ③ 효율 Vs 평등, ④ 자유 Vs 평등, ⑤ 지방분권 Vs 중앙집중 등을 제시·설명함. 개인주의와 집합주의의 차이에 대해서는 Gilbert & Terrell(1998: 17; 박병현, 2012: 50 〈표 2-2〉 재인용)을, 선별주의와 보편주의의 차이에 대해서는 Gilbert & Terrell(1998: 84; 박병현, 2012: 51 〈표 2-3〉)을, 효율과 평등의 차이에 대해서는 남기민(2010: 40-41)을, 자유와 평등의 차이에 대해서는 송근원·김태성(1995: 267)을, 사회복지정책에 있어서 미국의 연방주의에 입각한 사회복지 책임의 지방분권에 대해서는 Gilbert & Terrell(1998: 216)과 박병현(2008: 182)을 참고하기 바람.

적 평등)

③ 완전한 결과의 평등은 존재 불가(김기태 외, 2000: 43)

2) 자유

① 18세기 이래, 현대사회를 움직이는 사회가치로서 봉건세력에 대응해서 시민계급이 추구하던 가장 중요한 가치(남기민, 2010: 33)

② 자유의 순 의미 : 구속이나 속박에서 벗어나는 것(예, 언론의 자유, 결사의 자유, 직업선택의 자유, 거주이전의 자유, 양심의 자유, 사생활과 비밀의 자유, 재산권의 보장)(MacCalum, 1967: 314; 김해동·정홍익, 1985: 45-46; 남기민, 2010: 33)

③ 현대 복지국가의 사회정책은 개인이 자아를 실현할 수 있도록 하는 적극적인 자유를 추구(남기민, 2010: 33)

- 소극적 자유 : 구속이나 속박으로 부터의 해방
- 적극적 자유 : 다같이 인간다운 삶을 누릴 권리가 있다고 보고 이 권리가 구현되지 않는 상태는 자유의 제한이라고 할 수 있음.

3) 민주주의

- 사회복지정책의 중요한 가치로써 사회복지정책을 통해서 실현하고자 하는 민주주의에는 정치적인 민주주의뿐만 아니라 경제적인 민주주의도 포함됨(남기민, 2010: 34).

① 정치적 측면(박정호, 2003: 78)

- 1인 1표주의 : 개인의 빈부의 차이가 있거나 개인의 능력과 관계없이 동등하게 투표권을 행사
- 인간으로서써의 권리를 제도적으로 보장하고 궁극적으로는 인간존중을 실현

② 경제적 측면(남기민, 2010: 34)

- 국민은 자신의 근로조건을 결정하는 문제에 참여할 수 있음.
- 국가의 경제정책에 국민의 참여가 확대되어야 함.

4) 사회적 연대의식

① 사회의 구성원들이 사회에 대해서 가지고 있는 소속감이나 연대의식(남기민, 2010: 34)

② 사회구성원 간의 따뜻한 인정과 협동하는 정신을 강조하는 정책을 수립해야 함(박

경일 외, 2000: 33-34)

5) 생존권의 보장
   ① 기본적 인권의 하나로써 인간답게 살아 갈수 있는 권리임(남기민, 2010: 35).
   ② 국가에서 인간의 생존을 유지할 수 있도록 생활에 필요한 서비스를 요구할 수 있는 권리임(박병현, 2003: 20)

6) 경제적 효율
   ① 아무리 평등의 가치를 훌륭히 이루는 사회복지정책이더라도 효율의 가치를 훼손하게 된다면 바람직한 정책이라고 할 수 없음(남기민, 2010: 35).
   ② 1차적으로 추구하는 평등의 목표를 달성하기 위해서 사회경제적 자원을 필요로 하게 됨(남기민, 2010: 35-36)
      * 자원은 한정되어 있기 때문에 이 자원의 효율적 사용이 중요하게 됨.
   ③ 효율의 유형(김태성, 2003: 206-213)
      - 수단으로써의 효율 : 특정한 목표를 얻는데 있어서 가능한 최소한의 자원을 투입해서 최대한의 효과를 얻는 것.
      - 배분적 효율(파레토 효율) : 더 이상 개선이 불가능한 최적의 자원배분 상태

2. 사회복지정책의 기능(김영모, 1999: 197-201)

1) 사회통합과 질서유지 : 사회복지정책은 사회적 위험(노령, 재해, 장애, 실업, 질병 등)에 처한 국민들에게 법제도적으로 원조하거나 소득을 일방적으로 이전함으로써 그들의 사회통합과 사회질서를 유지

2) 경제성장과 조정
   ① 사회복지정책은 인적 자본(근로자)을 대상으로 건강, 보건, 교육, 주택, 기타 사회복지서비스 등의 제공을 통해 그들의 삶의 질을 향상, 그 노동력의 질적 수준도 향상시켜서 생산성 확대와 경제성장을 확보
   ② 경기조정 : 경기활성화 → 소득수준 향상 → 사회복지정책 급여 감소/사회보장비용 추가 부담 → 소비를 줄임으로써 경기진정효과 → 경기불황 → 사회보장비용 부담

감소/사회복지정책급여 증가 → 경기 자극(순환)

③ 자본축적의 기능 : 사회복지정책의 본래 기능은 아니지만 예를 들어, 우리나라처럼 연금제도를 적립방식으로 운영하는 경우 자본축적 효과가 발생

3) 개인의 자립과 성장 : 사회복지정책은 개개인이 스스로 자신의 생활을 영위할 수 있을 때까지 자립을 지원하고, 제각기 능력에 따라 성장하고 발달할 수 있는 잠재력을 발휘할 수 있도록 원조

4) 사회문제 해결과 사회적 욕구의 충족 기능

5) 소득재분배 기능

〈표 2-1〉 소득재분배의 분류

시간	단기적 재분배	* 사회적 욕구의 충족을 위해 현재의 자원을 사용하여 소득재분배 * 대표적인 예 : 공공부조
	장기적 재분배	* 생애에 걸쳐, 세대에 걸쳐 이루어지는 소득 재분배 * 대표적인 예 : 국민연금
계층 구조	수직적 재분배	* 소득이 높은 사람 → 소득이 낮은 사람으로 재분배 * 대표적인 예 : 건강보험, 누진적 소득세
	수평적 재분배	* 특정한 조건을 가진 사람들에게 급여하는 경우의 재분배 * 동일 소득 계층 내의 재분배 * 대표적인 예 : 가족수당(전 국민이 동일하게 세금을 부담하되 부양가족이 있는 경우 수령), 건강보험(건강한사람 → 건강하지 못한 사람에게로 재분배)
세대	세대내 재분배	* 동일한 세대 내에서의 재분배 * 대부분 단기적 재분배, 수직·수평적 재분배는 세대 내에서 일어난다.
	세대간 재분배	* 앞 세대와 먼 후손 세대 간의 재분배 * 주로 부과방식으로 운영되는 공적 연금제도에서 나타난다.

※ 출처 : 이인재 외(2002: 97), 김태성·김진수(2003: 76), 박병현(2013: 35-36)의 연구를 참고한 오봉욱 외(2015: 135-136), 배기효 외(2010: 166)를 재인용, 구성함.

3. 사회복지정책의 역기능(dysfunction)

1) 국가에 의한 사회복지정책의 한계(관리운영의 비효율성) : 정책에 필요한 재원을 국민들로부터 거두고, 급여를 하는 과정에서 대상자 선정, 전달체계의 수립 등에 많은 운영비용을 사용하게 될 때 드는 비용에 의한 비효율성을 의미

2) 빈곤함정/빈곤의 덫(poverty trap) : 사회복지급여에 의존하여 근로의욕을 상실하고 빈곤에 머무르는 현상으로, 수급자의 소득이 빈곤선 수준 이상으로 높아져서 공공부조의 혜택을 잃게 될 경우, 시장소득(=근로소득)이 높아졌음에도 불구하고 총소득(=시장소득+사회복지 급여 소득)은 이전보다 줄어들 수 있는데, 이런 경우 합리적인 사람은 시장소득이 빈곤선 보다 높아지기를 꺼리게 되어, 차라리 시장소득이 낮더라도 사회복지 급여를 받을 수 있는 수준에 머무르는 선택을 하게 된다는 것임.

3) 실업함정(unemployment trap) : 실업급여 수급상태를 유지하기 위해 취업을 꺼리게 되는 현상으로, 실업급여제도는 수급자의 재취업을 위한 적극적인 구직노력을 약화시키는 근로동기 약화를 초래

4) 도덕적 해이 : 보험이나 국가의 급여를 염두에 두고 각종 위험에 덜 신경 쓰는 행위 또는 불필요한 서비스를 과도하게 이용하는 행위(예 : 건강보험 피보험자가 불필요한 진료서비스 받는 행위, 고액 진료 선호 행위, 진료에 의지하려는 도덕적 해이 등)

4. 사회복지정책의 구성요소 : 주체, 객체, 방법, 재정, 기능[10]

1) 사회복지정책의 주체 : 사회복지정책을 누가 입안하고 실천하는가?
   ① 과거 전통사회 : 사회복지의 책임이 개인·가족·부락·교회에 있었기 때문에 인간의 상호부조와 자선사업을 사회복지정책의 기본 형태로 간주
   ② 현대사회 : 시민의 권리가 발달하면서 사회복지정책의 책임은 국가에 있다는 인식이 높아지게 되었고, 그 결과 민간의 자선중심의 복지활동은 사회사업으로 체계화되어 국가의 강제적이고 구빈 중심의 복지활동은 사회복지정책으로 발전

---

[10] 사회복지정책의 구성요소에 대해서는 김영모(2000: 3-10)를 참고하여 요약제시함.

2) 사회복지정책의 객체 : 사회복지정책의 대상 또는 대상자가 누구인가?
   ① 전통적으로 사회복지의 객체는 사회적으로 불행한 자나 낙오자라는 생각이 지배적이었으나, 현대사회에서의 사회복지는 이러한 대상이 일차적인 관심의 대상이 되지만 그와 아울러 사회적 욕구와 사회문제에 관심을 두게 됨. 따라서, 사회복지정책의 객체는 현대사회에서의 생활불안이나 불행을 경험하거나 그럴 가능성이 있는 모든 인간
   ② 사회적 욕구 : 의식주, 소득, 보건, 교육, 주택 등 1차적 욕구와 고용, 교통, 환경, 주거권 등 2차적 욕구
   ③ 사회문제 : 사회구조적 문제, 사회해체적 문제, 탈선적 문제 등으로 구분

3) 사회복지정책의 방법 : 사회복지정책을 어떻게 수행할 것인가?
   → "〈표 2-2〉 사회복지정책의 영역" 참조. 본 강의에서는 소득보장정책을 중심으로...

4) 사회복지정책의 재정 : 사회복지정책의 수행 비용을 어떻게 마련하고 지출할 것인가?
   (1) 사회복지정책을 실시하려면 그 비용이 발생, 그러한 비용은 국가나 지방자치단체가 부담할 수 있지만 정책서비스의 수혜자도 부담할 수 있음
   (2) 사회보험정책의 재원 : 사용자, 피용자(근로자) 2자부담의 원칙(단 국가가 일부보조)
   (3) 공적부조정책의 재원 : 국고(조세), 각종 연기금 등
   (4) 사회복지정책 운영주체에 따른 재원(財源)
      ① 공적 재원(공공재원) : 주로 국고(조세, 지방비 포함), 기여금(보험료) 등
      ② 사적 재원(민간재원) : 후원금 및 모금, 회비 등

5) 사회복지정책의 기능 : 제2장 "2. 사회복지정책의 기능" 참조

5. 사회복지정책의 영역

1) 일반적 영역(김영모, 1999: 21-22)
   ① 1차적 욕구(물질적 욕구) : 의식주 + 기본적 욕구(소득, 보건, 교육, 주택)
   ② 2차적 욕구(비물질적 욕구) : 교육, 고용, 환경, 권력, 사랑, 자아실현 등

2) 학자별 견해[11]
   ① Townsend(1970) : 소득보장, 건강, 교육, 주택, 대인적 사회서비스 등
   ② DiNitto(1991: 3) : 소득보장, 영양, 건강, 사회복지서비스 등
      ※ DiNitto(2000: 2-3)는 시민들의 복지에 영향을 주는 정부활동, 「사회복지서비스 = 아동복지, 가족복지, 지역사회복지, 고용복지, 노인복지, 직업훈연 등」
   ③ Titmuss(1969) : 사회복지정책의 개념을 포괄적으로 해석, Townsend(1970)의 견해+조세정책
      ※ Titmuss(1963: 43-55; 원석조, 2016: 35 재인용-) : 사회서비스(social services, 영국의 사회정책 개념) + 직업복지(occupational welfare), 재정복지(fiscal welfare)
   ④ Kahn(1979) & Hill(1980) : Titmuss(1969)의 견해+노동시장정책(고용정책)

3) 소결(김기태 외, 2000: 246; 박병현, 2012: 28-30; 박차상 외, 2009: 19-20; 배기효 외, 2010: 154-155, [그림 9-1]; 임춘식 외, 2008: 138; 배기효 외, 2010: 154-155; 김준규 외, 2011: 164-165)
   ① 협의의 영역 : 소득보장, 의료보장, 주거보장, 사회서비스 등
   ② 광의의 영역 : 소득보장, 의료보장, 주거보장, 교육보장, 사회서비스 + 조세, 노동 등
   ③ 본 서의 사회복지정책 영역(남기민, 2004: 20-21) = 사회보장정책 : 사회보험, 공공부조, 사회서비스

〈표 2-2〉 사회복지정책의 영역

사회복지정책의 영역		사회복지정책의 내용
협의의 사회복지정책	소득보장정책	사회보험, 공공부조, 각종 수당제도 등
	건강보장정책	국민건강보험, 의료보호 및 부조, 공부 부담제도 등
	주택정책	주택저당대부제도, 공공임대주택, 국민주택, 주거환경개선사업 등
	대인적 사회서비스	아동및청소년복지, 노인복지, 여성복지, 장애인복지정책 등

---

11) Townsend(1970), Titmuss(1969), Kahn(1979) & Hill(1980) 등의 사회복지정책 영역의 구분에 대해서는 박병현(2012: 29), 김준규 외(2011: 164), 배기효 외(2010, 155), DiNitto(1995)의 사회복지정책 영역의 구분에 대해서는 박병현(2012: 29), 임우석 외(2012: 130) 등을 참고하기 바람.

사회복지정책의 영역		사회복지정책의 내용
광의의 사회복지정책	교육정책	영유아보육, 저소득 중·고등학교 재학생 학비지원, 학교급식, 산업체 부설학교, 장학금 제도 등
	조세정책	연말정산제도, 근로장려제도 등
	노동정책	고용정책, 노사정책, 임금정책, 사회보장, 산업복지 등

※ 출처 : 박병현(2013: 30)의 <표 1-2> 재구성.

6. 사회복지정책과 사회복지실천의 관계[12]

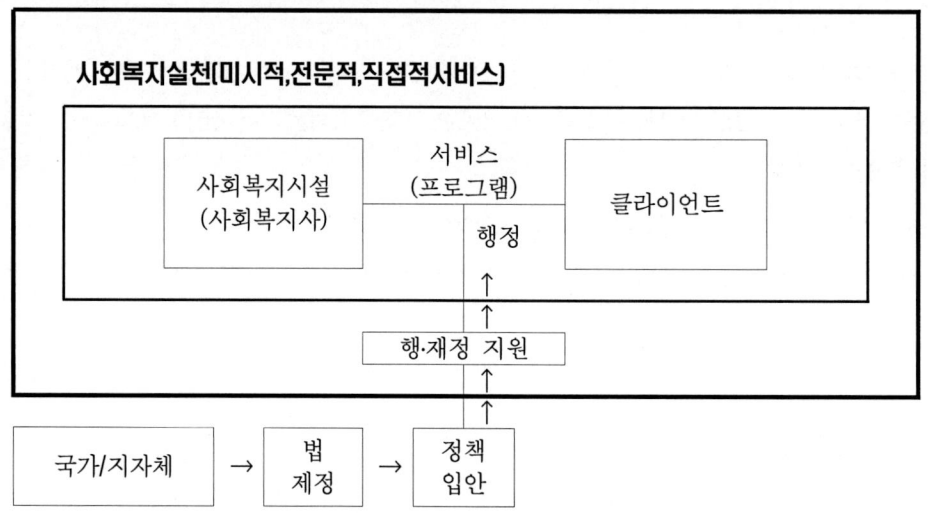

[그림 2-1] 사회복지정책과 사회복지실천과의 관계도

---

12) 사회복지정책과 사회복지실천의 관계에 대해서는 박병현(2013: 39-41)을 참고하기 바람.

▶ 제2장. 사회복지정책의 일반론(Ⅱ)

* 평가하기

Q1 다음 중 결과의 평등에 대한 설명으로 옳은 것은?

> ㄱ. 능력과 기여에 따라 자원을 분배한다.
> ㄴ. 공평이라고도 한다.
> ㄷ. 소득비례급여가 가장 대표적인 예이다.
> ㄹ. 기회의 평등은 불충분하며, 기회의 평등 자체만으로는 빈곤을 해결할 수 없다.

① ㄱ,ㄴ,ㄷ   ② ㄱ,ㄷ   ③ ㄴ,ㄹ
④ ㄹ   ⑤ ㄱ,ㄴ,ㄷ,ㄹ

해설 : 결과의 평등은 능력 또는 기여의 차이에 관계없이 사회적 자원을 똑같이 분배하는 것으로서 수량적 평등이라고도 한다. ㄱ,ㄴ,ㄷ은 비례적 평등에 대한 설명이다.

Q2 사회복지정책의 소득재분배기능의 유형을 그 내용과 연결한 것으로 옳지 않은 것은?

① 수직적 재분배 - 고소득계층으로부터 저소득계층으로 소득을 이전
② 세대간 재분배 - 후손세대로부터 조상세대로 소득을 이전
③ **단기적 재분배 - 생애 및 세대에 걸친 소득의 이전**
④ 수평적 재분배 - 건강한 사람으로부터 환자로 소득을 이전

해설 : ③ 사회복지정책은 소득재분배기능을 갖는 대표적인 정책유형이지만, 소득재분배 기능도 시간, 계층구조 및 세대를 기준으로 세부적으로 다양한 의미 및 유형으로 구분할 수 있다. 단기적 재분배란 현재의 자원을 활용하여 이루어지는 각종 재분배를 말한다. 한편, 생애 및 세대에 걸친 소득의 이전은 장기적 재분배이다

Q3 사회복지정책의 경제적 효과를 설명한 것으로서 옳지 못한 것은?

① **사회복지정책이 경제안정기능을 하는 대표적인 예는 공교육체계**
② 장기보험(사회보장연금)은 재정 확보방식에 따라 저축에 큰 효과
③ 'all or nothing 방식'으로 운영되는 공공부조는 노동공급 축소
④ 적립식 장기보험연금의 경우 가처분 소득 감소로 유효수요 감소

해설 : ① 사회복지정책이 경제안정기능을 하는 대표적인 예는 실업급여제도이다. 실업급여는 경기 호황시에 보험료 수입을 증가시켜 유효수요를 감소시킴으로써 경기 과열을 억제하고, 경기 불황시에는 실업급여 지출을 증가시켜 유효수요를 증가시킴으로써 경기급냉을 억제하는 자동안정장치(automatic stabilizer)의 기능을 수행한다. 공교육체계는 가치재로서 제공되는 사회복지정책의 대표적인 예이다.

Q4 현대 사회복지정책의 기초이면서 또한 중요한 기능적 목표가 되는 가치로서, 타산적인 측면과 정적인 측면을 동시에 갖는 것은?
① 경제적 효율성　　　　　　　② 적극적 자유
③ **사회적 결속**　　　　　　　　④ 생존권의 보장

해설 : 사회적 결속은 사회복지정책의 중요한 기능적 목표로서 구성원들이 사회에 대해 가지고 있는 귀속의식 및 연대감을 의미한다. 사회적 결속은 연대감의 기반에 따라 정적 연대감과 타산적 연대감으로 구분된다. 정적 연대감은 동질성에 기초한 인간관계 그 자체이며 순수의미의 연대의식을 말한다. 타산적 연대감은 합리적·타산적 기반에 기초한 기능적 연대감을 말한다

Q5 사회복지행정의 궁극적 목표의 하나인 분배적 정의의 실현을 위한 기준가치 중에서, 특히 공정한 불평등과 업적 주의원칙을 당연시하는 것은?
① 평등　　② 생존권　　③ 사회적 결속　　④ **형평**

해설 : 분배적 정의 실현의 기준가치 중 하나인 형평은 게으른 사람과 부지런한 사람이 똑같이 산다면 사회정의가 아니라고 본다. 즉, 사회에는 공정한 불평등이 있어야 한다고 보며, 형평에 기초한 사회복지정책에서는 각자가 자신이 기여한 만큼 보상을 받아야 한다는 업적주의 원칙(merit principle)로 표현된다. 일반적으로 개인주의적 지향이 강한 사회일수록 평등보다는 형평을 더 중요한 사회적 가치로 보는 경향이 있다

Q6 사회복지정책에 영향을 주는 전통적인 정치사회이념의 하나인 사회민주주의에 대한 설명으로 옳은 것은?

① 사회발전의 수단은 시장의 육성이라고 주장
② 국가의 역할은 지배계급의 도구라고 주장
③ 기존질서 개선을 위한 방법으로 혁명적 타도를 강조
④ **사회통합의 기반은 공동체 의식이라고 주장**

해설 : 사회복지정책에 영향을 주는 전통적인 정치사회이념인 자유주의와 급진주의 및 사회민주주의를 상호 비교할 수 있어야 한다.

Q7 사회복지정책의 기본목표 중, 인간을 이성적인 존재로 간주하고 자기결정권과 잠재력에 대한 인정을 바탕으로 정책을 결정하고 실행하는 것은?

① **개인적 성장과 개발** ② 자립성 유지
③ 사회통합과 안정 ④ 인간의 존엄성 유지

해설 : 개인적 성장과 개발은 모든 사람들이 그들의 잠재력을 발휘하도록 원조하는 것을 말한다. 이는 인간 을 합리적이고 이성적인 존재로 간주하고 자기결정권 중시한다. 따라서 인간의 잠재력과 성장가능성 인정을 바탕으로 정책의 결정과 실천을 시도한다. 한편, ③번 지문의 사회통합과 안정은 사회복지정책의 사회기능적 목표에 해당한다.

Q8 다음 중 비례적 평등의 예로 가장 적합한 것은?

① **산재보험제도의 휴업급여**
② 국민건강보험제도의 요양급여
③ 국민기초생활보장제도의 생계급여
④ 장애인복지제도의 장애수당
⑤ 노인복지제도의 노인요양시설 이용

해설 : ① 산재보험에서 휴업급여의 수준은 산재 이전 소득과 비례하여 결정된다. ②, ③, ④, ⑤의 경우에는 수량적 평등의 의미에 가깝다고 볼 수 있다.

Q9 다음은 두 가지 종류의 공공부조제도를 나타낸 것이다. 두 제도의 빈곤함정을 설명한 것으로 올바른 것은?

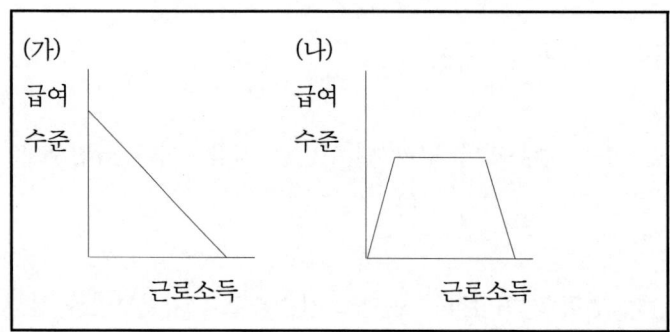

① (가)는 빈곤함정이 존재하고, (나)는 빈곤함정이 없다.
② (나)는 빈곤함정이 존재하고, (가)는 빈곤함정이 없다.
③ 둘 다 빈곤함정이 존재하지 않는다.
④ 둘 다 동일한 수준의 빈곤함정이 존재한다.
⑤ 둘 다 빈곤함정이 존재하지만, (가)의 빈곤함정이 크다.

해설 : (가)는 일반적인 공공부조제도이며, (나)는 근로소득 공제제도가 도입된 공공부조제도이다. (가)의 공공부조제도가 빈곤함정에 빠지도록 만든다는 비판 하에 (나)와 같은 근로소득 공제제도가 도입되었으며, 대표적인 예가 미국의 EITC 제도이다. 그러나 (나)와 같은 경우에도 근로소득이 증가함에 따라 급여수준이 감소하는 구간에서는 빈곤함정이 여전히 존재한다.

Q10 최근 의료급여 1종 수급자에게도 본인부담금을 부과하고, 이용할 수 있는 병원을 제한하는 선택병의원제를 실시하는 것을 골자로 하는 의료급여법 시행령 개정안이 시행되었는데, 이는 의료급여 수급자의 어떠한 특성을 방지하고자 하는 정책적 변화로 볼 수 있는가?

① 빈곤의 덫　　　　　② 역의 선택　　　　　**③ 도덕적 해이**
④ 긍정적 외부효과　　⑤ 부정적 외부효과

해설 : ③ 도덕적 해이란 국가의 급여를 염두에 두고 각종 위험의 예방에 덜 신경을 쓰거나 불필요한 서비스를 과도하게 이용하는 행위를 말한다. ① 사회복지급여에

의존하여 근로의욕을 상실하고 빈곤에 머무르는 현상, ④, ⑤ 사회복지정책은 시장기제 외부에서 다른 사람들의 복지에 영향을 주기 때문에, 시장기제에서는 이런 재화가 불필요하게 사용되거나 혹은 필요 이하로 적게 공급된다.

Q11 다음 중 결과적 평등(수량적 평등)을 바르게 설명한 것은?
① **모든 사람들을 결과적으로 평등하게 만든다.**
② 능력과 기여에 따라 자원을 분배한다.
③ 개인에게 주는 기회의 수를 평등하게 한다.
④ "공평"이라고 부르기도 한다.
⑤ 소극적인 평등 개념이라고 할 수 있다.

해설 : 수량적 평등은 결과의 평등으로 불리며, 모든 사람에게 사회적 자원을 똑같이 분배하는 것이고, 비례적 평등은 개인에 따라 사회적 자원을 상이하게 배분하는 것으로 공평의 개념이며, 기회의 평등은 과정상에서 동일한 기회를 제공하는 것이라고 할 수 있다.

Q12 다음 중 Furniss & Tilton의 사회복지정책의 일반적 가치가 아닌 것은?
① 평등   ② **형평**   ③ 민주주의
④ 안정성과 생존의 보장   ⑤ 사회적 연대

해설 : Furniss & Tilton은 자유, 평등, 민주주의, 사회적 연대, 안정성과 생존권의 보장, 경제적 효율성을 사회복지정책의 일반적 가치로 정의하고 있다.

Q13 다음 중 사회보험과 관련된 평등은?
① **비례적 평등**   ② 수량적 평등
③ 기회적 평등   ④ 결과적 평등

해설 : 비례적 평등은 국가에 의한 소득재분배보다는 시장에서의 일차적 분배를 강조하는 것으로, 개인의 기여에 따라 급여가 달라지는 "보험의 원리"를 추구하는 사회보험의 의미와 동일하다.

Q14 사회복지정책의 가치 중 평등이 사회복지정책의 효율성을 침해하는 원인이 아닌 것은?

① 서비스 부분의 낮은 생산성 　　**② 저축과 투자의 증가**
③ 소비자 선택의 왜곡 　　④ 근로동기 약화

해설 : 사람들이 공적 노령연금 등의 방법으로 국가로부터 많은 것을 기대하면 사적으로 저축하거나 사적인 노후연금계획을 세우는 것이 약해지게 된다.

Q15 사회복지정책은 특정한 사람들의 (①)를 줄이는 반면, 다른 사람들의 (②)를 증대시키는 것이다.

① 소극적 자유, ② 적극적 자유 / ① 적극적 자유, ② 소극적 자유

해설 : 소극적 자유는 국가권력이나 타인의 구속으로부터의 자유, 즉 '자유권'으로 발전한 것이며, 적극적 자유는 국가권력에 의해 보장받을 수 있는 자유, 즉 단순히 간섭을 받지 않는다는 의미를 넘어 사회적 차원에서 국가에 대해 그 실현을 요청할 수 있는 권리인 '사회권'으로 발전한 것이다.

제3장 사회복지정책의 역사[13]

1. 사회복지정책 발달의 전(前) 단계[14]

1) 상호부조 : 인간 상호간에 존재하는 연대의식이나 공동체의식에 의한 자연발생적인 원조이기 때문에 원조자나 원조를 받는 사람들 사이에 강제성이 없고, 또한 서로 상하관계나 사회 적약자로 낙인하는 경향이 전혀 없음

2) 자선사업
   ① 원조를 받는 사람의 욕구와는 무관하게 원조제공자의 필요에 의한 원조행위
   ② 자선사업의 본래 목적은 종교 그 자체에 있었다는 것, 중세의 수도원은 구빈원의 역할을 하고 있었고 그 곳에서는 물질적인 원조뿐만 아니라 정신적인 영혼의 구제까지 행하려고 하였음.

3) 박애사업 : 개인의 '선행'이라는 도덕적 기초에 의해 성립되고, 주는 자의 도덕적 양심 강조

2. 영국 사회복지정책의 역사[15]

---

[13] 사회복지정책의 역사에 대해서는 남기민(2004), 함세남 외(2001), 박광준(2002), 류상열(2002), 김태진(2001), 박병현(2016), 이준상 외(2018), 박주현(2018), 홍숙자 외(2015), 정재훈 외(2016), 원석조(2018), 임은희 외(2012), 김승훈(2010), 심상용 외(2016), 권오구(2000) 등을 참고하여 간단히 요약제시하였고, 영국과 미국의 사회복지 발달과정 중 중요한 사건에 대해서는 박병현(2016)과 원석조(2013)의 해당 내용을 인용하였음.
[14] 김영모(2000: 299-316)는 사회복지발달의 전단계로서 자조사업과 구호사업을 들고 있는데, 이 중 자조사업의 원초적 형태로 상호부조, 자선사업, 박애사업, 자원봉사 등을 제시하고 있다.
[15] 영국의 사회복지사(史)는 구빈정책의 발달에서 찾아볼 수 있다. 구빈정책은 16세기 산업혁명과 봉건제도의 몰락으로 많은 부랑인, 노동자, 빈민을 구제하기 위한 빈곤구제에 대한 국가의 책임, 소위 내쇼날리즘의 발달에서 비롯하였다. 이러한 구빈정책의 수정과 개혁이 그 후 300여년간 계속되어 오다가 20세기에 들어와서 자유당 정부는 구빈법의 개혁과 실업자와 노동자의 보호책을 강구하는 일련의 사회입법을 제정하였다. 그 후 제2차 세계대전을 치르면서 전승을 위한 국민의 사회적 통합을 위한 청사진인 베버리지 보고서가 나타났고 집권 노동당은 복지국가를 탄생시켰다. 그런데 이러한 복지국가로 인한 국가재정의 위기를 극복하기 위하여 80년대 신우파의 복지축소론, 소위 대처리즘이 나타났다. 그러나 90년대 말 다시금 노동당이 집권하면서 제3의 길이라는 중도파의 복지론이 제기되고 있다(김영모, 2000: 86).

1) 구빈법 시대

① 구빈법의 역사적 배경[16]
- 당시 원칙적으로 가족과 개인의 책임이었고, 공동체를 중심으로 하는 상호부조와 종교적으로 수도원 중심의 자선사업이 행해지고 있었을 뿐, 공적인 차원에서의 구빈은 오로지 부자들의 일방적인 시혜에만 의존하는 상황

② 엘리자베스 구빈법(1601)[17]
- 영국에서는 1601년에 제정된 엘리자베스 구빈법 이전에도 이미 구빈법이 있었음[18]. 특히, 1531년의 헨리 8세법은 구빈행정을 위한 최초의 법적 조치였다는 점에서 의의가 있음.
- 이 법의 특징은 빈민들을 노동능력의 유무에 따라 세 부류로 분류한 것임.
  ⓐ 노동능력이 있는 빈민 / ⓑ 노동능력이 없는 빈민 / ⓒ 요보호아동

③ 구빈법의 변천과정[19] : 정주법(1662) → 작업장법(1696) → 길버트법(1782) → 스핀햄랜드법(1795)

④ 신구빈법(1834)[20][21]
- 구빈을 위한 행정체계 원칙의 체계가 되었으나, 빈민의 사회적 지위와 처우가 극도

---

16) 구빈법은 봉건사회를 배경으로 하고 있으며, 피지배계층인 봉건농민들이 농토로부터 내몰아져 대규모의 부랑자가 발생한 인클로져운동으로 제정되기에 이른다(원석조, 2013: 23-26). 엘리자베스 구빈법(1601) 제정 즈음의 정치경제적 상황에 대해서는 박병현(2016: 61-63)을 참고하기 바람.
17) 엘리자베스 구빈법에 대해서는 박병현(2016: 63-64)과 원석조(2013: 31-34)를 참고하기 바람.
18) 엘리자베스 구빈법(1601) 이전 14~16세기의 구빈법에 대해서는 박병현(2016: 48-60)과 원석조(2013: 27-31)를 참고하기 바람.
19) 엘리자베스 구빈법(1601)의 구체적인 변천과정 및 그 내용에 대해서는 박병현(2016: 64-81)과 원석조(2013: 35-40)를 참고하기 바람.
20) 신구빈법의 이념적 배경, 사회경제적 상황, 당시 왕립구빈법위원회의 활동 상황에 대해서는 원석조(2013: 53-62)를 참고하기 바람.
21) 신구빈법의 핵심 원칙으로는 열등처우의 원칙(principle of less eligibility), 작업장제의 원칙(principle of workhouse system), 전국적 통일행정의 원칙(principle of national uniformity) 등이 있이 있으며, 그 중 열등처우의 원칙은 구제를 받는 자의 생활상태는 실질적으로나 명목적으로 구제를 받지 않는 최하층 독립노동자의 생활보다 덜 바람직스럽고, 덜 만족스러워야 한다는 것이다(박병현, 2016: 81-85; 원석조, 2013: 63-66).

로 열악해져 결과적으로 빈곤을 조장하게 되었으며 오히려 공적으로 구제받기를 회피하게 하려는 목적이어서 반인권적이라는 비판을 받고 있음[22].

2) 민간 자선단체의 활동기[23]
① 사회개량운동   ② 자선조직협회   ③ 인보관운동   ④ 사회조사

<표 3-1> 자선조직협회와 인보관운동의 비교

구 분	자선조직협회(C.O.S)	인보관운동 (Social Settlement Movement)
인력의 참여형태	우애방문원	빈민들과 거주하는 자원봉사자
사회문제의 원인	개인적 속성	환경적 요소
이념	**사회진화론**	**자유주의, 급진주의**
참여주도층	상류층	중류층과 대학생, 성직자
사회문제 접근 및 해결방법	- 빈민 개조와 역기능의 수정 - 가치있는 빈민과 가치없는 빈민으로 구분하여 원조	- 빈민과의 거주와 빈민생활에 동조 - 기존 사회질서 비판, 사회개혁 추진 - 실용주의 및 개혁주의 노력
도움제공 유형	- 단기간 자선구호 - 도덕심 향상	- 상부상조, 자조 - 사회 및 정치적인 행동, 사회혁신
영향	지역사회조직 실천방법 (공동모금, 사회복지협의회), 개별사회사업 모태	- 우애방문원 → 사회복지사 - 지역사회복지관 형성에 영향

※ 출처 : 최일섭·류진석(1996: 87), 오정수·류진석(2004: 61), 이종복 외(2006: 82~83), 김광희(2010: 72~73), 장창호 외(2006: 30~31), 남진열 외(2010: 59), 박용순·송진영(2012: 58) 등을 참고하여 재구성함.

3) 사회보장제도의 발전기
① 1905~1909년 구빈법왕립위원회: 다수파와 소수파의 논쟁[24]
⇒ 자선조직협외와 지방정부 구빈국(구빈법 개선) VS 페이비언주의자와 노동자(구빈법

---

[22] 신구빈법(1834)에 대한 내용에 대해서는 박병현(2016: 81-85)을 참고하고, 그 비판점에 대해서는 감정기 외(2002: 144), Polanyi(1944: 82, 83), 박현수(1991: 107), Jones(2000: 12), 임영진·이영찬(2003: 28), Nicholls(1898, Schweinits, 1947: 135 재인용-), Monypenny(1910: 374), 원석조(2013: 63-66) 등을 참고하기 바람.
[23] 영국 민간 자선단체의 활동기에 있었던 자선조직협회, 인보관운동, 사회조사, 사회개량운동 등의 구체적인 내용에 대해서는 박병현(2016: 87-93), 원석조(2013: 99-105, 107-113), 최일섭·정 은(2006: 41)을 참고하기 바람.
[24] 1905~1909년 구빈법왕립위원회에서의 다수파와 소수파 상호간의 논쟁의 구체적인 진행상황에 대해서는 박병현(2016: 102-106)을 참고하기 바람.

폐지)
② 구빈법의 폐지와 사회입법[25]
③ 비버리지 보고서(1942)[26]와 사회보장
- 국민생활에 불안요인(사회적으로 제거해야할 5대 악) : 궁핍, 불결, 나태, 무지, 질병
- 비버리지 보고서를 근거로 1944년 영국에서는 사회보장청이 설치되었고, 1945년 가족수당법, 1946년 국민보험법, 산업재해법, 국민보건서비스법, 1948년 국민부조법, 1950년 입양법이 잇달아 제정되면서 영국은 명실상부한 '요람에서 무덤까지' 국민들의 복지를 보장하는 복지국가로 다시 태어나게 됨[27].

4) 복지국가의 위기와 대응[28]
① 1960년대까지 영국은 비버리지 보고서에 제시된 복지국가의 길을 걸어옴.
② 그러나 1970년대에 세계를 강타한 석유파동은 영국의 경제에도 강력한 영향을 미치게 되어 경제는 침체되고 완전고용은 한계에 부딪치고 재정은 적자에 시달리면서 영국은 드디어 '복지국가의 위기'를 맞음.
③ 1979년 집권한 대처(M. Thatcher) 수상은 영국을 다시 신보수주의 전환시키는 역할을 맡으며, 복지서비스에 대한 국가적 공급을 제한하는 정책을 표방함으로써, 제도적 사회복지에서 다시 보충적 사회복지로 회귀하게 됨.
④ 1997년 노동당의 토니 블레어(Tony Blair) 노동당 총리는 '제3의 길'을 표방하며 새로운 사회복지의 개혁을 추진함[29].

3. 미국 사회복지정책의 역사[30]

---

25) 영국 자유당 정부(1906-1914)의 각종 사회입법들에 대해서는 박병현(2016: 106-112)과 원석조(2013: 151-161)를 참고하기 바람.
26) 베버리지 보고서(1942)의 내용, 원칙, 정치사회적 의의에 대해서는 박병현(2016: 117-124)과 원석조(2013: 179-194)를 참고하기 바람.
27) 영국 복지국가 시대의 정치적 상황과 각종 사회복지 입법과 관련한 내용에 대해서는 박병현(2016: 124-127)과 원석조(2013: 195-211)를 참고하기 바람.
28) 영국 복지국가의 위기와 그 대응에 대한 상세한 내용에 대해서는 박병현(2016: 131-137)과 원석조(2013: 213-262)를 참고하기 바람.
29) 영국 노동당의 토니 블레어(Tony Blair)의 '제3의 길'과 복지개혁에 대한 구체적인 사항은 박병현(2016: 137-143)과 원석조(2013: 263-275)를 참고하기 바람.
30) 미국의 사회복지 발달은 몇 단계로 나누어서 설명할 수 있다. **첫째 시기**는 17세기 초부터 독립하기 이전까지를 말한다. 이 시기는 여러 가지 이유로 영국을 떠나 신대륙을 개척했던 시기이다. 따라서 주로 영국의 구빈법을 많이 모방하고 있다. **둘째 시기**는 미국 독립 이후부터 남북전쟁의 시기를 들 수 있다. 이 시기에는 인구가 팽창하고 영토가 확장되었으며 근대 민

1) 구빈원 시기[31]
   ① 미국은 영국의 식민지로 역사가 시작되었기 때문에 초기에는 자체적인 정치·경제적인 기반 없이 영국의 생활태도와 관습을 그대로 계승하였음.
   ② 식민지가 확대되고 인구가 급증하면서 자체적인 구빈법이 필요하게 되어 1646년 버지니아에서 최초의 구빈법이 제정되고 18세기에는 보스톤과 뉴욕 등에 공립 구빈원이 생김.
   ③ 19세기의 미국은 자본주의가 급속히 진행되고 산업혁명이 확대되면서 도시의 인구집중, 도시빈민과 부랑자 증가, 빈민가의 형성, 아동과 여성노동자의 노동착취와 같은 사회문제가 대두되면서 구빈의 필요성이 나타났음.

2) 남북전쟁 이후[32]
   ① 미국의 급속한 경제성장과 더불어 사회복지사가 증가함.
   ② 이 당시 도시의 빈곤지역을 중심으로 인보사업이 발전하기 시작했고, 민간 자선단체들은 영국에서 자선조직협회 방식을 도입하여 거틴 목사가 1877년 버펄로시에 최

주주의 정치가 실현되었다. 이 시기의 사회복지는 벌칙적 제도가 그대로 존속되었으며 일부는 종교적이고 인도주의적인 입장에서 빈민들을 인도적으로 대우해야 한다는 주장이 있었다. **셋째 시기**는 1차 세계대전 전후로부터 대공황 이전의 시기를 들 수 있는데 이 시기에 미국은 국내외적으로 급성장 하였다. 그러나 이 당시에는 부의 편중현상이 극심하였는데 사회복지사업은 빈민지역에서의 인보사업과 자선조직화 운동의 시발이 있었다. **넷째 시기**는 세계대공황의 시기이다. 이 시기에는 실업, 빈곤, 이로 인한 불만이 급증한 시기이다. 또한 민간단체는 이런 빈곤과 실업을 해결하기에는 무능력했다. 이에 연방정부는 빈민정책에 대한 그 책임을 인식하고 이에 적극적으로 개입하게 되었다. **다섯째 시기**는 세계 제2차 대전 시기부터 1950년대로서 2차 대전 이후 막대해진 영향력으로 선도적인 위치를 확립했으며 사회사업 분야에서는 전문사회사업 교육이 시작되었고 지역사회조직과 개발 및 지역사회계획 분야에도 사회사업가들의 참여가 활기를 띠기 시작했다. **여섯째 시기**는 1960년대부터 1970년대의 시기이다. 이 시기에 세계는 양극화되어 있어 미국은 많은 전쟁에 참여하게 되었다. 이 시기의 사회복지는 아동 및 청소년 복지에 대한 관심이 증대했고 사회보장법에 의료복지제도인 의료부조제와 의료보호제가 제정되어 포함되기도 했다. 마지막으로 현대기를 들 수 있다. 레인건노믹스(Raeganomics)와 신연방주의로 대표되는 신보수주의 등장과 좌우 양극체계의 붕괴가 그 특징이다(김영모, 2000: 109-111).

31) 미국의 구빈원 시기의 사회복지 상황에 대해서는 김영모(2000: 111-113), 정무성 외(2010: 91-93), 박병현(2016: 150-155), 원석조(2013: 45-52), 김준규 외(2011: 62), 강용규 외(2007, 53-54) 등을 참고하기 바람.
32) 미국의 남북전쟁 이후 시기의 사회복지 상황에 대해서는 김영모(2000: 113-117), 정무성 외(2010: 92-93), 박병현(2016: 157-173), 원석조(2013: 85-90, 113-120), 김준규 외(2011: 62-63), 강용규 외(2007, 54) 등을 참고하기 바람.

초의 자선조직협회를 창설. 이는 미국의 개별사회사업방법론과 지역사회조직의 기초로 작용하였음.
③ Mary Richmond 여사가 『사회진단』 등의 저서를 통해 개별사회사업의 기본 이론과 기술체계를 확립에 사회사업의 발전에 중요한 역할을 하였고[33], 1918년 사회사업가 협회, 1926년 정신의료사회사업가협회 등이 전문직 단체로 활동하였음.

3) 경제공황과 뉴딜정책[34]
① 1929년에 세계적인 경제대공황이 발생하여 대량의 실업자가 발생하고 미국의 정치, 경제, 사회는 대혼란에 빠짐.
② 이를 해결하기 위해 1933년 루스벨트 대통령은 실업자의 구제를 위해 구제, 부흥, 및 개혁을 위한 뉴딜정책을 발표하고. 1933년에는 연방구호법을 제종하고 실업자를 위한 보조금을 주에 교부하고 대규모의 노동력을 투입하는 공공사업을 단행함.

4) 신보수주의와 복지 축소[35]
① 1970년대 후반 경제 불황과 높은 실업률 및 사회보장비용의 확대에 따른 재정적자의 문제를 해결하기 위하여 연방정부의 사회복지재정을 삭감하고, 이에 따라 빈민, 노인, 장애인, 알콜중독자, 실업자에 대한 복지서비스가 축소되고 의료보호, 아동가족수당과 같은 재정적 급여도 삭감됨.
② 공화당은 공공부조의 대폭 삭감을 내용으로 하는 복지개혁을 추진하고, 1996년 새로운 공공부조제도를 시행

4. 한국 사회복지정책의 역사

1) 근대 이전 단계[36]

---

33) 메리 리치먼드(Mary Richmond) 여사의 사회사업의 전문직화와 발전에 대해서는 정무성 외(2010: 93), 박병현(2016: 176-178), 원석조(2013: 133-134), 김준규 외(2011: 62-63) 등을 참고하기 바람.
34) 미국의 경제공황과 뉴딜정책 시기의 사회복지의 상황에 대해서는 김영모(2000: 117-123), 정무성 외(2010: 93-95), 박병현(2016: 188-203), 원석조(2013: 163-170), 김준규 외(2011: 63-64), 최일섭·정 은(2006: 42), 강용규 외(2007: 55-56), 서보준 외(2013: 90-91) 등을 참고하기 바람.
35) 미국의 신보수주의의 등장에 따른 사회복지의 상황에 대해서는 김영모(2000: 123-125), 정무성 외(2010: 95-98), 박병현(2016: 230-246), 김준규 외(2011: 65), 최일섭·정 은(2006: 43-45), 강용규 외(2007: 56-57), 서보준 외(2013: 91-93) 등을 참고하기 바람.

(1) 삼국시대 : 구황제도 중심(신라의 2대 남해왕, 3대 유리왕과, 백제의 온조왕)의 구빈 사업
  - 고구려 : 진대법(= 춘궁기에 곡식을 대여하고 추수기에 돌려받는 제도)

(2) 고려시대
  ① 구제사업
    ㉮ 예종 : 구제도감 설치(최초의 구제사업 기관, 진제도감 → 진제색), 혜민국(병자구호기관) 설치
    ㉯ 문종 : 동대비원과 서대비원(병자구호기관) 설치
    ㉰ 공양왕 : 혜민전약국(개칭, 의료구제사업 실시)
  ② 창제사업
    ㉮ 의창 : 관곡의 잉여분을 비축하였다가 춘궁기에 빈민에게 대여하는 제도
    ㉯ 상평창 : 성종, 구제가 목적이 아닌 곡물의 가격을 조절하기 위한 제도
  ③ 승려(사역승) 양성 : 기아, 유아, 빈민아를 사원에서 양육

(3) 조선시대
  ① 유교사상이 지배적인 가치로 자리 잡았고 백성의 불행의 책임은 군주에게 있다고 하여 통치자의 국가와 백성에 대한 책임감을 강조
  ② 구휼기관 : 구황청(재해 시, 국가의 비축 곡을 방출), 혜민국과 제생원(의료기관), 기노소(노인보호기관)
  ③ 진휼사업 : 환과고독(鰥寡孤獨) 대상
  ④ 구황제도와 혜휼제도 : 진휼청과 혜민원 담당, 지방에는 의창, 상평창, 교민창 등이 있었음.

2) 사회복지의 도입(일제강점기, 미군정시대, 제1,2공화국)[37]
  ① 사회복지의 도입기 : 우리나라의 정치가 자주적인 정권을 행사할 수 없는 시기였으

---

[36] 우리나라 삼국시대, 고려시대, 조선시대 등 근대 이전의 사회복지의 구체적인 내용에 대해서는 오봉욱 외(2015: 60-63)를 참고하기 바람.
[37] 우리나라 근대화 이후의 일제 강점기, 미군정기, 제1,2공화국 시기의 사회복지 관련 구체적인 내용에 대해서는 오봉욱 외(2015: 64-66)를 참고하기 바람.

나 역사적으로는 외부의 힘으로나마 사회복지가 도입되기 시작한 시기
② 1921년 조선총독부 내 내무국에 사회과 신설 : 각종 사회정책에 관한 사업을 관장, 그 후 일본의 강제성에 의한 의도적인 사회사업[38]이 전개됨.
③ 1944년 조선구호령 : 65세 이상의 노약자, 13세 이하의 아동, 그리고 불구·폐질·질병·장애 등의 원인으로 일을 할 수 없는 자에게 생활부조나 의료부조를 제공
④ 미군정시대 : 조선구호령 + 외원기관에 의한 사회사업정책 실시, 미군정 보건후생부 중심으로 복지행정이 이루어지고, 주 대상은 전쟁고아와 피난민이었음.
⑤ 1963년 외국 민간원조단체에 관한 법률 제정 : 외원기관에 의한 보건, 교육, 생활보호, 재해보호 등이 이루어짐.
⑥ 의의 : 우리나라의 사회복지에 사회사업에 중대한 영향을 미친 것은 대부분의 외원단체가 종교적 배경에 의한 사회사업을 실시하고 있었기 때문에 우리나라의 사회복지도 종교와 사회사업을 연관시키는 계기를 마련해 주었다는 점, 1970년대 이후 경제성장과 더불어 외원은 점차 철수하고 우리나라는 독자적인 사회복지사업법을 제정하기 시작하게 되었음.

3) 사회복지의 확대단계(제3,4,5공화국)[39]
① 사회복지의 확대기 : 정치적으로 제3공화국 이후 제5공화국까지의 시기, 우리나라는 장기적인 경제발전계획에 의해 중공업화정책이 추진되고 경제가 안정되어 온 시기
② 1963년 사회보장에 관한 법률 제정 : 사회보장의 범주를 사회보험, 공적부조, 사회복지서비스의 3개 부문을 포함시키며, 공무원연금, 생활보호법, 윤락행위 등 방지법, 아동복지법 등을 시작으로 사회복지가 제도화된 시기
③ 1970~80년대의 각종 입법조치 : 1970년 사회복지사업법, 1973년 국민복지연금법과 사립학교교원연금법, 1976년 의료보험법 개정, 1981년 노인복지법과 심신장애인복지법, 1981년 아동복지법과 장애인복지법이 제정되었고, 1983년에는 사회복지 전달체계를 합리화 · 체계화하기 위해 사회복지사업법이 개정되는 등 사회복지의 발전을 이룩하였음. 이 시기에 제정된 사회복지의 법령은 상당히 많았으나 대부분의 제

---

38) 고아의 시설수용, 연소노동자 교육, 탁아, 의료, 빈민구제, 양로, 갱생보호, 직업소개와 같은 사업들이 있었으나 이러한 사업들은 대체로 온정주의적 구빈행정으로 볼 수 있겠다. 일제의 가혹한 식민지정책으로 외국으로 도피하는 농민과 도시 부랑자들을 통제하기 위한 수단의 일환으로써 전개된 점도 있음.
39) 우리나라 사회복지의 확대기인 제3,4,5공화국의 사회복지 관련 구체적인 내용에 대해서는 오봉욱 외(2015: 66-69)를 참고하기 바람.

도가 선언적이고 형식적인 것이어서 실질적인 사회복지의 질은 낮은 편이었음.

4) 사회복지의 성숙단계(제6공화국 이후 ~ 현재)[40]
   ① 사회복지의 성숙기 : 한국의 사회복지가 제5공화국까지의 '선 성장 후분배'의 논리나 정권유지의 명분을 위해 사용되거나, 권위적이고 억압적인 사회경제체계로 국민의 생활에 불안과 고통과 불만을 방치하던 시절과의 단절을 의미, 전국민 의료보험, 국민연금, 최저임금제 실시라는 전제 하에 사회복지가 성숙할 수 있는 계기가 마련되었음.

   ② 1986년 국민연금법 제정, 1987년 공공부조를 전적으로 담당하는 사회복지전문요원 제도 도입

   ③ 1993년 김영삼 정부 : 신경제 5개년 계획에서 사회복지부문의 장기정책 방향을 구성하여 1995년 '삶의 질의 세계화 선언'과 복지구상을 통해 한국형 복지모형을 설정
   ㉮ 입양특례법, 정신보건법, 여성발전기본법, 성폭력범죄의 처벌 및 피해자 보호 등에 관법, 사회복지공동모금회법 등이 포함되어 있어 선진국형 제도의 형태가 나타남.
   ㉯ 1997년 말 외환위기로 인해 실업자의 급증하고 거리에는 노숙자가 출현하고, 가족해체도 심화되어 심각한 사회적 위기가 있었음.

   ④ 1998년 김대중 정부 : 고용보험과 실업 및 빈곤대책을 확대하였고, 국민연금을 전 국민으로 확대하였으며, 국민기초생활보장법의 제정과 시행, 국민건강보험법의 제정과 의료보험급여의 365일 연중실시 등으로 사회적 안전망을 구축하는데 치중함.
   ㉮ '생산적 복지'를 제안, 그 의미는 국민의 시민권으로서의 복지를 누릴 수 있는 권리와 동시에 노동을 통한 개인적 책임과 자조를 강조하는 것으로 볼 수 있음.
   ㉯ 시·도 지역 사회복지협의회의 독립적인 법인화, 1998년부터 사회복지공동모금회가 독자적인 모금을 실시

---

[40] 우리나라 사회복지의 성숙기인 제6공화국 이후의 사회복지 관련 구체적인 내용에 대해서는 오봉욱 외(2015: 68-73)를 참고하기 바람. 오봉욱 외(2015)는 제6공화국 이후의 시기를 제6공화국, 문민정부, 국민의 정부, 참여정부, 이명박 정부, 박근혜 정부 등으로 자세히 구분하여 설명하고 있음.

⑤ 노무현 정부 : '참여복지' 정책 ⇒ 사회복지 수급권자들의 권리를 강화하는 방향
㉮ 참여복지 : 복지정책의 결정과정에 수급권자들을 참여시킴과 동시에 시민단체들의 적극적인 참여를 유도해 사회복지의 효율을 높이기 위한 정책권자의 의지로 보임.
㉯ 참여정부의 사회복지정책이 고령화, 저출산, 실업 만연, 가족해체, 범죄율의 증가, 환경파괴 등의 사회문제가 현실화되어 있는 한국사회에 어떤 형태의 복지국가를 실현해 나갈 것인가는 우리나라가 안고 가는 과제임.

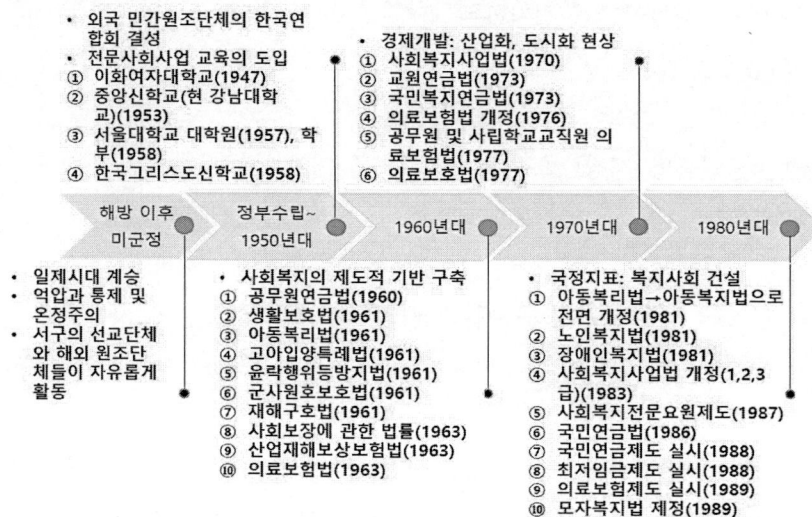

[그림 3-1] 한국 사회복지 법령 및 제도의 역사적 전개(Ⅰ)(해방 이후~1980년대)

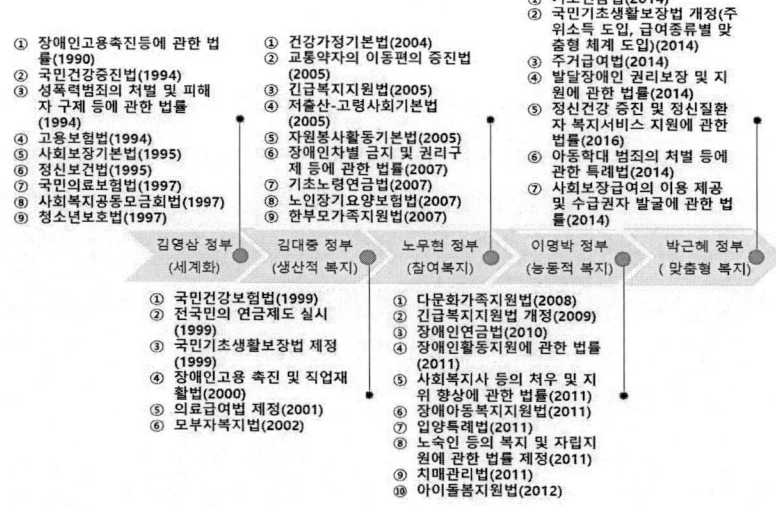

[그림 3-2] 한국 사회복지 법령 및 제도의 역사적 전개(Ⅱ)(1990년대 이후 정권별)

[그림 3-3] 사회복지정책의 역사

구분	사회복지 전사단계	구빈법시대	개량주의시대	사회보험시대
시대적 배경	상부상조	[시대적 배경] 흑사병과 인클로저운동 → 부랑인 증가+노동력 부족 → 노동력 확보를 위한 구빈정책 도입	자선조직협회(COS) (귀족 중심) VS 인보관운동 (중류층 중심)	[시대적 배경] • 빈곤의 증대 • 국가와 민간의 개입으로도 해결할 수 없는 빈곤문제 • 산업혁명을 통한 자본주의 팽창과 각종 사회문제의 등장 ⇒「자본가-노동자」의 대립 ⇒ 정부의 체제 위기와 정책에서 얻는 위주의 정책으로 변화되어 감
사회복지 형태/영역	기독교적 윤리 근거 자선 및 박애사업	[억압] • 국가 최초 개입 • 공공부조의 시초 [봄모] • 구휼(救恤)은 좋은 정책 • 실제는, 노동력 확보를 위한 억압적 정책	• 국개개입에 대한 귀족과 상공업자의 반대(이유: 구빈세를 내야 하나서) • 국가개입 < 민간개입	• 사회보험제도의 등장 • 독일: 질병보험법(1883)사회보험의 시초 • 영국: 국민보험법(1911)
역사적 의미	국가의 개입 × 민간의 자선적 복지 ○			

※ <핵심요약> 알기 쉽게 이해하는 사회복지정책론 ※

구분	시대	사회보장복지국가시대	복지국가 위기 및 재편시대
시대적 배경/ 사회복지 형태		**[시대적 배경]** ■ 전쟁의 발발 • 제1차 세계대전(1914-1918) • 제2차 세계대전(1939-1945) ■ 전쟁의 여파 • 발생인구: 상이용사, 미망인, 고아, 대규모 사망자 등 • 경제적 상황: 유럽의 패권이 인해 유럽 수입의 대부분을 차지하는 미국 체제가 몰리지 않음 → 경제침체, 대공황(1939) 발생 • 정치적 상황: 주요 국가에서 진보 정당들이 집권함. 새로운 보호시스템의 필요 → 사회보장제도의 도입 • 영국 등 유럽과 미국의 미약적인 경제 성장, 1970년대 중반까지 계속 이어짐	**[시대적 배경]** ■ 경제위기 • 제1차 오일쇼크(1973) • 제2차 오일쇼크(1976) → 중동국가의 석유 수출 금지 → 각 국가, 석유수입을 통한 경제성장 멈춤→공황수준의 경제상황 발생 ■ 정치적 상황 • 경제적 대규모 침체에 따라 상대적으로 증가되어 있는 복지수준에 대한 제고의 목소리 커짐. • 영, 미 선거에서 각각 정당들이 집권 → 복지체제에 대한 대책(영, 보수당), 레이건(미, 공화당) • 경제침체 극복을 위한 복지체제에 대한 대규모 수출 진행 → 복지국가의 위기 도래 ■ 복지국가의 위기에 대한 대응책으로 "제3의 길" 정치적 노선 등장 → 신자유주의 이념에 입각한 [생산적 복지] 정책 등장에, 우리나라의 자활사업 등
역사적 의미		• 세계최초의 사회보장 도입 • 미국: 사회보장법(1935) 도입 • 영국: 비버리지보고서(1942) 체택, 영국 노동당(진보)의 집권과 복지국가의 시대 도래	• 각 국가에서 신자유주의 이념에 근거한 중도노선의 사회복지 정책 시행(중, 자본주의체제는 기본적으로 어느정도의 경제수준이 뒷받침되어야 하기 때문에, 대다수의 국가가 자본주의 체제를 인정하는 범위 내에서 사회복지를 추구하고자 하였음)

* 평가하기

Q1 영국의 사회복지정책의 역사에 대한 설명으로 옳지 않은 것은?

> ㄱ. 길버트법과 스핀햄랜드법에서는 원외구제가 허용되었다.
> ㄴ. 엘리자베스빈민법과 개정빈민법은 빈민을 분류하지 않고 포괄적인 대책을 제시하였다.
> ㄷ. 정주법과 작업장법은 빈민을 관리하고 통제하기 위한 성격이 강했다.
> ㄹ. 인보관운동은 빈민을 관리, 통제하는 데 초점을 두었다.

① ㄱ,ㄴ,ㄷ   ② ㄱ,ㄷ   ③ ㄴ,ㄹ
④ ㄹ   ⑤ ㄱ,ㄴ,ㄷ,ㄹ

해설 : ㄴ. 엘리자베스 빈민법은 노동능력의 유무에 따라 빈민을 분류하였으며, 개정 빈민법의 경우에도 노동이 가능한 자와 병자나 노인 등으로 빈민을 분류하였다. ㄹ. 인보관운동은 빈민을 관리, 통제하는 데 초점을 두기보다는 사회개혁을 강조하며 빈민과 함께 교육사업이나 직접 사업을 진행하기도 하였다.

Q2 영국 사회복지행정의 발달연혁을 정리한 내용으로서 바르게 연결되지 않은 것은?

① 스핀햄랜드법 - 역사상 최초로 최저생활 수준의 보장을 규정
② **비버리지위원회 - 제1차 세계대전 이후 영국사회의 재건을 추구**
③ 시봄위원회 - 지방정부 주도의 지역사회복지서비스체계 구축을 권고
④ 대처 행정부 - 복지공급에 대한 국가책임의 축소 및 민영화 추진

해설 : 영국은 제2차 세계대전 종료 후 사회재건을 위한 사회보장 시책을 마련하기 위하여 1941년 비버리지 (W. Beveridge)위원회를 구성하였으며, 동 위원회는 1942년에 빈곤추방을 위한 사회보험제도의 전면 개혁을 강조하는 보고서를 제출한 바 있다. 2차 대전 종료 후 보고서의 건의사항은 대부분 채택되었으며, 오늘날까지 영국 사회보장제도의 기본 골격을 유지하고 있다.

Q3 미국 사회복지행정의 발달사에 대한 설명으로서 적절하지 않은 것은?

① 1960년대부터 '풍요한 사회' 이면의 빈곤문제에 대한 강력한 복지권운동을 전개

② 레이건 행정부는 복지사업에 대한 연방정부의 관여 최소화를 추구
③ 19세기 전반, 구빈원에 의한 원내구호를 원칙으로 하며 실업빈민을 구제에서 제외
④ 제2차 세계대전 종전을 계기로 연방정부의 책임성을 인정하고 사회보장법 제정

해설 : 세계대공황을 계기로 미국정부에 일대 입장 변화가 있었다. 즉, 기존의 빈곤 등 사회문제에 소극적인 자세를 지양하고 뉴딜(New Deal)정책을 계기로 사회문제에 대해 연방정부가 적극 개입하기로 한 것이다. 이에 따라 전국산업부흥법(1933), 연방긴급구제법(1933)에 이어 사회보장법(1935)이 제정되는 등 뉴딜정책 당시 주요 사회입법 활동이 이루어졌다.

Q4 일본 사회복지행정의 역사적 발전과정에 대한 설명으로서 적절한 것은?

① 명치유신을 계기로 부국강병을 추구하며 빈곤자, 장애자에 대한 원조를 강조
② 1910년대에 군대의 사기 제고를 위해 군사구호법을 제정하고 사회국 설치
③ 점령군에 의해 공적 부조에 관한 각서와 5원칙 및 (구)생활보호법이 제정
④ 1980년대 후반 이후부터 복지재정 긴축과 사적 부양시스템을 강조하기 시작

해설 : 일본은 종전 직후부터 1940년대에 걸쳐, 전쟁희생자 및 생활곤궁자에 대한 생활원조에 초점을 두었다. 이를 위해 미 점령군은 공적 부조에 관한 각서에 의해 국가책임에 의한 국민권리로서의 생활보장, 무차별평등, 공사분리의 3원칙과 전국적 정부기관의 설치 및 구제총액 무제한 원칙을 내용으로 하는 2원칙이 추가적으로 제시되고 (구)생활보호법(1946)이 제정되었다.

Q5 해방 이후 우리나라 사회복지행정의 변천사를 정리한 내용으로서 적절하다고 할 수 없는 것은?

① 제3공화국에서 5공화국에 걸쳐 복지입법이 활발하였으나 실질적인 개선은 미약
② 김대중 정부의 생산적 복지정책은 재원 및 협의의 미흡으로 선언적 인상을 줌
③ 미군정 3년간 상당히 체계적이고 적극적인 사회복지사업의 추진이 이루어 짐
④ 정부수립 이후 1950년대는 사회보험보다는 공공부조 중심의 구빈행정에 초점

해설 : 해방 이후 미군정시대의 사회복지정책의 특징을 정리하면, 선진적인 사회복지 이

▶ 제3장. 사회복지정책의 역사

념이 한국사회에 소개된 시기라고 할 수 있다. 그러나 이 시기에는 정부차원의 적극적이고 장기 계획적인 사회복지사업의 추진은 거의 없었으며, 북한지역의 공산화에 따라 대거 월남한 동포 등에 대한 수용보호의 필요성이 커졌으나 임시 구빈적 성격의 대처에 머물렀던 것이 사실이다.

Q6 다음 중 한국의 사회복지정책에 대한 설명으로 옳은 것은?
① 사회복지정책이 노사정이 참여하는 사회적 조합주의로 형성되었다.
② 사회복지정책은 사회민주주의와 자유주의가 경합하면서 형성되었다.
③ 생활보호법이 폐지되고 국민기초생활보장법이 도입된 시기는 노태우 정부이다.
④ **박정희 정부에서 노태우 정부까지도 생산주의 복지체제가 지속되었다.**

해설 : 한국의 사회복지정책은 관주도로 형성되었고 한국적 민주주의, 즉 반공주의와 발전주의의 관점에서 설계되었다. 그리고 국민기초생활보장법은 김대중 정부에서 도입되었다.

Q7 다음 중 한국을 설명한 것 중에 거리가 가장 먼 것은?
① **시장임금과 사회임금이 균형이 이룬다.**
② 한국의 대기업은 한 재벌 회장이 '내 눈에 흙이 들어가기 전에는 노동조합은 없다'고 외칠 정도로 노동조합에 대해 거부감을 갖고 있다.
③ 한국의 노동운동은 사회복지정책에 큰 영향력을 갖고 있지 않다.
④ 한국의 사회보장제도는 서유럽에 비교해서 사각지대가 크다. 애인의 존엄과 권리를 위해 노력하는 것이다.

해설 : 한국은 탈상품화의 수준이 낮다. 즉 '사회임금:시장임금'이 92:8일 정도로 사회임금보다 시장임금으로 주로 소득을 얻는다.

Q8 다음 중 한국의 사회현상을 묘사한 것 중에 옳은 것은?
① 빈곤층에서 중산층으로 중산층에서 상위층으로 계층이동이 점점 더 쉬워지고 있다.
② 사회복지서비스가 우선적으로 선별주의에서 제도주의로 완전히 바뀌었다.

③ 비정규직의 낮은 사회보험 가입이나 세모녀 자살사건에서 보듯이 복지사각지대가 존재한다.
④ 사회복지정책 결정은 점차 거버넌스에서 관주도로 바뀌고 있다.

해설 : 한국사회는 계층이동이 점점 어려워지고 있고 사회복지서비스는 잔여주의에 의해 특정지어질 수 있다. 한국의 사회복지는 여전히 관주도의 권위주의적 방식으로 결정되고 있다.

Q9 다음 중 한국의 사회복지정책의 쟁점과 거리가 먼 것은?
① 의료 민영화　　**② 생활보호법**　　③ 공무원 연금　　④ 무상급식

해설 : 생활보호법은 김대중정부 시기에 국민기초생활보장법으로 바뀌었다.

Q10 자본주의 생산방식을 위한 노동이동을 금지하여 비난받은 정책은?
① 스핀햄랜드법　　　　　　　② 길버트법
③ 구빈법　　　　　　　　　　**④ 정주법**

해설 : 정주법은 빈민을 통제하고 도시로 빈민의 유입을 막기 위해 제정되어 구빈감독관이 부랑자를 그가 태어난 원래 소속 교구로 돌려보내는 것이나, 대도시로의 노동력 유입을 막을 수는 없었다.

Q11 영국의 신빈민법에 대한 설명으로 잘못된 것은?
① 열등처우의 원칙　　　　　　② 자조를 강조
③ 개인적 빈곤을 강조　　　　　**④ 최저 생활을 강조**

해설 : 신빈민법(개정구빈법, 1834)은 열등처우의 원칙에 의거하여 국가에 의한 구제 수준은 최하층의 독립 노동자들의 생활수준 보다 낮게 유지되어야 한다는 원칙을 강조한다.

▶ 제3장. 사회복지정책의 역사

Q12 엘리자베스구빈법은 언제 제정 되었습니까?

① 1605년　　**② 1601년**　　③ 1604년　　④ 1606년　　⑤ 1607년

해설 : 엘리자베스 구빈법은 1601년에 제정되었고, 1834년에 개정하게 됨. 이 법은 무급의 빈민 감독관을 배치하고 교구내의 부자들에게 구빈세를 징수하여 구빈행정에 사용함.

Q13 1601년 영국의 구빈법의 설명으로 먼 것은?

① 사회질서유지와 빈민 통제적인 기능을 하였다.
② 노동능력의 유무를 기준으로 보호대상자를 구분하였다.
③ 국가가 빈곤에 대하여 책임을 지기 시작하였다.
④ 개인적인 빈곤관을 배경으로 하였다.
⑤ 보편적인 급여를 원칙으로 하였다.

해설 : 영국의 구빈법(1601)은 국가가 빈곤에 대해 책임지기 시작한 최초의 정책이며, ⑤는 길버트법(1782) 시대 이후에 나타나기 시작한 개념이다.

Q14 다음은 어느 민간자선단체에 대한 설명입니까?

> " 이 단체는 자원봉사자인 우애방문원을 통해 빈민의 가정 방문과 면접을 실시하고 환경조사를 실시하여 개별적인 적절한 원조를 제공하는 단체이다"

① 인보관 운동　　**② 자선조직협회**　　③ 사회조사
④ 사회개량운동　　⑤ 길버트법

해설 : 자선조직협회는 자원봉사자인 우애방문원을 통해 빈민의 가정방문과 면접을 실시하고 환경조사를 실시하여 개별적인 적절한 원조를 제공하였으며 이것이 오늘날 개별지도론의 기초가 되었음, 또한 구호신청자들을 협회에 등록하도록 하고 구호의 중복을 방지하기 위해 자선활동을 조정하기도 하였는데 이는 오늘의 지역사회 조직론의 원천이 되었음.

Q15 자선조직협회의 활동은 오늘날 사회복지방법론 중 어느 것에 원천이 되었는가?
① **개별사회사업**　　② 집단지도사업　　③ 지역사회조직론
④ 사회조사　　⑤ 사회복지 행정

해설 : 자선조직협회는 자원봉사자인 우애방문원을 통해 빈민의 가정방문과 면접을 실시하고 환경조사를 실시하여 개별적인 적절한 원조를 제공하였으며 이것이 오늘날 개별사회사업의 기초가 되었음. 즉 이 협회의 사업은 상담업무를 기본으로 하고 있어 개별사회사업의 원천이 됨.

Q16 C.O.S에 대한 설명 중 잘못된 것은?
① 빈곤가정에 대하여 우애방문원을 통한 개별가정방문을 실시하여 이에 근거한 서비스를 제공하였는데, 이것이 Casework의 출발이다.
② 자선기관들이 서비스의 중복과 낭비를 피하기 위하여 등록을 하게 하고 서비스를 조정하였는데, 이것이 지역사회 조직방법의 출발로서 의의가 있다.
③ 빈민의 생활양식을 변화시키는 도덕적 영향을 강조하였다.
④ 당시의 자선은 자본주의 발달에 따른 불평등의 심화가 이루어져 부르주아계급이 그들의 특권적 지위를 도덕적으로 정당화하기 위하여 행해진 것이었다.
⑤ **자선조직협회는 그 당시 공공정책에 대하여 긍정적이었다.**

해설 : 자선조직협회(Charity Organization Society)는 개인적 차원에서의 복지로, 공공정책과는 반대이다.

Q17 인보관 운동 관점에서 빈곤에 대한 설명으로 해당되지 않는 것은?
① **빈곤은 개인의 도덕적 결함에 의해 생기는 것이다.**
② 빈곤은 기존의 사회구조에 기인하는 것으로 사회문제이다.
③ 빈곤의 해결을 위해서는 사회 그 자체의 개혁이 필요하다.
④ 지역사회 전체의 생활환경을 개선하는 데 활동의 초점을 두었다.

해설 : 인보관 운동은 사회문제를 사회적 요소로 보았고, 활동초점을 사회문제를 둘러싼 사회질서의 비판으로 하였다. 주요활동으로는 각종 서비스와 사회개혁 활동 등을

하였다.

Q18 다음 중 베버리지 보고서(1942)에 대한 설명으로 옳지 않은 것은?

① 사회적으로 제거해야할 5대 악은 궁핍, 불결, 나태, 무지, 질병 등이다.
② 베버리지 보고서를 근거로 1944년 영국에서는 사회보장청이 설치되었다.
③ 베버리지 보고서 이후, 가족수당법(1945), 국민보험법(1946), 국민부조법(1948) 등이 잇달아 제정되면서 영국은 명실상부한 '요람에서 무덤까지' 라는 사회보장체계를 마련하였다.
④ **베버리지 보고서는 독일의 영향을 받았다.**

해설 : 영국의 베버리지 보고서는 1941년 6월 당시 사회적 서비스의 개혁을 위해 설치한 위원회의 위원장인 베버리지 경이 기존 사회보험과 복지 프로그램들을 전면 재검토하여 작성한 보고서이며, 독일의 영향은 받지 않았다.

Q19 다음 보기에서 설명하는 세력은 무엇인가?

〈 보 기 〉
1980년대 복지국가 위기 이후 등장하여 국가의 경제 개입을 비판하고 복지국가 해체를 통한 자유시장체제의 확립을 주장하였다.

① 실용주의　　② 국가개입주의　　③ 시민주의
④ **신보수주의**　　⑤ 신마르크스주의

해설 : 신보수주의는 1970년대에 등장하여 1980년대에 미국에서 팽배하고 있던 지배적인 정치조류 현상이다. 1920~30년대 뉴딜정책과 거대 정부에 반대하여 자유방임주의를 옹호하였으며, 당시 복지국가의 위기는 자유경쟁 시장체제를 통해 극복 가능하다는 입장을 주장하였다.

Q20 1970년대 중반 이후 신자유주의가 복지국가를 비판한 내용으로 옳지 않은 것은?

① **복지국가는 불평등 감소에 실패하였다.**
② 복지국가는 개인의 자유를 제한한다.

③ 복지예산의 증가가 세금을 늘리고 정부세출의 적자를 크게 만들었다.
④ 경기침체의 주된 원인으로 경제성장을 저해하며 인플레이션을 조장한다.
⑤ 가정과 사회의 타락을 초래한 주범이다.

해설 : 복지국가 시대는 확립기(=태동기), 황금기(=팽창기, 융성기), 위기기(=축소기, 정체기), 재편기로 구분할 수 있다. 1970년대 중반 이후는 복지국가의 위기기(축소기)에 해당하는 시기로 신자유주의 및 신보수주의자들이 득세했던 시기이다. 이들은 국가에 의한 경제개입과 복지개입을 모두 비판하고 궁극적으로 복지국가의 해체를 통해 자유시장체제를 확고히 하려는 이론적 이데올로기적 공세를 집요하게 전개하였다. ① 복지국가가 불평등을 감소하는데 실패하였다고 주장한 것이 아니라, 복지비 지출확대로 인한 경제성장 저해가 오히려 빈곤층을 증가시킨다고 주장한다.

Q21 사회복지사업법의 제정 년도는 언제인가?
① **1970년** ② 1971년 ③ 1972년 ④ 1973년 ⑤ 1974년

해설 : 사회복지사업법의 제정년도를 알아두고, 현재 이 법에서는 17개의 사회복지법과 법률을 다루고 있음.

Q22 국민연금법은 언제 제정되었는가?
① 1990년 ② 1989년 ③ 1988년 ④ 1987년 ⑤ **1986년**

해설 : 국민연금법의 제정년도를 알아두고, 국민연금은 제정 후 연차적으로 그 대상을 확대하여 현재는 전국민을 포함하고 있음.

Q23 고용보험을 확대하고 전 국민으로 국민연금을 확대하는 시기는 언제인가?
① 노무현 정부   ② **김대중 정부**   ③ 김영삼 정부
④ 전두환 정부   ⑤ 노태우 정부

해설 : 고용보험은 1993년 제정되고 1995년에 시행되었음. 국민연금은 국민연금, 공무원

연금, 군인연금, 사립학교교직원연금이 있음

Q24 1980년대 이후 한국의 사회복지행정의 주요 내용들에 대한 설명 중 옳지 않은 것은?

① 2005년 8월부터 시·군·구에서 지역사회복지협의체를 운영하였다.
② 2003년 제1회 사회복지사 1급 자격 국가시험을 시행하였다.
③ **2001년 국민기초생활보장법 시행으로 행정환경의 변화를 맞이하였다.**
④ 1987년 사회복지전문요원제도가 시행되었다.
⑤ 1999년 사회복지전문요원제도가 사회복지전담공무원제도로 바뀌어 시행되었다.

해설 : 국민기초생활보장법은 1999년 9월 7일에 제정되어 2000년 10월에 시행되었다.

Q25 최근 복지국가의 변화로 알맞은 것은?

〈 보 기 〉
가. 복지공급 주체의 다양화   나. 지방정부 역할의 축소
다. 권리와 의무의 조화 강조   라. 소극적 노동시장

① 가·나·다   ② **가·다**   ③ 나·라
④ 라   ⑤ 가·나·다·라

해설 : 1980년대 이후 복지국가는 위기를 극복하기 위한 복지다원주의가 확대되고 있으며, 지방분권화가 발달되어 있고, 노동시장진입을 돕기 위한 적극적 노동시장정책을 강조한다.

제4장 사회복지정책의 필요성[41]

사회복지정책은 사회제도의 결함으로 생긴 사회문제를 해결하기 위하여 발달. 사회제도는 주로 근대사회 이후 가족제도와 시장제도 또는 자본주의 제도를 의미함. 특히 1950년대 이후 자본주의제도의 결함을 해결하기 위한 사회복지정책이 발달하여 서구에는 복지국가가 발달하였음. 이 복지국가가 1970년대 국가재정의 위기를 초래하였고, 그 결과 신자유주의가 등장하였음. 복지국가의 불용성에 대한 견해가 지배적이었음.

1. 자본주의에 대한 비판

자본주의 생산양식에 있어서 부와 빈곤이 발생되고 재생산될 수 있는 기본적인 구조적 요인은, ① 생산수단의 사적소유권과 ② 이윤 생산, ③ 사적 재산과 상속, 그리고 ④ 시장기구에 의한 소득과 자원의 배분임. 이러한 특성은 바람직한 점도 있지만 반사회적 비복지적 결과를 조성하고 있어서 이를 시정하기 위한 것이 사회복지정책이고 복지국가가 나타남.

2. 복지국가의 형성과 특성

수정자유주의나 사회민주주의는 복지국가의 구현에 큰 기여를 하였기 때문에 복지국가를 옹호하겠지만 자유방임주의나 마르크스주의는 복지국가를 비판하고, 개혁주의자는 복지국가는 자본주의의 모순을 제거하고 불평등과 빈곤을 어느 정도 약화시키며 사회연대성의 개발에 기여한다고 함.

3. 복지국가에 대한 비판

1) 복지국가의 위기
   ① 경제적으로는 불경기·탈세·실업과 재정의 과잉지출

---

41) 사회복지정책의 필요성에 대해서는 김영모(1999: 23-78)를 요약·정리하였음. 사회복지정책의 필요성에 대해 박병현(2013: 30-34)은 생존권의 보장, 빈곤의 경감, 평등의 증진, 사회적 배제의 극복을 통한 사회통합의 증진, 사회적 안정 증진, 자립성의 증진, 개인의 성장과 개발 등을 제시하고 있음.

② 정치적으로는 정부불신, 관료주의, 다원화의 심화
③ 사회문화적으로는 아노미, 갈등, 이기심 등 심화

2) 복지국가의 위기 대응책

(1) 신자유주의
① 국가개입의 축소를 주장하면서 시장(논리)에 의한 사회복지정책을 주장함.
② '최소 정부'와 '국가재정 지출의 축소', '연봉계약제' 실시
③ 자유화(liberalization), 노동시장의 유연화, 탈규제(deregulation), 민영화(privatization)
④ 1990년대 미국 복지개혁의 기본 이념 : 노동연계복지(workfare) 추구(소위 자활)

(2) 신마르크스주의
① 복지국가의 재정위기는 자본주의 체제의 불가피한 모순의 결과에서 비롯됨.
② 자본주의 국가는 이윤을 추구하기 위한 자본축적이 필요, 동시에 이로 인한 노사간 계급갈등을 해소하기 위한 합법화가 필요함. 따라서 막대한 국가재정 지출이 필요
③ 복지국가의 위기에 대하여 주로 '자본의 필요성'과 '계급투쟁설'에 의하여 진단하면서 그것이 불가피함을 주장함. 결국, 복지국가의 위기 극복은 사회주의 체제로의 이행

평가하기

Q1 국가가 사회복지정책에 개입해야 하는 이유에 대한 설명으로 옳지 않은 것은?

① 공공재의 경우 무임승차자 등의 문제로 인해 시장 기능을 통해서는 적절한 수준으로 공급이 유지되기 어렵다.
② 교육, 의료, 보육서비스와 같은 긍정적 외부효과가 큰 재화의 공급은 시장기능에만 맡겨놓으면 적절한 수준으로 이루어지기 어렵다.
③ 정보의 비대칭성과 역의 선택에 대한 대응으로 민간의료보험회사에서 보험이 필요한 가입자를 선별하는 현상이 발생하기도 한다.
④ **사회복지정책이 근로유인을 약화시켜 경제성에 걸림돌이 된다.**
⑤ 역의 선택으로 인해 민간보험시장에서 고위험집단의 가입률이 높아지고 저위험집단의 가입률은 낮아지면서 바람직하지 않은 결과를 가져온다.

해설 : ④는 사회복지정책의 확대나 복지국가의 확장을 반대하는 신자유주의자들의 주장이다.

Q2 마르크스가 주장하는 복지국가 모순론과 거리가 먼 것은?

① 국가는 노동자의 자본주의 폐지 압력에 대응하여 사회복지정책을 수행한다.
② **자본축적 지원과 복지비 증액 사이에는 조화가 이루어진다.**
③ 자본축적을 위해 국가는 민간자본을 지원한다.
④ 사회복지정책은 체제의 정당성을 보존하는 기능을 수행한다.
⑤ 자본축적을 지원하면 대중의 국가에 대한 충성심이 약화된다.

해설 : Marx의 복지국가 모순론
　　　 ① 자본주의 사회는 경기변동으로 인해 근본적으로 불안정한 사회
　　　 ② 노동자계급의 저항을 극복하기 위해 국가는 자본축적과 정당화라는 두 가지 기능을 수행
　　　 ③ 자본축적 기능(이윤의 극대화) : 성공적인 자본축적을 위한 조건, 안정화. 민간자본 지원
　　　 ④ 정당화 기능(사회적 조화) : 무자비한 자본주의의 최악의 결과를 완화. 대표적

으로 사회복지정책

⑤ 자본축적 기능과 정당화 기능은 상호 모순관계 : 민간자본을 지원하면 대중의 국가에 대한 충성이 약해지고, 복지비를 증대하면 자본축적의 원활화에 필요한 재원이 줄어듦.

Q3 사회복지정책의 필요성에 해당하지 않는 것은?

① 도덕적 해이로 수급자들이 빈곤에서 벗어나지 않기 때문
② 재원을 부담할 뿐 아니라 다양한 형태의 규제를 위해
③ 평등, 소득재분배, 인간의 존엄성등의 가치구현하기 위해
④ 재화나 서비스는 민간부문에서 제공하게 되면 "시장의 실패" 때문에
⑤ 복지국가의 정책운용을 위해

해설 : 도덕적 해이는 사회복지정책에서 문제점으로 나타나는 것임. 나머지는 필요성을 설명하고 있음.

Q4 국가 주도의 사회복지정책의 필요성을 설명하는 요인으로 바르지 않은 것은?

① 평등　　**② 시장의 성공**　　③ 소득재분배　　④ 인간 존엄성

해설 : 사회복지정책은 자유시장체계가 자율적으로 조절되지 않아 불평등이 초래되는 경우, 즉 시장이 실패했을 때의 정부개입을 의미한다.

제5장 사회복지정책의 이념[42]

1. 복지 이데올로기
① 사회복지정책 이념의 모델은 궁극적으로 개인과 사회, 또는 자유와 평등이라는 양축의 조합에 의하여 구분함.
② 사회복지정책의 이념은 개인과 자유를 강조하는 자유주의형과 집단과 평등을 강조하는 사회주의형, 그리고 그 중간 형태로서 수정자유주의와 사회민주주의로 구분됨.
③ 1970년대 후반 이후 등장하게 된 신자유주의와 1980년대 이후 사회복지에 대한 새로운 시각으로서 페미니즘과 그린이즘 등이 있다.

〈표 5-1〉 학자별 사회복지정책의 이념 모델

학 자	개인적 가치(자유중시)	—	사회적 가치(평등중시)
J. Parker	자유방임	자유주의	사회주의
V. George와 P. Wilding	신우파 – 중도파 – 민주사회주의 – 마르크스주의		
G. Room	자유주의	사회민주주의	신마르크스주의
Esping-Anderson	자유주의	보수적 조합주의	사회주의
T. Burden	우익(파)	개혁주의	급진주의

※ 출처 : 김영모(1999: 144) 재인용

2. 자유방임주의
(1) 가치
  ① 개인주의에 기초
  ② 경제성장과 부의 극대화에 큰 가치를 부여
  ③ 모든 종류의 계약과 합의에 있어서 개별적 선택을 강조
(2) 국가개입에 대한 태도
  ① 소득과 부, 교육, 의료서비스 및 그 밖의 보호형태는 생산제도에 의하여 좌우됨.
  ② 사회보호는 최소의 국가개입하에서 개인적 교환력에 의존
(3) 빈곤에 대한 태도

---

[42] 사회복지정책의 이념에 대해서는 김영모(1999: 144-177)를 참고하여, 전문대학 재학생에게 필요한 내용만을 요약하여 제시하였음.

① 빈곤에 대한 개인주의적 접근을 옹호
② 보완적 모델 : 빈곤이 다수를 차지하고 생활수준이 생계비 이하로 떨어지거나 다른 사람들을 위협할 때 한해서만 정부의 개입을 요청
③ 빈곤의 절대적 개념과 관련
④ 빈곤의 원인을 퍼스낼리티나 인간의 통제를 넘어선 상황에서 찾음.

3. 자유주의

(1) 가치
① 기회와 개인적 자유 및 사회적 분배 방식으로서 시장의 중요성을 인정
② 최저수준의 보증에 정부의 책임을 인정

(2) 국가개입에 대한 태도
① 보편적 국가대책은 부도덕하고 비효과적이며 선택의 자유를 파괴한다고 함.
② 국가는 자신을 부양할 수 없는 사람에 대해서 최저기준을 보증하며, 그 수준 이상의 복지에 대해서는 개인적 선택을 중요시하고 사적으로 대처하도록 함.

(3) 빈곤에 대한 태도
① 빈곤의 만족스러운 대책으로서 최저생계비 기준을 거부
② 평등주의적 목적과 이상을 거부
③ 시장을 생활기준의 중요한 결정요인으로 받아들이고 선택 자유의 중요성을 인정

4. 신자유주의

(1) 배경
① 1970년대 후반 이후 세계자본주의가 불황에 빠지고 자본축적의 위기가 도래하자, 이 위기의 주요인으로 복지국가를 비판하면서 대두된 이념
② 대표적인 예
  ㉠ 1980년대 초 : 영국 대처리즘(Thatcherism)과 미국 레이거노믹스(Reaganomics)
  ㉡ 1990년대 : 자본주의 경제의 세계화(globalization)

(2) 내용
① 경제에 대한 국가개입의 축소, 자유주의적 시장경제의 원리의 복원
② 복지국가 프로그램의 지나친 확대는 노동 동기를 약화시키고 저축과 투자를 감소시켜 경제성장을 둔화시키기 때문에 국가개입의 팽창과 공공지출을 부정적으로

봄.
③ 국가개입은 문제를 해결하기 위한 전통적 방법을 붕괴시킴으로써 가족, 동료집단, 이웃 등의 구조를 약화시켰으며, 국민의 기대수준을 끊임없이 증가시키고, 또한 사회정책 그 자체가 해결할 수 없는 새로운 문제를 양성
④ 국가개입은 정부의 과중한 부담을 낳는 결과를 초래하게 되었는데, 정부의 과중한 부담을 해결하기 위해서는 경제적·사회적 자유주의와 자원주의 그리고 최소한의 국가개입으로 복귀해야 한다고 주장
⑤ 시장에 대한 최소한의 간섭만을 허용하도록 고안된 한정적이고 온건한 형태의 사회복지는 반대하지 않음.
⑥ '시장자유화', '탈규제', '민영화', '노동유연화', '개방화', '복지지출 제한' 등을 원칙으로 함.

5. 사회민주주의

(1) 가치
① 사회정책(복지)을 시민권으로 파악
② 욕구거래의 실현과 시장을 이상적 분배제도로 간주
③ 사회권을 업적에 의한 것으로 간주하지 않고 욕구에 의한 것으로 간주

(2) 내용
① 사회정책은 개인적 자유를 유지하고 확대시키는데 잠재적 역할을 가짐.
② 계급, 소득, 인종의 구별 없이 무차별적 서비스(보편주의)를 베풀 것을 주장
③ 사회적 통합에 의하여 조화롭고 합리적인 사회질서가 형성되는데 이러한 사회통합은 도덕적 의무로 혼합되어 있음.
④ 사회정책은 개인적 이익 보다는 집합적 이익에 기초한 도덕적 질서의 수단임.

6. 마르크스주의

(1) 가치 : 정치적, 사회적, 경제적 활동에 참여하는 평등과 공동체의 가치를 강조한다.

(2) 내용
① 자본주의 사회의 생산관계는 기본적으로 착취적이기 때문에 자본주의 사회에서는 다수의 복지가 보장될 수 없음.
② 복지국가는 사회경제적 구조상 근본적인 변화를 억제하고 지배계급의 권한을 유

지하려는 사회통제에 불과하다고 비판함.
③ 자본주의 사회에서 발생하는 여러 사회문제들을 해결하기 위해서는 사회혁명을 통한 자본주의의 붕괴가 그 해결책임.

7. 신마르크스주의
(1) 배경 : 1970년대 후반 이후 복지국가 위기 논쟁에 있어 복지국가에 대해 비판적인 입장을 가지고 대두된 이념 중의 하나
(2) 사회복지정책 성장의 주요한 요인
① 사회복지정책은 노동자계급의 투쟁의 성과물로 발달했다는 계급갈등론(예, 영국의 공장법)
② 자본주의의 유지를 위해 필요한 건강한 노동력 확보와 유효수요 창출을 위해 국가와 자본의 주도하에 형성된 것으로 보는 자본의 논리(예, 비스마르크의 사회보장 개혁)
③ 효율성의 증진을 위한 자본주의 체제의 필요성 : 자본주의적 생산 및 분배체계는 과소 소비, 이윤율의 저하, 주기적인 위기에 직면하게 되는 내재적인 경향성을 가지고 있으며, 국가는 자본주의 체제가 이러한 내재적 경향성을 극복할 수 있도록 그리고 체계의 효율성을 증진시키기 위해 개입할 수 밖에 없다고 주장함.

8. 페미니즘
① 복지국가는 성을 차별화시키며, 대체로 여성에 의해 생산되고 여성에 의해 소비
② 복지국가는 여성의 희생을 바탕으로 성립, 남성과 자본의 이익을 위해서 구성됨.
③ 마르크스주의적 페미니즘은 복지국가를 가부장제와 자본주의적 억압의 표현으로 간주함.

9. 그린이즘
(1) 기본 관점 : 환경문제를 야기시킨 것은 산업사회와 자본주의적 경제체제임.
(2) 주요 내용
① 선진 산업사회의 기본 가정인 '끊임없는 경제성장과 소비는 가능하고 바람직하다'로 인해 경제성장에 주력한 결과 환경파괴라는 결과를 초래하게 됨.
② 낭비적이며 과소비적인 거대 산업에 반대

③ 제1세계와 제3세계의 문제, 제3세계의 빈곤은 심각한 상태이며 이들은 경제적 난국을 타개하기 위해 자원을 파는 방식으로 환경을 파괴함. 이들에 대한 제1세계의 태도는 자신들의 생활수준을 수출하는 정도로, 실제로는 환경식민지화 하고 있음.
④ 선진 산업사회는 인간중심적인 가치관을 견지한다는 것임. 현재 인간중심주의는 인간이 주체가 되고 이외의 모든 것은 객체로 보아 자연을 착취하는 것에 대해 정당성을 부여

▶ 제5장. 사회복지정책의 이념

＊ 평가하기

Q1 복지국가의 이념과 관련된 설명으로 타당한 것은?

① 자유주의는 시장경쟁보다도 사회적 수준의 연대성에 관심이 높다.
② **사회민주주의는 경쟁보다 협동에 관심이 많다.**
③ 사회민주주의는 자본주의를 극복하고 사회주의로 가야 한다고 주장한다.
④ 자유주의보다 사회민주주의가 시장의 경쟁을 적극적으로 지지한다.

해설 : 자유주의는 시장경쟁을 중심으로 놓는다면, 사회민주주의는 상대적으로 협동과 연대에 관심을 둔다. 자유주의와 사회민주주의는 모두 자본주의를 전제하여 복지국가를 구상한다.

Q2 다음 중 복지국가의 유형에 대한 설명으로 옳은 것은?

① 사회민주주의 복지국가유형은 계층화와 탈상품화의 수준이 모두 높다.
② 자유주의 복지국가유형은 계층화와 탈상품화의 수준이 모두 높다.
③ 보수주의 복지국가유형은 계층화와 탈상품화의 수준이 자유주의 유형보다 모두 높다.
④ **에스핑 엔더슨의 복지국가 유형에 대한 설명 기준인 계층화는 불평등과 연관성이 높다.**

해설 : 에스핑 엔더슨의 복지국가는 불평등에 기반한 계층화와 사회임금의 수준인 탈상품화 지표에 따라 분류된다. 자유주의는 탈상품화의 수준이 낮고 계층화의 수준이 높다. 그만큼 복지수준이 낮고 불평등이 심하다는 것이다. 사회민주주의는 반대이고, 보수주의는 계층화와 탈상품화가 두 유형의 중간에 있다.

Q3 한국의 복지국가는 논쟁 중에 있다. 다음 중 한국의 복지국가유형으로 지목된 것과 가장 거리가 먼 것은?

① 유교주의 복지국가　　　　　　　② 제4의 모델
③ 생산주의 복지체제　　　　　　　④ **사회민주주의 복지국가**

해설 : 북유럽국가들이 사회민주주의 복지국가유형에 속한다. 협동과 연대성을 강조하면서 높은 수준의 탈상품화를 특징으로 한다.

Q4 보기의 내용 중 빈칸에 적절한 것은?

> 1997년 영국 총선에 승리함으로서 18년 만에 보수당으로부터 정권을 확보한 (㉠)는 앤소니 기든스와 함께 제3의 길이라는 슬로건을 내세우고 구식의 (㉡)와 (㉢)로부터의 차별전략을 내세움

① ㉠: 마가렛 대처, ㉡: 조합주의, ㉢: 신자유주의
② **㉠: 토니 블레어, ㉡: 사회민주주의, ㉢: 신자유주의**
③ ㉠: 베버리지, ㉡: 사회민주주의, ㉢: 신자유주의
④ ㉠: 마가렛 대처, ㉡: 사회민주주의, ㉢: 신자유주의
⑤ ㉠: 토니 블레어, ㉡: 조합주의, ㉢: 신자유주의

해설 : ② 제3의 길을 주창한 영국 수상은 토니블레어. 신자유주의와 사회민주주의와의 차별을 내세움.

Q5 1970년대 등장하고 1980년대 미국에서 팽배하고 있는 지배적 정치조류로써, 자유지상주의, 미국제일주의, 평등화의 거부, 그리스도 부흥으로 요약되는 사회복지정책 이념은?

① 자유방임주의   ② 마르크스주의   **③ 신자유주의**
④ 페이비언사회주의   ⑤ 신자유주의

해설 : 1970년대 초, 중반 석유파동으로 인한 전세계적인 경제불황으로 소위 '복지국가의 위기'라 불리우는 시대에 미국에서는 레이건 공화당 행정부(보수)가 집권하게 되었다. 신자유주의는 바로 복지국가 위기의 이념적 배경이자, 미국 레이건노믹스의 경제정책의 사상적 기반이 되었다.

Q6 사회복지정책의 주요 이념에 대한 설명으로 맞는 것은?

① 신자유주의 또는 신보수주의는 국가의 복지개입 확대가 개인의 자유 증대와 연결

된다는 입장을 취한다.
② 사회민주주의는 복지국가를 통한 자본주의 체제의 점진적 변혁보다는 자본주의 체제 자체에 대한 부정을 통한 급진적 개혁을 추구한다.
③ **제3의 길은 신자유주의와 사회민주주의 사이의 새로운 길을 모색하는 것으로서, 복지 서비스의 직접제공보다 인적자원에 대한 투자를 중시한다.**
④ 복지다원주의 또는 복지혼합은 종래의 복지국가의 문제점을 보완하기 위해 국가가 복지기능에서 완전히 손을 뗄 것을 주장한다.

해설 : 신자유주의는 국가의 복지개입 확대가 개인의 자유를 저해한다고 본다. 사회민주주의는 복지국가가 자본주의의 점진적 개혁에 기여한다고 주장한다. 복지다원주의는 국가의 복지기능 일부를 다른 영역으로 이전함으로써 복지의 주체를 다원화하자는 입장이다.

Q7 자유주의, 신자유주의, 보수주의는 성격상 전혀 다른 이념이다. ① 예 / **② 아니오**

해설 : 세 가지는 기본가정 등의 측면에서 사실상 동일하다. 여기에 신우파(new right) 또한 같은 범주로 포함시킬 수 있다.

Q8 신자유주의의 견해에 따르면, 국가실패(state failure)는 복지국가 위기의 원인이 아니다. ① 예 / **② 아니오**

해설 : 신자유주의는 국가개입 증대로 인한 정부의 과부하와 민간경제의 약화, 즉 국가실패가 복지국가 위기의 결정적 원인이라는 입장을 취한다.

제6장 사회복지정책의 주체와 대상

1. 사회복지정책의 주체

1) 국가복지(public welfare)
사회복지정책의 주체는 일반적으로 국가(행정부, 입법부, 사법부)이며, 국가의 개입방법에는 법령적인 대책, 행정적인 지원, 재정적인 지원 등을 들 수 있는데, 특히 한국과 일본에서는 민간단체, 즉 사회복지법인 등을 통한 간접적인 개입이 많이 행하여지고 있음(김영모, 1999: 178).

(1) 복지를 생산하고 조직하는 정부와 그 기관(김영모, 1999: 181)
　① 중앙정부 : 보건복지부, 고용노동부, 환경부, 교육과학기술부, 행정안전부 등
　② 지방정부와 각 부처 : 광역지방자치단체(시·도) 보건복지국 또는 복지여성국, 기초
　　 지방자치단체(시·군·구)의 주민생활지원원국 산하 사회복지과, 노인복지과,
　　 주민생활지원과 등
　③ 준자치적 집행기관(또는 준정부적인 기관) : 국민건강보험공단, 국민연금공단 등
　　 ※ 건강보험의 등의 사회보험의 경우, 국가는 공법인인 공단을 설립하여 관련 업무
　　　 을 위임하여 운영을 맡기고 있으며, 따라서 국가는 일차적인 책임을 지지 않음.
　④ 사회복지법인, 학교법인, 종교법인, 의료법인, 청소년법인, 비영리사단법인 등

(2) 국가의 역할 변화(김영모, 1999: 183-185)
　: 복지다원주의(welfare pluralism) 선호 : 공공복지 + 민간복지

2) 민간복지(voluntary welfare)[43]

(1) 사적 복지의 국가정책화
　- 공적 복지 : 국가에 의한 사회복지 대책
　- 사적 복지 : 국가 이외 개인, 가족 또는 민간조직에 의한 대책

---

43) 사회복지정책에 있어서 민간복지에 대해서는 김영모(1999: 185-187)를 요약·정리하였음.

(2) 국가복지의 민영화 현상(김영모, 1999: 186)
① 최근 사회복지의 재정위기를 해소하기 위하여 국가복지의 민영화(privatization) 조치가 일어나고 있음. 정부의 재정지원으로 복지수요를 감당하기 어렵고 또 서비스의 질을 제고하기 위하여 필요하다는 것임.
② 선진국가의 민영화 조치
  - 영국 : 시영주택의 민영화와 교육보조금의 축소 등
  - 일본 : 사회복지서비스의 유료화 현상
③ 우리나라의 사회복지의 민영화 현상 : 「사회복지서비스의 유료화 정책」
  예) 노인요양시설이용자의 본임일부부담금, 종합사회복지관 등에서의 실비이용료 등

〈표 6-1〉 사회복지정책의 주체별 사회복지의 형태

주체	복지형태
개인, 가족	상호부조, 박애사업, 가족, 재가 복지
마을, 동네	혼상계, 인보사업
교회	자선사업
직장	공제회, 기업복지
지역사회	공동모금, 지역사회복지
국가	사회보장, 사회정책

※ 출처 : 김영모(2000: 5)를 재인용

3) 사회복지정책의 전달체계(delivery system)

(1) 사회복지정책의 전달체계의 개념과 원칙
  : 사회복지정책 급여대상자의 측면에서, 그를 둘러싼 일체의 공·사 복지기관과 이들 기관의 서비스 전달망
    예) 중앙정부 사회복지 관련 부처, 지방정부 사회복지 관련 부서, 사회보험관련 관리공단, 민간복지기관 및 시설 등

(2) 중앙정부
① 조세(국세)를 사용하여 중앙정부 조직을 통해 사회복지정책의 집행
  → 예) 영국의 NHS 전달체계, 고용보험 급여의 노동부/지방노동청/고용지원센터

② 국가가 공법인을 설립하여 사회복지정책의 집행 위험
    → 예) 국민연금관리공단(연금급여), 근로복지공단(산재급여), 국민건강보험공단(건강보험급여) 등
(3) 지방정부
  : 우리나라 지방자치단체의 자체 복지사업들(대부분이 사회지서비스정책임)

(4) 중앙정부와 지방정부의 혼합체계

① 중앙정부가 재정적 규제를 통해 지방정부 조직을 활용
  ㉮ 범주적 보조금(조건적 지원) : 재원의 세부 사용항목을 지정하여 matching 또는 일정액 지원, 예) 우리나라 국고보조사업
  ㉯ 총액보조금(block grant) : 프로그램 기능별 지원
  ㉰ 일정 예산을 지방정부에 할당

② 중앙정부가 프로그램 규제, 절차적 규제를 통해 지방정부 활용
  → 대상자격, 급여수준, 세부적 전달과정 등등에 관해 지방정부의 자율성 부재
  예1) 국민기초생활보장제도 : 국고 보조사업, 중앙정부의 프로그램 규제
  예2) 노인, 장애인, 정신요양시설 등 운영 : 분권교부세(한시적 총액보조금 형태) 지급

(5) 정부와 민간부문의 혼합체계
① 민간 전달체계를 활용한 공공 사회복지정책의 집행
② 유형
  ㉮ 계약 방식 : 재원은 정부, 행정이나 운영은 민간 담당(사회복지관의 위탁계약 등)
    예) 사회복지시설의 위탁운영
  ㉯ 재정보조 방식 : 정부가 민간 사업비의 일정액 지원
  ㉰ 단순관리 방식 : 재정지원 없이 민간에 대해 정부가 규제나 관리 예) 퇴직금제도
③ 정부와 민간 혼합체계의 장단점
  ㉮ 민간부문 장점들(창의성, 융통성, 효율성, 선택의 자유, 접근성 등)을 살릴 수 있음
  ㉯ 규모의 경제, 평등의 달성 등의 면에서 불리함.

(6) 순수 민간전달체계
   ① 재원과 운영을 모두 민간이 담당하는 체계 → 민간복지법인이나 시설, 기업복지 등
   ② 현대 복지국가에서 정부의 재정지원 없는 순수한 형태의 민간부문은 매우 적음.
   ③ 순수 민간 전달체계의 장단점
      ㉮ 창의성, 융통성, 효율성, 선택의 자유, 접근성 등 높음.
      ㉯ 평등의 달성, 규모의 경제, 정책의 안정성 및 통합조정 가능성 등의 면에서 불리함.

2. 사회복지정책의 대상[44]

사회복지정책의 대상은 일반적으로 사회적 욕구와 사회문제를 의미, 이러한 욕구와 문제를 가지면서 그것을 스스로 해결할 수 있는 능력이 없는 사람이 사회복지정책의 1차적 대상, 즉 요보호자(빈민, 고아, 노인, 장애인, 실업자 등)임. 그러나 오늘날 이러한 대상은 전체 국민이 되는데, 이들이 이러한 사회적 위험에 빠지지 않게 예방하기 위한 것임.

1) 사회적 욕구

(1) 절대적 욕구와 상대적 욕구
   ① 절대적 욕구 : 최소의 (생활) 필수물에 대한 획득 욕구[45]
   ② 상대적 욕구 : 하비(David Harvey)는 상대적 중요성의 측면에서 욕구의 순서를 ㉠ 음식 ㉡ 주택 ㉢ 의료보호 ㉣ 교육 ㉤ 사회적·환경적 서비스 ㉥ 소비자 보호 ㉦ 오락기회 ㉧ 사이좋은 이웃관계 ㉨ 교통시설 등으로 분류[46]
   ③ 후진국가에서는 고용기회 등의 항목이 필요하다.

(2) 일차적 욕구와 이차적 욕구[47]

---

[44] 사회복지정책의 대상에 대해서는 김영모(1999: 188-195)를 참고·요약, 제시하였음.
[45] 라운트리(Seebohm Rowntree)는 사람들이 노동에 종사할 수 없을 정도로 음식·연료·주거 및 의복의 생물학적 필수 항목을 누리지 못할 때 절대적 빈곤이라 하였는데, 이것은 최소의 필수물을 획득하지 못한 것을 의미함(김영모, 1999: 190-191).
[46] Jones, C., Brown, J., and Bradshaw, J., 1978, Issues in Social Policy, Routledge and Kegan Paul, London, 30.
[47] Lowry, L., 1979, Social Work with the Aging, Harper and Row, N.Y., 11-17.

① 일차적 욕구
  ㉠ 생물학적·심리학적 욕구 : 의·식·주·영양·성
  ㉡ 경제적 욕구 : 소득
  ㉢ 보건 : 신체적·정신적 보호와 안전
  ㉣ 심리학적 욕구 : 사랑·안전·유용성·새경험·일체감
  ㉤ 사회적 욕구 : 상호역할과 관계·가족·동료집단·조직과의 상호작용·사회제도
② 이차적 욕구
  ㉠ 활동 : 직업·이동
  ㉡ 여가 : 오락
  ㉢ 문화적 욕구 : 정보·지식·체육·놀이
  ㉣ 정치적 욕구 : 법적 지위 보호·참여
  ㉤ 정신적 욕구 : 종교적 미지에의 관계

2) 사회문제[48]

오늘날 사회문제는 주로 ① 불평등과 실업, ② 범죄와 비행, ③ 가족 및 지역사회 해체로 대별

(1) 기능주의적 관점
 ① 사회문제 : 사회해체와 탈선행위(가족해체, 범죄, 비행 등과 같은 부적응)
 ② 사회복지정책 : 사회문제를 주로 비정치적·비이념적 측면에서 다루려고 하기 때문에 사회복지정책 입법을 중요시, 이것은 사회복지정책을 사회안정과 균형을 유지하기 위하여 산업화의 기능적 보완으로서 간주
 ③ 기능주의적 사회복지정책은 사회체제의 경제성장과 안정 및 통합의 기능적 필요성으로 간주

(2) 갈등주의적 관점
 ① 사회문제 : 노동문제와 분배문제와 관련된 사회적 불평등(빈곤, 실업, 기회의 불평등 등)

---
[48] 김영모 편(1981)의 제1장 제2절을 참조하여 요약제시하였음.

② 사회복지정책 : 노동문제와 분배문제와 같은 불평등을 감소 또는 해소하기 위하여 노력, 근본적인 노동문제를 해결하기 위해서는 두 가지 방법이 있는데, 첫째 마르크스주의적 관점으로서 생산관계의 변혁을 중요시하며, 둘재 신갈등주의적 관점으로서 다렌돌프가 지적한 바와 같이, 사회갈등의 제도화, 즉 입법과 정책화에 의한 접근방법임.

※ 평가하기

Q1 사회복지정책의 주체별 특징에 대한 설명으로서 적절하지 않은 것은?

① **영리조직 - 근로자와 가족 위한 사내복지로 생산성 향상**
② 국가(중앙정부) - 주도적·지배적 위치에 있으나 이는 20세기의 산물
③ 자원조직 - 비상업적 이타주의 활동원리에 기초한 조직적인 활동
④ 지방정부 - 지역이 가진 특수한 욕구에 신속하고 전문적으로 대응

해설 : 기업에서의 회사내 복지시책은 초기에는 근로자와 가족을 위한 배려를 통해 생산성 향상 및 이윤 증가의 의미를 내포하였으나, 점차 기업복지와 국민복지의 중첩으로 인해 공공복지로 전환되는 모습을 보였다. 영리 조직은 시장원리에 의존하여 요금을 부과하고, 상호 경쟁하며, 이윤을 추구하는 경향을 보인다.

Q2 다음 중 사회복지정책의 주체가 아닌 것은?

① 행정부　　　② 입법부　　　③ 사법부
④ 사회복지법인　　**⑤ 기업 법인**

해설 : 사회복지정책의 주체는 일반적으로 국가(행정부, 입법부, 사법부)라 할 수 있다. 국가의 개입방법에는 법령적인 대책, 행정적인 지원, 재정적인 지원(보조금 지원) 등을 들 수 있다.

Q3 사회복지(정책과 서비스)를 생산하고 조직하는 국가기관과 관련이 적은 것은?

① 사회복지법인　　**② 영리법인**　　③ 국민연금관리공단
④ 지방자치단체　　⑤ 중앙정부

해설 : 복지를 생산하고 조직하는 정부와 그 기관
　　　① 중앙정부와 각 부처 : 보건복지부, 노동부, 환경부, 교육부, 행정자치부 등
　　　② 지방정부와 각 부처 : 지방자치단체(시·도, 시·군·구)의 보건복지국, 시민복지국, 여성정책관
　　　③ 준자치적 집행기관 : 국민건강보험공단, 국민연금관리공단 등

④ 사회복지법인, 학교법인, 의료법인, 청소년법인, 비영리사단법인 등

Q4 사회복지실천을 위한 국가의 직접적 역할이 아닌 것은?

① 법령적 대처　　② 행정적 지원　　③ 재정지원
④ 공동 모금　　⑤ 보조금 지원

해설 : 사회복지정책의 주체는 일반적으로 국가(행정부, 입법부, 사법부)라 할 수 있다. 국가의 개입방법에는 법령적인 대책, 행정적인 지원, 재정적인 지원(보조금 지원) 등을 들 수 있다.

Q5 다음 중 신자유주의 세계화 정책이 사회복지정책에 미친 영향으로 적당한 것은?

① 최대정부　　② 규제 강화　　**③ 복지의 혼합경제**
④ 공영화　　⑤ 재정지출 강화

해설 : 현대 복지국가의 역할 변화

① 1980년대 들어와서 복지국가의 재정위기를 타개하기 위하여 영·미를 중심으로 한 신우파, 또는 신자유주의 사상과 정책이 활개를 쳤다. 신자유주의는 정부의 역할 감소를 지향하였고 이는 사회복지의 내용에 있어서 민영화를 의미하고 이것은 민간제도에 국가 기능의 이전을 의미한다. 사회복지의 민영화는 자조와 영리 및 경쟁의 철학을 강조하기 때문에 욕구는 있어도 능력이 없는 아동, 노인, 빈민, 장애인들이 사회적으로 박탈되거나 요보호자가 된다.

② 국가는 수요보다도 욕구에 따라 반응하기 때문에 시장보다도 용이하게 평등과 공평성을 보장할 수 있고 가능한 복지 원천으로서 국가부문은 평등한 분배를 전국적으로 가능하게 하지만 민간부문은 불공평하고 불분명하며 책임소재가 불분명하다. 그러나 국가 대책은 너무 중앙집권적이고 관료적이며 전문가와 행정관료에 의하여 너무 지배된다. 또한 법적 서비스는 다양한 개인적 욕구와 변화하는 욕구에 대응하지 못한다.

③ 이러한 반국가적인 분위기로 국가의 역할 감소와 공공지출의 축소를 위한 새로운 이론이 나타나기 시작하였다. 이것을 서비스 전달에 있어서 민영화와 상업주의가 종전의 공영화, 비영리화와 함께 존재하는 복지의 혼합경제라고 한

다.

Q6 다음 중 민간복지의 국가정책화 현상은?
① **사회복지 공동모금** ② 자원봉사 ③ 복지의 혼합경제
④ 국가복지 예산 증액 ⑤ 사회복지시설 지원 강화

해설 : 민간 복지의 국가정책화
① 가족과 시장기구와 같은 사적 복지기관이 자본주의의 발달로 도시화·핵가족화·불평등화 등으로 제 기능을 하지 못함으로서 국가가 개입하여 사회통합을 이루려는 것이다. 우리나라는 최근 이러한 변화가 심하다. 사적 복지의 국가정책화 현상이 심화되고 있지만 선진국가에서는 이미 발달한 공적 복지의 사영화 또는 민영화 현상, 즉 국가복지의 사적 복지화 현상이 나타나고 있다. 사회서비스를 시장기구에 맡기려고 한다.
② 우리나라는 최근 시설보호의 국가책임 때문에 거의 자부담이 없어지고 시설의 수용자나 이용자에 대한 조치권을 정부가 가지고 있기 때문에 민간복지의 성격이 약화되고 있다.
③ 한편, 정부의 재정지원도 중앙정부가 80% 이상 부담하기 때문에 사회복지서비스도 중앙집권화 되어 있는 실정이다. 최근 사적 복지의 주요한 재원인 모금까지 입법화되어 민간복지의 국가정책화(사회복지기금법, 사회복지공동모금법) 현상이 나타나고 있다.

Q7 다음 중 신우파의 사회복지정책이 아닌 것은?
① 보조금 축소 ② 민간연금의 도입 ③ 복지시설의 위탁
④ 지역사회복지 예산의 증액 ⑤ **고용보험의 강화**

해설 : 1980년대 들어와서 복지국가의 재정위기를 타개하기 위하여 영·미를 중심으로 한 신우파, 또는 신자유주의 사상과 정책이 활개를 쳤다. 신자유주의는 정부의 역할 감소를 지향하였고 이는 사회복지의 내용에 있어서 민영화를 의미하고 이것은 민간제도에 국가 기능의 이전을 의미한다. 사회복지의 민영화는 자조와 영리 및 경쟁의 철학을 강조하기 때문에 욕구는 있어도 능력이 없는 아동, 노인, 빈민, 장애

인들이 사회적으로 박탈되거나 요보호자가 된다.

Q8 다음 중 국가복지의 민영화 시책이 아닌 것은?
　① 보조금 축소　　　② 직접적 대책의 축소　③ 복지서비스의 유료화
　④ 사보험의 재정적 유인책　**⑤ 형벌로 인한 연금급여의 축소**

해설 : 국가복지의 민영화 - 최근 선진국가에서는 복지국가의 재정위기를 해소하기 위하여 국가복지의 민영화(privatization)조치가 일어나고 있다. 이것은 비효율성을 이유로 공기업의 운영(소유와 집행)을 민간에 위탁하는 것이다. 정부의 재정지원으로 복지수요를 감당하기 어렵고 또 서비스의 질을 제고하기 위하여 필요하다는 것이다. 그래서 영국의 경우 80년대 이후 보수당 정부는 복지시장을 통하여 효율적이고 효과적인 서비스를 기하려고 하였다.

Q9 정부는 사회복지시설(사업)을 민간단체(사회복지법인 등)에 위탁하고 있다. 이의 이념적 근거는?
　① 자유주의　　　　**② 신자유주의**　　　③ 사회민주주의
　④ 개혁주의　　　　⑤ 마르크스주의

해설 : 1980년대 들어와서 복지국가의 재정위기를 타개하기 위하여 영·미를 중심으로 한 신우파, 또는 신자유주의 사상과 정책이 활개를 쳤다. 신자유주의는 정부의 역할 감소를 지향하였고 이는 사회복지의 내용에 있어서 민영화를 의미하고 이것은 민간제도에 국가 기능의 이전을 의미한다.

Q10 욕구의 측정과 관련이 없는 것은?
　① 절대적 욕구와 상대적 욕구로 구분　② 일차적 욕구와 이차적 욕구로 구분
　③ 욕구지표는 복지지표이다.　　　　　④ 절대적 욕구는 의·식·주의 민생문제
　⑤ 후진국가의 경우 고용기회와 할당제

해설 : 욕구의 측정
　　(1) 절대적 욕구와 상대적 욕구

① 절대적 욕구 : 최소의 필수물에 대한 획득 욕구
② 상대적 욕구 : ㉠ 음식 ㉡ 주택 ㉢ 의료보호 ㉣ 교육 ㉤ 사회적·환경적 서비스 ㉥ 소비자 보호 ㉦ 오락기회 ㉧ 사이좋은 이웃관계 ㉨ 교통시설 등
③ 후진국가에서는 고용기회 등의 항목이 필요

(2) 일차적 욕구와 이차적 욕구
① 일차적 욕구
  ㉠ 생물학적·심리학적 욕구 : 의·식·주·영양·성
  ㉡ 경제적 욕구 : 소득
  ㉢ 보건 : 신체적·정신적 보호와 안전
  ㉣ 심리학적 욕구 : 사랑·안전·유용성·새경험·일체감
  ㉤ 사회적 욕구 : 상호역할과 관계·가족·동료집단·조직과의 상호작용·사회제도

② 이차적 욕구
  ㉠ 활동 : 직업·이동
  ㉡ 여가 : 오락
  ㉢ 문화적 욕구 : 정보·지식·체육·놀이
  ㉣ 정치적 욕구 : 법적 지위 보호·참여
  ㉤ 정신적 욕구 : 종교적 미지에의 관계

Q11 기능주의적 사회복지정책과 관련이 없는 것은?
① 경제성장과 안정　　② 욕구충족과 사회적응　　③ 고용정책
④ 사회갈등　　⑤ 일탈과 사회해체

해설 : 기능주의적 관점의 사회문제와 사회복지정책
① 사회문제 : 사회해체와 일탈행위(가족해체, 범죄, 비행 등과 같은 부적응)를 사회문제로 간주한다.
② 사회복지정책 : 기능주의적 사회복지정책은 사회문제를 주로 비정치적·비이념적 측면에서 다루려고 하기 때문에 사회복지정책 입법을 중요시 한다. 이것은 사회복지정책을 사회안정과 균형을 유지하기 위하여 산업화의 기능적 보완으로서 생각한다.

③ 기능주의적 사회복지정책은 사회체계의 성장과 안정 및 통합의 기능적 필요성으로 간주된다.

Q12 갈등주의적 사회복지정책과 관련이 없는 것은?

① 사회불평등 해소　　② 갈등의 제도화　　③ 노사협조
④ 단체교섭　　**⑤ 빈익빈 부익부**

해설 : 갈등주의적 관점의 사회문제와 사회복지정책
(1) 사회문제 : 노동문제와 분배문제와 관련된 사회적 불평등(빈곤, 실업, 기회의 불평등 등)을 사회문제로 간주한다.
(2) 사회복지정책 : 갈등주의적 사회복지정책은 노동문제와 분배문제와 같은 불평등을 감소 또는 해소하기 위하여 노력한다. 근본적인 노동문제를 해결하기 위해서는 두 가지 방법이 있는데, 첫째 마르크스주의적 관점으로서 생산관계의 변혁을 중요시하며, 둘째 신갈등주의적 관점으로서 다렌돌프가 지적한 바와 같이 사회갈등의 제도화, 즉 입법과 정책화에 의한 접근방법이 있다.
(3) 신갈등주의 사회복지정책은 분배과정의 조성을 중요시 하는 계급협조론 또는 단체교섭 및 노사협의(공공결정제도) 등이다.

Q13 인간의 기본적인 사회적 욕구는 무엇인가?

① 소득, 보건, 교육, 주거　　② 소득, 보건, 문화, 주거
③ 소득, 보건, 예술, 주거　　④ 소득, 교육, 교통, 주거
⑤ 소득, 보건, 환경, 주거

해설 : 인간의 기본적 욕구는 소득, 보건(건강), 교육, 주거(주택) 등이다.

Q14 매슬로우(A. H. Maslow)가 지적한 인간의 욕구가 아닌 것은?

① 생리적 욕구　　② 안전욕구　　③ 소속감
④ 과시욕　　⑤ 자아실현

해설 : 매슬로(Maslow)의 욕구단계이론은 인간의 욕구가 ① 생리적 욕구, ② 안정과 안전

의 욕구, ③ 사회적 욕구, ④ 인정·자존의 욕구, ⑤ 자기실현의 욕구 등의 5단계로 되어 있으며, 제일 낮은 단계의 욕구가 충족되어야 보다 높은 단계의 욕구를 추구하게 된다고 설명하고 있다.

Q15 개인주의적 이념과 기능주의 이론에 입각하여 사회복지를 규정하는 경우 주요 대상이 되는 문제는?

① 빈곤　　　　　② 기회의 불평등　　　　　③ 박탈
④ 탈선행동　　　⑤ 실업

해설 : 기능주의적 관점의 사회문제는 사회해체(가족해체 등)와 일탈행위(범죄, 비행 등과 같은 탈선 또는 부적응)를 사회문제로 간주한다.

Q16 다음의 사회문제 중 사회구조적 문제와 가장 거리가 먼 것은?

① 정신질환　　② 소득배분　　③ 교육불평등　　④ 빈곤

해설 : 갈등주의적 관점의 사회문제는 노동문제와 분배문제와 관련된 사회적 불평등(빈곤, 실업, 기회의 불평등 등)을 사회문제로 간주한다.

Q17 사회문제에 대한 설명 중 옳지 않은 것은?

① 사회적 맥락에서 비롯된다.
② 사회적 다수가 개선을 요구한다.
③ 불특정다수가 어떤 현상으로 영향을 받음으로 인해 부정적으로 여긴다.
④ 개인문제와 사회문제는 완전히 구별된다.
⑤ 개선을 위해 집단적·사회적 행동이 요구된다.

해설 : 사회문제는 개인문제들이 상호 엮여서 발생되는 것이기 때문에 구별되지 않는다.

Q18 사회복지공동모금의 장점이 아닌 것은?

① 개별적 모금보다 지역사회의 참여를 확대시킬 수 있다.

② 모금비용이 적게 들고 사회복지기관들과 협력을 증진시킬 수 있다.
③ **개별기관의 특수성이 확보되고 분배의 과다 경쟁이 있을 수 있다.**
④ 개별기관이 모금의 중복성을 피하기 위하여 모금활동을 하지 않을 수 있다.

해설 : ③은 사회복지공동모금회의 단점에 해당한다.

Q19 사회복지 전달체계에 대한 설명 중 틀린 것은?

① 재화나 서비스의 공공재적 성격이나 외부효과의 크기가 큰 것은 공공전달체계가 유리하다.
② 소비자들의 합리적 선택가능성이 큰 것은 민간전달체계가 유리하다.
③ 평등성 혹은 사회적 적절성의 달성은 공공전달체계가 유리하다.
④ **경쟁성, 접근성, 대응성, 통합성의 달성은 공공 전달체계가 유리하다.**
⑤ 지방정부 전달체계는 중앙에 비해 창의적이고 실험적인 서비스 개발이 용이하여 수급자들의 변화하는 욕구에 적극 대처할 수 있다.

해설 : ④의 내용 중 경쟁성은 민간전달체계가 유리하다.

Q20 현대 사회복지에서 사회복지서비스 생산전달에 있어 공급주체의 구성을 바르게 설명한 것은?

① 가족과 민간영역은 줄어들고 공공영역은 극대화된다.
② 공공영역은 줄어들고 가족과 민간영역은 극대화된다.
③ 경제정책은 공공부문으로 사회정책은 민간부문으로 분리된다.
④ 경제정책은 민간부문으로 사회정책은 공공부문으로 분리된다.
⑤ **공급주체의 다원화로 유기적 혼합복지형태로 발전한다.**

해설 : 현대의 사회복지는 국가와 민간의 역할이 혼합된 "복지다원주의"의 양상을 띤다. 이러한 복지다원주의는 사회복지의 공급주체가 다원화되어 가는 것, 즉 혼합복지의 형태를 의미한다.

Q21 사회복지 공급주체 중 민간영리부문과 관계가 없는 것은?

① 수익자 부담 ② 이윤추구
③ **현행 사회복지사업법과 관계가 없다.** ④ 실버시설
⑤ 시장윤리

해설 : 민간영리부문의 특성은 영리성(이윤 추구), 수익자 부담, 시장 윤리를 강조하여, 최근 실버산업에서 두드러진 양상을 나타내고 있다. 민간에서 사회복지시설을 운영한다고 해도 사회복지사업법 및 개별 법령에 근거하여야 한다.

제7장 사회복지정책의 재원

[들어가기 전]
사회복지정책의 성공 여부는 필요한 재원의 확보 여부에 달려 있음. 사회복지정책에 사용되는 재원은 소득을 재분배하여 공평한 사회를 만듦과 동시에 사회를 안정되게 함으로써 경제적 발전을 이루는데 그 목적이 있음. 따라서 사회복지정책에 소요되는 재원은 단기적으로 지출비용이지만 장기적으로는 투자비용이 된다고 할 수 있음(이수천 외, 2011: 324).

[SUMMARY](이수천 외, 2011: 324)
● 공공부문의 재원 : 정부의 일반예산(일반세), 사회보장을 위한 조세(목적세), 조세비용
● 민간부문의 재원 : 사용자부담금, 자발적 기여금(=후원금, 개인, 재단, 기업), 기업복지, 가족내 혹은 가족간 이전

1. 공공부문 재원[49]

1) 정부의 일반예산

사회복지가 발달할수록, 사회복지정책에 사용되는 재원 가운데 공공부문의 비중이 커지는 경향이 있는데, 예를 들면, 스웨덴, 노르웨이, 덴마크 등 사회복지정책이 발달한 스칸디나비아 국가들의 총조세부담률(사회보장성 조세 포함)은 그 나라 GNP의 50%를 넘고 이에 준하게 사회보장비 지출도 정부 일반예산의 30~50%오 높은 반면, 상대적으로 사회복지정책이 발달하지 않은 미국, 일본 등은 20% 수준에 머물고 있음(한국복지정책연구소 편집부, 2002: 210).

2) 사회보장성 조세 : 목적세 - 지출용도를 정해 놓은 세금이기에 재원으로서의 안정성이 있다. 예) 교육세(한국), 사회보장세(미국)

3) 조세비용 : 예) 각종 기부금에 대한 세금감면

2. 민간부문 재원[50]

민간부문의 재원은 이용자 부담, 자발적 기여, 기업복지, 그리고 비공식부문의 재원(가족내 혹은 가족간 이전)으로 분류된다.

---
49) 공공부문 재원에 대해서는 원석조(2012: 72-83), 이수천 외(2011: 325-326)를 요약제시하였음.
50) 민간부문 재원에 대해서는 원석조(2012: 83-89), 이수천 외(2011: 326-328)를 요약제시하였음.

✽ 평가하기

Q1 사회복지정책의 수행을 위한 재원 중 미래에 받을 수 있는 사회복지급여에 대한 권리의식에 부응한다고 할 수 있는 것은?

① 정부의 일반예산　　　　　② **사회보장성 조세**
③ 조세지출　　　　　　　　④ 자발적 기여

해설 : 사회복지정책의 수행을 위한 재원 중에서 특별히 사회보장성 조세(강제적 사회보험료)는 많은 사람들이 이를 납부함으로써 일반조세와는 달리 미래에 받을 수 있는 급여액에 대한 '권리'를 갖는다고 생각하는 경향이 있다. 따라서 사회복지정책의 수행을 위한 재원을 마련함에 있어서 사회보장세의 형식으로 하는 것이 정치적으로 더 유리하다는 장점이 있다.

Q2 민간부문의 사회복지 재원 중에서, 사회문화적 관습에 의해 중요한 역할을 담당하며 비물질적인 측면에서 질 높은 서비스가 가능한 것은?

① 자발적 기여　　　　　　② 사용자 부담
③ 기업복지　　　　　　　　④ **가족 등 비공식부분**

해설 : ④ 현대적인 의미의 복지국가가 일반화되었음에도 불구하고, 오늘날 여러 국가들에서 많은 복지욕구가 비공식부분에서 해결되고 있다. 그 이유는 국가복지가 발전해도 그 사회의 사회적·문화적인 관습과 규범에 의해 비공식부문이 계속 중요한 역할을 할 수 있으며, 비공식부문(특히, 가족)에서의 복지해결은 국가복지보다 비물질적인 측면에서 더욱 질 높은 서비스를 제공할 수 있기 때문이다.

제8장 사회복지정책의 형성과정

1. 사회복지정책의 형성과정에 대한 이해

1) 사회복지정책 형성의 사회적 배경[51](현외성, 2014: 197; 문수열 외, 2012: 191; 강용규 외, 2007: 117)
   - 사회구성원의 욕구 불충족 지속 → 개인문제나 사회문제로 변화 → 사회문제가 점차 여론을 바탕으로 공공의 개입 필요 → 사회복지정책 형성

2) 사회복지정책의 형성과정의 개념
   ① 사회복지정책의 형성과정은 매우 복잡하고 다양한 연속적 과정인데(현외성, 2014: 197; 곽효문, 1995: 335; 김준규 외, 2011: 175; 임우석 외, 2012: 131; 구재관 외: 2012, 155), 사회문제나 욕구가 이슈화되어 공적으로 논의됨으로써 정책의제로 형성되고 여러 대안 중에서 하나가 선택되어 정책집행, 평가되는 과정을 거치게 됨(남기민, 2004: 131; 현외성, 2014: 197; 양정하 외, 2004: 171; 홍봉수 외, 2012: 101).
   ② 사회복지정책의 형성과정의 각 단계는 내용적으로 독립된 모습이 아니라, 중첩되어 있기 때문에 상호간 연관되어 있음(김귀환, 2013: 18).

3) 학자별 사회복지정책의 형성과정
   ① Kahn(1969: 61) : 기획의 선동, 탐색, 기획과제의 정의, 정책형성, 프로그램화, 평가 및 환류
   ② Jones(1977: 9-12) : 문제 규명, 정책 개발, 정책 집행, 정책 평가, 정책 종결
   ③ Anderson(1984: 18-21) : 문제의 인식과 의제 형성, 정책형성, 정책 채택, 정책 집행, 정책 평가
   ④ Eriksen(1997: 76) : 문제의 발견, 목표의 설정(우선순위의 결정), 자료의 수집(양자택일의 사정), 프로그램의 개발, 프로그램의 평가
   ⑤ DiNitto(2000: 12), DiNitto & Dye(1983: 13) : 정책문제의 확인, 정책대안의 형성, 정책의 정당화, 정책의 집행, 정책의 평가
   ⑥ Freeman & Sherwood(1970: 3-16) : 계획, 프로그램 개발과 집행, 평가

---
51) 사회복지정책의 형성과 발전에 영향을 주는 요인에 대해서는 Lampert(1991: 149, 안홍순, 2012: 144 [그림 5-1] 재인용)의 그림을 참고하기 바람.

⑦ Gilbert & Specht(1974, 현외성, 2014: 17 재인용), Gilber & Terrell(2002: 274-277) : 문제발견 단계, 문제분석 단계, 대중홍보 단계, 정책목표 개발 단계, 대중의 지지와 정당성 확보 단계, 프로그램 설계 단계, 집행 단계, 평가와 사정 단계

⑧ Gilbert, Specht & Terrell(1993: 23-24) : 문제 확인, 문제 분석, 공중홍보, 정책목표의 개발, 공중지지의 형성과 정당화, 프로그램 설계, 집행, 평가와 사정

4) 소결) 사회복지정책의 형성과정 : ① 정책의제의 형성 → ② 정책대안의 형성 → ③ 정책결정 → ④ 정책집행 → ⑤ 정책평가

2. 사회복지정책의 형성과정(단계)

1) 정책의제의 형성[52]

① 사회문제의 해결을 정부에 대하여 요구(demand)하고 이 중 정치적 논점으로 부각된 요구가 이슈(issue)화되면 공적인 정책문제로 채택되는 과정(송근원·김태성, 1995: 38-39, 61; 서보준 외, 2013: 116, 양정하 외, 2016: 191; 봉민근, 1997: 53)

② 정부 요구 : 무의탁 노인들의 어려운 생활을 문제로 인식한 사람들이 그 문제를 공공의 차원에서 해결해 달라고 "캠페인"을 벌인다던지, 또는 정부 관계부서에 사회복지제도나 정책상의 결함을 시정해 달라고 청원을 하는 경우(송근원·김태성, 1995: 39)

③ 이슈화의 조건 : 사회문제에 대한 정치적, 경제적 이슈화 능력(돈, 지식, 조직, 사회적 지위 등)

㉠ 이슈화 방법 : 공공의 관심, 공공정책상의 논점 제시(김귀환, 2013: 19; 오미옥 외,

---

[52] 정책의제의 형성은 송근원·김태성(1995: 61-92), 현외성(2014: 206-207), 박병현(2013: 242-243), 문수열 외(2012: 193-195), 박용순 외(2008: 106), 정무성 외(2010: 145-146), 배기효 외(2010: 156-157), 박석돈 외(2010: 76), 김준규 외(2011: 176-178), 임우석 외(2012: 131-132), 서보준 외(2013: 116-117), 강용규 외(2007: 120), 임정문 외(2016: 218-219), 문수열 외(2013: 163-168), 김영화 외(2008: 207-208), 양정하 외(2016: 189-193), 김병록 외(2013: 133-148), 이 강(2010: 43-65), 구재관 외(2012: 156-159), 김귀환(2013: 19-20), 오미옥 외(2013: 249-255), 홍봉수 외(2012: 102-108), 노병일(2016: 262-265), 안홍순(2012: 156-162), 김종명 외(2015: 124-129), 황선영 외(2012: 57-63), 김종상 외(2014: 181-203) 등을 참고하여 요약·정리하였음.

2013: 246-247)
   ⓒ 이슈메이커로서의 사회복지사의 역할
   - 대상자들을 대신하여 사회문제를 이슈화하고 그들의 대변자 역할을 담당하거나 언론의 홍보를 비롯한 자원동원자의 역할
   - 정부에 사회문제를 해결하도록 압력을 행사하기도 하고, 또 대상자와 지역주민, 일반국민, 정부와의 관계 속에서 조정자의 역할을 담당

2) 정책대안의 형성[53]

① 어떤 문제나 요구가 일단 정책의제로 성립이 되면 정치가들에 의해 그 해결이 논의되고 여러 가지 해결방안 가운데 하나를 선택하게 되는데, 이때의 해결방안들은 "정책대안"이 됨(김병록 외, 2013: 149-150; 정정길, 2001: 330)

② 정책대안의 형성과정 : 정책문제 파악 → 문제 상황 파악, 정책목표 수립 → 정책수단으로서 정책대안 개발 → 가장 바람직한 정책대안 분석(송근원·김태성, 1995: 97-106; 박석돈 외, 2010: 76-77; 구재관 외, 2012: 160-163; 김귀환, 2013: 20-21; 홍봉수 외, 2012: 109-115)

③ 정책대안 형성의 성격(송근원, 2000: 95-97; 이 강, 2010: 71-72; 황선영 외, 2012: 64; 김종상 외, 2014: 206-208)
   ㉠ 문제 해결방안에 관한 모색
   ㉡ 정책결정을 위한 정보 제공
   ㉢ 가장 효과적인 정책대안들 개발, 비교·검토 : 비교적 비정치적, 합리적·기술적 성격

---

[53] 정책대안의 형성은 송근원·김태성(1995: 93-118), 박병현(2013: 243), 문수열 외(2012: 195-196), 박용순(2008: 106-107), 정무성 외(2010: 146), 배기효 외(2010: 156-157), 박석돈 외(2010: 76-77), 김준규 외(2011: 179-180), 서보준 외(2013: 117-118), 임정문 외(2016: 219-220), 오미옥 외(2013: 261-273), 문수열 외(2013: 168-169), 김영화 외(2008: 208-210), 김병록 외(2013: 149-162), 이 강(2010: 70-88), 구재관 외(2012: 159-163), 김귀환(2013: 20-21), 홍봉수 외(2012: 109-115), 노병일(2016: 266-267), 안홍순(2012: 162-172), 김종명 외(2015: 134-139), 황선영 외(2012: 63-68), 김종상 외(2014: 204-214) 등을 참고하여 요약·정리하였음.

④ 정책대안 형성 조건 : 문제와 상황 파악, 정책목표 설정, 대안 탐색 및 개발, 대안 비교분석(임정문 외, 2016: 219-220; 김종명 외, 2015: 134-137 참고)

⑤ 사회복지정책 대안 형성과정별 필요사항(송근원·김태성, 1995: 97-106; 박석돈 외, 2010: 76-77; 임정문 외, 2016: 219-220; 황선영 외, 2012: 64-66)
  ㉠ 문제 상황 파악 : 사회복지분야 전문가나 학자와의 상담, 문제 관련 문헌조사, 대상자와 주변 관계자 대상 현지조사
  ㉡ 정책목표 설정 : 목표의 구체화, 상위목표와 하위목표의 연결 고려, 하위목표들은 양적으로 측정 가능
  ㉢ 대안 탐색 및 개발 : 사회문제 관련 과거의 정책이나 현존 정책 검토, 외국의 정책사례 검토, 사회복지학 사회학, 경제학, 정치학 등 사회과학적 지식이나 이론으로부터 대안 추론, 주관적 판단하에 만들어내는 직관적 방법
  ㉣ 대안 비교분석 : 대안들의 장·단점, 비용, 효과 등을 자세히 분석 → 정책분석기법

3) 사회복지정책의 결정[54]

① 권위를 가진 정책결정자가 문제 해결을 위한 여러 대안들 가운데 하나를 선택하는 과정으로서, 어떤 하나의 정책문제를 해결하기 위한 대안들이든 이미 결정된 정책사업들의 우선순위를 확정짓기 위한 여러 가지 정책들이든 간에 이들에 대한 우선순위를 정하는 것(송근원·김태성, 1995: 119-120)

② 정책결정과정의 특성(송근원·김태성, 1999: 120-121; 남기민, 2010: 138; 김병록 외, 2013: 163; 구재관 외, 2012: 163-164; 김종명 외, 2015: 139-140; 홍봉수 외, 2012: 116-117; 박경일, 2008: 244-245)
  ㉠ 아무나 하는 것이 아니라 권한을 가진 정책결정자가 하는 행위라는 점

---

[54] 사회복지정책의 결정은 송근원·김태성(1995: 119-142), 현외성(2014: 208), 박병현(2013: 243), 문수열 외(2012: 196-200), 박용순(2008: 107), 정무성 외(2010: 146-147), 배기효 외(2010: 157), 박석돈 외(2010: 77), 김준규 외(2011: 180), 임우석 외(2012: 132), 오미옥 외(2013: 277-286), 서보준 외(2013: 118-119), 강용규 외(2007: 120), 임정문 외(2016: 220-227), 문수열 외(2013: 169-179), 김영화 외(2008: 210-212), 양정하 외(2016: 193-195), 김병록 외(2013: 162-169), 이강(2010: 92-114), 구재관 외(2012: 163-169), 김귀환(2013: 22-28), 홍봉수 외(2012: 116-122), 노병일(2016: 267, 270-295), 안홍순(2012: 172-185), 김종명 외(2015: 139-147), 황선영 외(2012: 69-73), 김종상 외(2014: 215-229) 등을 참고하여 요약·정리하였음.

ⓒ 행위의 결과 잠정적 해결방안이 채택된다는 점
　　ⓒ 정책결정 행위는 사회 공익적 관점에서 이루어져야 한다는 점
　　② 문제를 보다 거시적 관점에서 볼 필요가 있다는 것

③ 정책결정의 과정 : 문제의 인지와 목표 설정 → 정보의 수집 및 분석 → 대안의 탐색 및 평가 → 최선의 정책대안의 선택(서보준 외, 2013: 119; 임정문 외, 2016: 220-221, 양정하 외, 2016: 194-195; 이 강, 2010: 94-99; 홍봉수 외, 2012: 117-119; 김종상 외, 2014: 226-228)

④ 정책결정의 방법

● 합리모형
　ⓐ 합리모형은 정책결정에 관한 연구가 별로 이루어지지 않았던 초창기에 생겨난 모형으로 인간이 이성과 합리성에 근거하여 결정하고 행동 한다는 전제를 가지고 있는 모형
　ⓑ 정책결정자는 문제를 명확히 인식하고 모든 대안을 작성하고, 대안이 초래 할 결과를 분석하고 예측해서 각 대안을 비교 평가함으로써 최선의 대안을 선택

● 만족모형
　ⓐ 합리모형의 현실적 제약점을 극복하기 위해 제시된 모형임
　ⓑ 합리모형은 완전무결한 합리성이 아닌 제한된 합리성에 기초
　ⓒ 정책결정자가 어떤 결정을 하는 경우 최선의 대안을 위한 노력을 한다고 일반적으로 기대할 수 없으며, 현실적으로 만족할 만한 수준에서 대안을 찾는 것으로 그친다는 것

● 점증모형
　ⓐ 점증모형은 정책결정을 하는데 있어서 언제나 규범적이고 합리적인 결정을 하는 것이 아니라 현실을 긍정하고 이것보다 약간 향상된 정책에 만족하고 결정하게 되는 것
　ⓑ 정책 결정은 경제적 합리성으로만 이룩되는 것이 아니고 시민들의 지지를 얻을

수 있는 정치적 합리성이 크게 작용한다고 보는 모형

● 혼합모형
  ㉠ 혼합모형 = 합리모형 + 점증모형
  ㉡ 우선 기본적인 방향의 설정과 같은 합리모형의 방법을 택하지만, 그것이 설정된 후 특정문제의 결정은 점증모형의 입장을 취해 심도 깊은 검토를 하는 것
  ㉢ 혼합모형은 합리형이 요구하는 지나치게 이상적인 합리성을 현실화 시키는 동시에 점증모형이 갖는 보수성을 극복함으로써 단기적 변화에 대처하고, 장기적 안목을 가질 수 있는 장점을 가지고 있는 모형

● 최적모형
  ㉠ 최적모형은 대체로 보수적 성향을 띠고 있는 점증모형이나 만족모형에 대한 불만에서 나옴
  ㉡ 최적모형은 정책결정의 질적인 적정화를 기하기 위해서는 정책결정자 개개인의 지적인 합리성만을 고려할 수 없고 불가피하게 적극적 요인으로 초합리적인 것, 즉 직관과 판단과 창의와 같은 잠재의식이 개입 되어야 한다는 것
  ㉢ 최적모형은 초합리성의 개념을 도입함으로써 합리모형을 더 한층 체계적으로 발전

● 쓰레기통모형
  ㉠ 쓰레기통모형은 정책결정이 합리성이나 협상, 타협 등을 통해 이루어지는 것이 아니라 조직화된 혼란상태 속에서 나타나는 몇 가지 흐름에 의해 우연히 이루어진다고 보는 모형
  ㉡ 쓰레기통모형에서 가정하고 있는 조직화된 혼란상태는 오늘날 공공조직을 비롯한 교육기관 등에서 쉽게 발견될 수 있는 것인만큼 실용성이 인정

4) 사회복지정책의 집행[55]

---

[55] 사회복지정책의 집행은 송근원·김태성(1995: 143-170), 현외성(2014: 208-209), 박병현(2013: 244), 문수열 외(2012: 200-201), 박용순(2008: 107), 배기효 외(2010: 158), 박석돈 외(2010: 77), 김준규 외(2011: 181), 임우석 외(2012: 133), 서보준 외(2013: 119-120), 강용규 외(2007: 121), 문수열 외(2013: 179-182), 김영화 외(2008: 213-214), 양정하 외(2016: 196-198), 김병록 외(2013: 171-178), 이 강(2010: 118-132), 구재관 외(2012: 169-171), 오미옥 외(2013: 286-296),

① 의도된 정책목표를 달성하기 위하여 결정된 사항들을 실행하는 활동을 의미, 사회복지정책의 집행은 정책집행자인 관료들과 대상자들의 직접적인 상호작용을 통해 정책목표를 구체화시켜 나가는 과정(송근원·김태성, 1995: 143; 박병현, 2013: 244; 김준규 외, 2011: 181; 김병록 외, 2013: 171), 김영화 외, 2008: 213; 서보준 외, 2013: 119; 오석홍, 2004: 522; Shortland & Mark, 1985: 95; 홍봉수 외, 2012: 122)

② 정책집행의 일반적 특징(김종명 외, 2015: 147-148; 황선영 외, 2012: 74; 김종상 외, 2014: 231-232)
㉠ 정책집행에서 가장 중요한 역할을 담당하는 요소는 정부관료
㉡ 정책의 모호성, 정치체계의 복잡성, 상황의 가변성 때문에 다양한 참여자의 기대에 부응 못함.
㉢ 집행되는 정책의 사회적 목표에 따라 집행 유형을 달라지며, 효과적 집행은 상황에 따라 다름.
㉣ 정치체제의 분권적 성격이 집행에 영향을 미침.
㉤ 정책집행과정은 여러 참여자 사이의 상호작용과정이며, 참여자의 협상과 타협을 통해 원래의 정책목표를 왜곡, 무산되기도 함.
㉥ 정책의 집행은 여러 사회세력의 권력관계를 반영하므로 정치적 성격을 띰.

③ 집행과정에서의 주요 과업 : 프로그램 조직, 정책을 보다 구체화, 서비스나 급여를 대상자들에게 전달(이 과정에서 해결하려는 복지문제와 관련된 이해집단 개입)

5) 사회복지정책의 평가[56]

① 국가의 프로그램이 그 목적을 충족함에 있어서 전반적인 효과의 사정 또는 보편적

홍봉수 외(2012: 122-124), 노병일(2016: 267-268), 안홍순(2012: 187-188), 김종명 외(2015: 147-150), 황선영 외(2012: 74), 김종상 외(2014: 230-241) 등을 참고하여 요약·정리하였음.
[56] 사회복지정책의 평가는 송근원·김태성(1995: 171-198), 현외성(2014: 209-211, 237-257), 문수열 외(2012: 201-203), 박용순(2008: 108), 안홍순(2012: 215-222), 배기효 외(2010: 158), 박석돈 외(2010: 78), 임우석 외(2012: 133), 서보준 외(2013: 120-121), 강용규 외(2007: 121), 문수열 외(2013: 183-193), 김영화 외(2008: 214-216), 양정하 외(2016: 200-205), 오미옥 외(2013: 296-302), 김병록 외(2013: 179-180), 이 강(2010: 136-155), 구재관 외(2012: 171-174), 홍봉수 외(2012: 125-127), 노병일(2016: 268-269, 297-315), 김종명 외(2015: 150-154), 김종상 외(2014: 241-245) 등을 참고하여 요약·정리하였음.

인 목적의 충족에 있어 둘 혹은 그 이상의 프로그램에 대한 상대적인 효과의 사정(Wholey, 1987: 77-92)

② 정책평가는 정책 활동에 관한 평가로서 정책 실행 결과에 대한 정보를 수집하고 분석하며 해석함으로써 그 가치를 판단하는 것(현외성, 2014: 237; 서보준 외, 2013: 120; Weiss, 1972: 1; Dye, 1981: 366-367; Suchman, 1967: 7-8)이므로, ① 체계적인 사정, ② 정책의 과정 혹은 실행, ③ 그 결과에 대한 초점, ④ 비교가능한 기준, ⑤ 정책의 개선 등의 목적이 포함되어 있음(Weiss, 1972: 4-5)

③ 사회복지정책의 평가는 '사회복지정책의 성과에 관한 분석으로서, 사회복지정책의 효과를 검토하고 추정하는 것'(박정호, 2001: 178)이라고 정의하고 있지만, 대부분의 학자들은 정책평가와 동의어로 사용하고 있음(노시평, 2002: 34-35; 봉민근, 1999: 206-207; 박정호, 2001: 178; 양정하 외, 2001: 153-154; 전재일 외, 2000: 152; 원석조, 2001: 13-15; 송근원·김태성, 2000: 171-172).

④ 정부는 정기적으로 예산지출을 통해 얼마나 많은 프로그램과 서비스를 제공했으며, 이로 인해 얼마나 많은 사람이나 집단이 효과를 보았는지에 대한 정보를 국회에 제공함(김종상 외, 2014: 242).

⑤ 정책평가 개념의 이중성(현외성, 2014: 237-238; 박용순, 2008: 108; 김영화 외, 2008: 214; 서보준 외, 2013: 120; 김병록 외, 2013: 179; 구재관 외, 2012: 171-172; 노병일, 2016: 297; 김종명 외, 2015: 150-151)
  ㉠ 협의 : 정책집행 결과에 대한 평가, 즉 정책이 원래 의도한 문제와 해결에 얼마나 영향을 미쳤는가를 평가
  ㉡ 광의 : 정책형성과정 전반(정책의제, 정책형성과정, 정책집행과정, 정책결과, 정책의 영향 등)에 대한 평가

* 평가하기

Q1 정책결정이론(방법)에 관한 설명으로 옳은 것은?

> ㄱ. 최적모형-정책결정은 과거의 정책을 점증적으로 수정하는 방식으로 이루어진다.
> ㄴ. 합리모형-목표달성을 극대화할 수 있는 최선의 정책대안을 찾을 수 있다.
> ㄷ. 혼합모형-정책결정에 드는 비용보다 효과가 더 커야 한다.
> ㄹ. 만족모형-정책결정자가 완전한 합리성을 가지고 있지는 않다.

① ㄱ,ㄴ,ㄷ   ② ㄱ,ㄷ   ③ ㄴ,ㄹ
④ ㄹ   ⑤ ㄱ,ㄴ,ㄷ,ㄹ

해설 : ㄱ. 최적모형: 정책결정에는 경제적 합리성과 함께 직관, 판단력, 창의력 등 초합리적 요소까지도 동시에 고려해야 한다는 이론이다. 과거의 정책을 점증적으로 수정하는 방식은 점증모형이다. ㄷ. 혼합모형: 합리모형과 점증모형의 절충적인 형태로 중요한 문제이거나 위기적 상황인 경우 합리모형에서처럼 포괄적 관찰을 통해 대안을 탐색하여 기본 결정을 하고, 이후 점증모형에서처럼 이를 수정 및 보완하면서 세부적인 결정을 한다. 정책결정에 드는 비용보다 효과가 더 커야 한다는 점은 경제적 합리성을 의미한다. 경제적 합리성과 초합리성 요소를 동시에 고려해야 한다는 것은 최적모형과 관련된 설명이라 할 수 있다.

Q2 사회복지정책평가에 대한 설명으로 옳지 않은 것은?

① 정책평가는 기술적 성격, 가치지향적 성격, 정치적 성격 등을 갖는다.
② **정책평가자의 가치, 전문성 등은 평가의 방향을 결정하는데 영향을 미치지 않는다.**
③ 정책과정의 책임성을 확보하기 위해 정책평가가 필요하다.
④ 정책집행과정의 문제점을 발견하고 이를 수정, 보완하기 위해 과정평가를 실시한다.
⑤ 총괄평가는 일반적으로 정책이 종료된 이후에 실시된다.

해설 : ② 정책평가자의 신념, 가치, 지식, 전문성 등은 평가의 방향에 있어서 영향을 미친다.

Q3 사회복지 정책의제 형성단계에서 사회문제 이슈화 과정에 대한 참여자 중, 이슈 갈등 및 논쟁에 직접 참여함으로써 영향력을 행사하는 사람들을 가리키는 것은?
① 클라이언트　　　　　　　　　**② 이슈 논쟁자(이슈 기업가)**
③ 정책전문가　　　　　　　　　④ 사회복지전문가

해설 : ② 사회문제 이슈화 과정에의 참여자 중, 문제에서 가리키는 사람들을 이슈 논쟁자(이슈 기업가)라고 한다. 클라이언트는 사회복지문제의 당사자로서 해결을 위해 압력을 행사하는 사람이며, 사회복지전문가는 사회복지문제를 이슈화할 수 있는 최적의 주체라고 할 수 있다. 한편, 정책전문가는 정책대안의 분석, 정책집행 및 결과 분석을 주도하는 사람들이다.

Q4 사회복지 정책대안의 탐색 및 미래예측기법 중, 소수 전문가에게 비정형적인 문제에 대한 대안개발과 미래예측을 자문하기 위해 발언내용을 비공개로 하여 전문가의 자유로운 직관적 제안을 촉진시키는 것은?
① 델파이 방법　　　　　　　　② 집단토의
③ 계량적 분석기법　　　　　　　④ 점증적 접근방법

해설 : ① 문제에서 설명하고 있는 사회복지 정책대안의 탐색 및 미래예측기법은 델파이 방법(Delphi method)이다. 집단토의는 자유분방한 상태에서 다양한 아이디어와 전략을 제안하는 방법이며, 계량적 분석기법은 수리경제학 및 통계적 지식 활용하여 발견된 경향성에 의해 미래를 예측하는 기법이다. 한편 점증적 접근방법이란 기존 정책에서 한정된 범위의 한정된 수자의 대안만 탐색하거나 개발하는 기법을 말한다.

Q5 DiNitto & Dye가 설명하고 있는 사회복지정책 형성과정에 대한 절차로서 적절한 것은?
① 정책대안형성 - 정책입법화 - 정책문제확인 - 정책집행 - 정책평가
② 정책대안형성 - 정책문제확인 - 정책입법화 - 정책집행 - 정책평가
③ 정책문제확인 - 정책입법화 - 정책대안형성 - 정책집행 - 정책평가
④ 정책문제확인 - 정책입법화 - 정책대안형성 - 정책집행 - 정책평가

⑤ 정책문제확인 - 정책대안형성 - 정책입법화 - 정책집행 - 정책평가

해설 : DiNitto & Dye(1983: 13)는 사회복지정책의 형성과정을 「정책문제의 확인, 정책대안의 형성, 정책의 정당화, 정책의 집행, 정책의 평가」 등으로 제시하고 있다.

Q6 정책적 해결을 목표로 의제로 설정되기 위한 사회문제의 특성에 대한 설명으로 적절한 것은?

| ㉠ 문제는 추상적이어야 한다. | ㉡ 사회적 유의성이 커야 한다. |
| ㉢ 선례가 없는 문제여야 한다. | ㉣ 기술적으로 쉽게 이해되어야 한다. |

① ㉠, ㉡, ㉢ ② ㉠, ㉢ ③ ㉡, ㉣
④ ㉣ ⑤ ㉠, ㉡, ㉢, ㉣

해설 : 정책(공공)의제 형성시, 의제로 형성되기 위한 조건에는 구체적이어야 하고, 사회적 유의성이 커야 하며, 선례 여부는 관계가 없다. 마지막으로 사회문제는 많은 사람들의 관심과 정부의 조치가 필요하다고 판단할 만큼 기술적으로 쉽게 이해될 수 있어야 한다.

Q7 사회복지 이슈화에 있어 문제이슈를 증폭시키고 국민의 관심을 집중토록 하기 위해서 사용하는 것은 무엇인가?

① 이슈촉발장치 ② 이슈주도자 ③ 이슈제기자
④ **이슈상징** ⑤ 아젠다

해설 : ④ 이슈상징은 감정에 호소하는 상징과 이성에 호소하는 상징으로 나뉜다.

Q8 정책과정의 참여자 중 공식적 참여자는?

| ㉠ 국회의원 | ㉡ 행정관료 | ㉢ 고급공무원 | ㉣ 정당 |

① ㉠, ㉡, ㉢ ② ㉠, ㉢ ③ ㉡, ㉣
④ ㉣ ⑤ ㉠, ㉡, ㉢, ㉣

해설 : 공식참여자에는 대통령, 장차관, 국회의원, 고급공무원, 행정관료 등이 있으며, 비공식참여자에는 정당, 이익단체, 전문가와 지식인, 일반시민(NGO)과 시민단체(NPO) 등이 있다.

Q9 사회복지 문제의 이슈 제기자 중 국민들의 관심을 집중시키는 데 큰 영향력을 발휘하는 집단이지만, 이슈화에만 관심을 갖고 이슈 제기자로서는 수동적인 집단은?

① **언론**　　　　② 정치인　　　　③ 사회운동가
④ 클라이언트　　⑤ 사회복지전문가

해설 : ① 언론은 다른 중요한 문제가 생기면 곧바로 관심이 다른 데로 쏠린다.

Q10 다음 보기는 사회복지 정책형성 과정에 대한 예이다. 가장 알맞은 단계는 무엇인가?

> 산재보험에 관한 업무를 총괄하는 노동부의 보험정책과 관료나 국회 노동위원회 의원 같은 권위있는 정책결정자들이 산재보험에 대한 요구에 진지한 관심을 보여 안건으로 발전되었다.

① 이슈형성　　　　② **정책의제 형성**　　　　③ 정책대안 결정
④ 문제의 인식　　　⑤ 정책 집행

해설 : ② 산재보험정책과 관련된 이슈나 문제가 정책결정자들의 관심을 불러일으켜 정부정책으로 논의될 수 있는 상태에 이르렀을 때, 요구는 "정책의제 아젠다"의 지위에 오르게 된다.

Q11 사회복지정책 형성과 집행과정에 대한 설명으로 바르게 된 것은?

① 비용편익 분석에서 비용과 편익은 화폐로 환산할 필요가 없다.
② 사회복지 이슈화 전략에서 가장 적절한 이슈제기자는 클라이언트이다.
③ **정책결정에서 점증모형은 정책결정 과정의 정치적 성격을 잘 설명한다.**
④ 정책의 집행은 명확한 결정 내용을 바탕으로 객관적으로 진행된다.
⑤ 정책평가에서 비용의 측면은 고려하지 않는 것이 바람직하다.

해설 : ① 비용과 편익 모두 화폐가치로 환산한다. ② 사회복지전문가이다. ④ 결정의 수정과 보완이 이루어진다. ⑤ 비용의 측면도 중요하게 고려한다.

Q12 우리나라는 법률 내에 기본적인 방향을 결정하면, 그 틀 속에서 구체적인 내용들을 명령이나 규칙을 통해 정하게 되는 형태를 가지고 있다. 이러한 특성을 잘 설명하고 있는 사회복지정책 결정이론으로 적절한 것은?

① 합리모형 ② 체계모형 **③ 혼합모형**
④ 최적모형 ⑤ 점증모형

해설 : ③ 혼합모형에 대한 특성을 설명하고 있는 것으로 합리모형과 점증모형이 절충된 형태임.

Q13 다음의 보기는 어떠한 정책결정모형을 설명하고 있는 것인가?

> A. 주요 문제에 대해 포괄적으로 대안을 결정한다.
> B. 대안에 대한 수정보완을 거치면서 세부적인 내용을 결정하게 된다.

① 합리모형 ② 체계모형 **③ 혼합모형**
④ 최적모형 ⑤ 점증모형

해설 : 혼합모형은 합리모형과 점증모형의 절충적인 형태, 포괄적 관찰을 통해 대안을 탐색하여 기본적 결정을 하고 수정·보완하면서 세부적(점증적) 결정을 함.

Q14 다음 중 사회복지 정책결정에 관한 이론을 설명한 것 중 틀린 것은?

> ㉠ 다원주의론 : 여러 주체와 집단들의 영향과 경쟁이 작동
> ㉡ 엘리트주의론 : 소수의 전문가와 권력자가 중요
> ㉢ 공공선택이론 : 다수의 자기이익 극대화 과정에서 정치적 결정
> ㉣ 조합주의이론 : 이익집단들의 경쟁 속에서 결정

① ㉠, ㉡, ㉢ ② ㉠, ㉢ ③ ㉡, ㉣
④ ㉣ ⑤ ㉠, ㉡, ㉢, ㉣

해설 : ㉣ 조합주의는 다양한 이익집단이 아니라 주요 집단들, 특히 정부와 노동조합, 정당 등의 협의와 합의를 통해 정책을 결정하는 구조를 강조하는 이론이다.

Q15 사회복지정책의 평가가 필요한 이유로 적절하지 않은 것은?
① **사용된 수단과 원칙을 재규정**
② 정책의 효과성 증진
③ 책임성 근거 확보
④ 정책(내용)의 홍보
⑤ 연구를 위한 대안적 기법 마련

해설 : 사회복지정책 평가의 개념과 필요성 : 사회복지정책의 효과성 증진, 책임성 확보 연구의 기초 등

> ① 개념 : 정책의 집행결과가 처음 의도와 결과를 얼마나 효과적으로 달성했는가를 측정하는 활동
> ② 목적 : 정책결정과 집행에 필요한 정보를 제공, 정책과정의 책임성 확보, 이론 형성을 통한 학문발전에 기여, 정책의 홍보
> ③ 필요성 : 정책이 처음 의도한 대로 집행되었는지를 파악, 이해관계자들을 설득하고 지지 확보를 위한 과학적이고 체계적인 분석 자료가 필요, 자원의 경제적 합리성을 파악, 관리적·윤리적 책임성 확보, 자료나 연구의 기초 마련

Q16 사회복지정책 평가의 특징으로 적절하지 않은 것은?
① 실용적   ② 정치적   ③ **가치중립적**
④ 개별사례적   ⑤ 종합학문적

해설 : 사회복지정책의 특성 및 성격 : 기술적 성격. 실용적 성격, 개별사례적 성격, 가치 지향적 성격, 종합학문적 성격, 정치적 성격

Q17 아젠다 형성 참여자를 설명한 것 중 다른 것은?
① 이해당사자들은 사회복지문제로 고통을 당하는 클라이언트와 그 문제의 해결에 비

용을 부담하는 기득권자로 나눌 수 있다.
② 정책꾼들은 의지나 성향은 사회복지정책 아젠다의 형성에 직접적인 영향을 미친다.
③ 클라이언트 개인이 사회복지문제를 이슈화시켜 정책의제로 형성하는데는 한계가 있다.
④ 일반국민은 사회복지정책 아젠다 형성에 큰 영향을 미치는 경우가 드물다.
⑤ **클라이언트는 권력자원의 부족으로 효과적인 이슈기업가로 등장하기 쉽다.**

해설 : 클라이언트는 사회복지 문제를 가지고 있는 사람들이며 문제의 해결을 원하는 사람들로 문제를 제기하기도 하고 제기된 문제를 해결하도록 압력을 행사한다. 클라이언트 개개인의 사회적 힘은 미약하기 때문에 클라이언트 개인이 사회복지문제를 이슈화시켜 정책의제로 형성하는 데는 한계가 있다.

Q18 다음 중 정책평가의 목적이 아닌 것은?
① 각 정책과정에 합리적인 정책결정을 할 수 있도록 유용한 정보를 제공한다.
② 정보의 분석을 통하여 사업계획을 수정한다.
③ 자원의 재분배를 한다.
④ **진행방향성을 재검토한다.**

해설 : 정책평가의 목적은 유용한 정보의 제공, 사업계획의 수정 변경, 자원의 재분배, 앞으로 채택될 정책에 대한 비판적인 안목의 제공에 있다.

제9장 사회복지정책의 분석틀과 설명 이론

1. 사회복지정책의 분석틀

1) Gilbert & Terrell(2002: 60-69)의 사회복지정책의 분석틀[57]
   ① 사회적 배분(Social Allocation) : 누구에게 급여가 제공되어야 하는가? = 급여대상체계
   ② 사회적 공급(Social Provisions) : 무엇을 주어야 할 것인가? = 제공급여체계
   ③ 전달체계(Delivery Strategies) : 급여가 어떻게 전달되어야 하는가? = 전달체계
   ④ 재정(Funding) : 어떻게 재원을 마련할 것인가? = 재원조달체계

2) Gilbert & Specht의 사회복지정책의 분석틀(Gilbert & Specht, 1974: 29; Gilbert & Specht, 1988: 28-33, 정무성 외(2010: 149-150) 재인용)[58]
   ① 사회적 할당   ② 사회적 급여의 유형   ③ 전달의 전략   ④ 재원조달의 방법

(1) 대상체계[59]
   ① 대상체계에 적용되는 원칙 : 보편주의와 선별주의(이상은 외, 2019: 48-50)
   ② 보편주의와 선별주의의 의미 : 사회복지정책의 급여 대상을 어떻게 볼 것이냐를 구분
      - 즉, 급여 대상 : "사회 구성원 전체 VS 사회적인 특수계층(특히 빈곤한 사회 구성원)"
   ③ 대상자의 수급자격 조건

---

[57] 사회복지정책의 분석틀에 대해서는 김준규 외(2011: 166-175), 임우석 외(2012: 134-139), 서보준 외(2013: 121-123), 임정문 외(2016: 227-231), 배기효 외(2010: 159-160), 문수열 외(2012: 206-209) 등에 요약, 정리되어 있음.

[58] Gilbert & Specht(1974: 29)는 사회복지정책의 분석틀에 있어서 4가지의 중요한 선택 차원을 지적하고 있는데, 그것은 사회적 할당(social allocation)의 기초는 무엇인가, 할당된 사회적 대책(social provision)의 형태는 무엇인가, 이러한 대책의 전달전략(strategies for delivery)은 무엇인가, 이러한 대책을 위한 재원조달의 방법(methods of financing)은 무엇인가 등이다.

[59] 사회복지정책의 분석틀 중 급여대상체계에 대해서는 송근원·김태성(1999: 279-314), 현외성(2014: 98-109), 박병현(2012: 168-171), 김종상 외(2014: 247-256), 황선영 외(2012: 82-85), 원석조(2012: 47-53; 2016: 48-54), 김종명 외(2015: 156-159), 노병일(2016: 210-219), 홍봉수 외(2012: 131-148), 양정하 외(2016: 146-152), 김영화 외(2008: 191-194), 문수열 외(2013: 141-146), 이진숙 외(2014: 175-187), 서보준 외(2014: 177-183), 김경우 외(2014: 115-120, 191-192), 구재관 외(2012: 197-203), 강용규 외(2007: 127-128) 등을 참고하여 요약·정리하였음.

㉠ 개인적 속성이나 인구사회학적 특성, 기여 정도, 근로능력 여부, 자산이나 소득조사 등
㉡ 선별주의 : 급여가 개인의 욕구에 기초해서 주어져야 한다는 원리

(2) 급여체계[60]
① 급여체계 : 대상자들에게 무엇을 줄 것인가?
② 급여형태 : 현금(in cash)과 현물(in kind)
③ 급여형태의 결정방법 : 대상자의 욕구나 특성, 가치 및 이론 등 고려
④ 급여의 구체적인 형태(쟁점: 현금 VS 현물, 이상은 외, 2019: 53-54)
  ㉠ 현금(in cash) : 교환가치 ↑, 가장 폭넓은 기회 제공
    예) 공공부조, 아동수당, 사회보험
  ㉡ 현물(in kind) : 재화나 서비스 등 지급
    예) 식품, 의복, 주택, 음식, 의료 등
  ㉢ 기회(opportunities) : 작업동기 부여, 의도한 목표를 달성하기 위한 인센티브 제공 등
    예) 국가유공자에 대한 인센티브, 장애인과 노인의 의무고용제 등
  ㉣ 서비스(services) : 교육, 상담, 치료, 훈련 등 물질적(경제적)인 것이나 비물질적(비경제적)인 것
  ㉤ 증서(credits) : 특정 재화나 서비스의 소비를 권장 혹은 억제하고자 하는 경우 또는 대상자들을 통제하려고 할 때 사용하는 쿠폰 같은 것
    예) 상품권, 식품권, 교육증서
  ㉥ 권력(power) : 영향력의 재분배
    예) 대상자나 저소득층의 대표자를 정책결정과정이나 의사결정에 참여할 수 있도록 하기 위해 기관·단체의 회원이나 임원으로 참여시키는 것

---

[60] 사회복지정책의 분석틀 중 제공급여체계에 대해서는 송근원·김태성(1999: 373-390), 박병현(2012: 171-175), 김귀환(2013: 69-72), 현외성(2014: 111-117), 김종상 외(2014: 259-268), 오미옥 외(2013: 95-115), 황선영 외(2012: 85-88), 원석조(2012: 53-57; 2016: 54-58), 김종명 외(2015: 159-161), 안홍순(2012: 228-232), 노병일(2016: 221-230), 홍봉수 외(2012: 177-198), 양정하 외(2016: 140-146), 김영화 외(2008: 194-196), 문수열 외(2013: 146-151), 이진숙 외(2014: 215-221), 서보준 외(2014: 183-193), 김경우 외(2014: 192-195), 구재관 외(2012: 204-208), 강용규 외(2007: 129-132) 등을 참고하여 요약정리하였음.

(3) 전달체계61)

① 급여나 서비스를 효율적으로 전달하기 위해서 급여를 어떤 방법으로 대상자에게 전달하느냐, 즉 급여 대상자에게 선택된 급여를 전달하는 조직적 장치

② 전달체계의 유형 : (운영주체) 공공부문의 전달체계 Vs 민간부문의 전달 체계(이상은 외, 2019: 55-57)

　㉠ 중앙정부 : 급여 자격, 급여 형태, 재원 등 결정 → 전국민 대상

　㉡ 지방정부 : 지방자치단체의 고유한 사회복지정책을 제공할 경우 주체가 됨.

　㉢ 혼합체계 : 중앙정부+지방정부, 정부+민간부문

　㉣ 민간부문 : 각종 민간단체의 사회복지사업, 기업복지 등

③ 전달체계의 유형별 장단점

　㉠ 공공부문의 장·단점

　　ⓐ 공공부문의 장점 : 모든 국민을 대상으로 공공재를 전달할 때 유용, 사회적 적절성과 서비스의 통합성을 성취할 수 있음.

　　ⓑ 공공부문의 단점 : 가격과 질의 저하, 관료주의적 경직성, 접근의 어려움 등

　㉡ 민간부문의 장·단점

　　ⓐ 민간부문의 장점 : 선택의 자유, 창의성, 접근의 용이성, 융통성 등

　　ⓑ 민간부문의 단점 : 서비스의 통합성과 지속성, 안정성이 취약

(4) 재원체계(이상은 외, 2019: 50-52)62)63)

---

61) 사회복지정책의 분석틀 중 전달체계에 대해서는 송근원·김태성(1999: 353-371), 김영화 외(2008: 198-202), 박병현(2012: 175-185), 김귀환(2013: 57-61, 77-81), 현외성(2014: 124-146), 김종상 외(2014: 269-281), 황선영 외(2012: 89-95), 원석조(2012: 58-71; 2016: 59-72), 김종명 외(2015: 166), 노병일(2016: 230-238), 오미옥 외(2013: 139-201), 홍봉수 외(2012: 203-226), 양정하 외(2016: 152-159), 문수열 외(2013: 151-155), 이진숙 외(2014: 200-214), 김경우 외(2014: 110-115, 124-133, 196-199), 구재관 외(2012: 209-211), 강용규 외(2007: 135-137) 등을 참고하여 요약·정리하였음.

62) 사회복지정책의 분석틀 중 재원조달체계에 대해서는 송근원·김태성(1999: 315-352), 박병현(2012: 185-196), 김귀환(2013: 72-76), 현외성(2014: 160-193), 이 강(2010: 183-190), 김종상 외(2014: 283-295), 황선영 외(2012: 95-102), 원석조(2012: 72-89; 2016: 73-90), 김종명 외(2015: 162-166), 안홍순(2012: 241-256), 노병일(2016: 238-257), 홍봉수 외(2012: 153-173), 양정하 외(2016: 159-167), 김영화 외(2008: 202-206), 오미옥 외(2013: 205-221), 문수열 외(2013: 155-159), 이진숙 외(2014: 120-124, 188-200), 김경우 외(2014: 199-201), 구재관 외(2012: 215-220), 강용규 외(2007: 132-135) 등을 참고하여 요약·정리하였음.

63) 사회복지정책에 사용되는 재원의 형태는 다양하고, 사회복지정책이 서로 다른 경우에는 다른 형태의 재원을 갖게 될 수도 있음. 사회복지정책을 분석하는데 있어서 재원의 분석이 중요한데, 그 이유는 사회복지정책이 어떤 재원에 의존하느냐에 따라 정책의 목표나 내용이 달라질

① 공공부문의 재원64) : 정부의 일반예산, 목적세 형태의 사회보장성 조세, 그리고 조세비용(지출) 등65)

② 민간부문의 재원 : 사용자 부담, 자발적 기여, 기업복지, 비공식 부문의 재원(사적 이전) 등66)

2. 사회복지정책의 설명이론67)68)

1) 사회복지정책의 발달이론69)

수 있기 때문임.
64) 사회복지가 발달하면 할수록 사회복지정책에 사용되는 재원 가운데 정부의 공공부문 예산이 차지하는 비중은 점점 커지게 됨.
65) 조세는 일반조세와 특수목적으로 징수한 특수목적세, 그리고 직접세와 간접세, 누진세와 역진세, 소득세와 소비세 및 재산세 등으로 구분할 수가 있고, 조세비용은 조세를 거둬들여 직접적인 사회복지급여로 하지 않은 대신 사람들이 내야할 조세를 감면시켜 사회복지의 목표를 이룰 수 있는 방법으로 정부지출에 쓰일 잠재적 예산임.
66) 사용자 부담은 서비스를 이용하는 대상자 본인이 일정한 금액을 부담하면서 서비스나 프로그램에 참여하는 것이고, 자발적 기여는 개인, 집단, 기업 등에서 자발적으로 내는 후원금이나 기부금, 회비, 유산 등이 있으며, 기업복지는 기업 내 직원과 자녀 학비라든지, 유급휴가와, 상여금, 주택지원 등과 같이 그 가족을 대상으로 사용하는 재원과 사회 전체 시민을 대상으로 사용하는 재원이 있음. 또한, 비공식부문 재원은 가족, 친척, 이웃 등이 사적소득이전이나 비경제적인 서비스를 제공하는 것을 의미함.
67) 여기에서는 사회복지정책분야에서 많이 언급되고 사용되는 사회양심이론, 사회통제(음모)이론, 산업화이론, 다원주의론, 조합주의론, 시민권론, 사회민주주의 그리고 마르크스주의 등 대표적인 이론 위주로 그 내용을 소개한다. 사회양심이론과 사회통제이론, 산업화이론 그리고 마르크스주의 이론은 사회복지정책의 발달을 설명하는 이론으로 볼 수 있는 반면, 다원주의론, 조합주의론, 마르크스주의 등은 사회복지정책의 형성을 설명하는 이론이라고 볼 수 있다(김영모, 2000: 22). 이러한 이론들을 관점에 따라 분류해 본다면, 사회양심이론과 산업화이론 그리고 다원주의이론은 기능주의적 관점의 속성을 갖고 있는 이론이고, 사회통제이론과 마르크스주의는 갈등이론적 관점의 속성을 갖는 이론이라고 볼 수 있다. 조합주의와 시민권론은 분류하기가 애매하나, 미쉬라의 견해와 같이 집단간 이해관계의 차이와 갈등을 인정하면서 이를 체제내화 하려는 규범성을 적극적으로 강조하는 경우 신갈등이론으로 분류할 수 있다(김영모, 2000: 22).
68) 사회복지정책의 이론에 대해서는 김영모(2000: 22-47), 원석조(2016: 196-228), 현외성(2014: 43-52), 박병현(2012: 91-109), 한국복지행정학회(2014: 25-48), 김경우 외(2014: 39-53), 노병일(2016: 178-195), 서보준 외(2014: 57-76), 이진숙 외(2014: 109-118), 양승일(2015: 71-80), 문수열 외(2013: 63-78), 김영화 외(2008: 97-110), 양정하 외(2016: 85-95), 홍봉수 외(2012: 57-66) 등을 참고하여 요약정리하였음.
69) 사회복지정책의 발달이론에 대해서는 김영모(2000: 22-30, 36-40), 원석조(2012: 178-210), 현외성(2014: 43-49), 노병일(2016: 178-195), 홍봉수 외(2012: 57-63), 김경우 외(2014: 39-45), 김종명 외(2015: 53-63), 황선영 외(2012: 42-54) 등을 참고하여 요약정리하였음.

(1) 사회양심이론(social conscience theory)(Baker, 1970: 178; Sullivan, 1987: 68)
① 타인의 고통을 해소하려는 개인의 이타적 양심이 사회적·국가적 정책으로 발전한 것
② 사회양심이론에서는 사회적 양심(인간의 이타심)이 성장하고 국민들의 열악한 사회, 경제적 상태에 대한 지식이 알려지면 이를 개선하기 위해 사회정책이 발달하게 된다는 것[70]

(2) 합리이론(rationality theory) or 산업화 이론(수렴이론)(Wilensky & Lebeaux, 1965; Kerr et al., 1964, 김영모, 2000: 28에서 재인용)
① 어떤 형태의 사회이든 산업화되는 과정에서는 필연적으로 각종 사회문제가 파생되는데, 인간이 고안해 낸 합리적 문제해결책이 사회복지제도라는 것[71]
② 산업화 이론 : 자본주의 사회의 속성인 생산양식, 노동력 재생산, 자본축적, 계급관계 등을 무시하면서 자본주의사회든 사회주의사회든 산업화만 되면 사회복지가 필요하게 됨.
③ 수렴이론 : 사회문제에 대처하기 위한 사회복지정책은 어느 국가이던 비슷한 형태로 수렴됨.

(3) 시민권이론(citizenship theory)(Marshall, 1963: 74)
① 시민으로서 행동, 사상, 신앙, 자유, 재산, 정치에 참여할 수 있는 권리를 가지고 있으며, 이 시민권 때문에 사회복지정책이 발달하였다고 봄. 즉, 시민권을 완전한 사회 구성원으로서 인정되는 지위의 향유라고 보고 있는데, 일종의 기본적 평등을 의

---

[70] 사회양심이론의 한계점(김영모, 2000: 24-25)
① 시혜성을 너무 강조한 나머지 사회복지의 다른 측면들에 대한 이해와 설명을 거의 제공하지 못하고 있음.
② 사회문제의 발생이 곧 바로 사회정책의 수립 내지는 기존 사회정책의 개선으로 이어지지 못하고 있음.
③ 사회정책이 인간 양심의 발로라면 인간이 존재하는 어느 사회나 비슷한 수준의 사회복지가 발달해야 하는데 그렇지 못함.
④ 사회정책의 의도와 결과가 항상 수혜자에게 이익을 가져다 주지는 않음.
[71] 합리이론의 문제점에 대해서 김영모(2000: 30)는 다음과 지적하고 있다. "산업화의 논리는 선진 산업사회로 하여금 공통된 제도적 유형으로 수렴시킨다. 즉 산업화와 사회구조간 기능적 관계에 기초한 이 이론은 사회복지의 발전은 경제성장만 이루어지면 자동적으로 그리고 결정적으로 이루어진다고 본다. 따라서 이러한 기능주의적 관점에서는 정치적인 변수 또는 계급들간 힘의 관계라는 측면도 무시하여 단지 기능적 필요에 의해 사회복지를 설명하고 있다는 비판을 받는다."

미하는 것으로서 공민권, 정치권, 사회권으로 구성됨.
② 시민권이론의 사회복지정책 기여점 : 사회복지급여를 시민의 기본적 권리의 하나로서, 현대사회에서 인정할 수 있는 기반을 제공하였다는 점과 사회적 서비스는 현대사회에서 시민적 연대성을 창조할 수 있다는 가능성을 제시한다는 점[72]
③ 시민권이론의 한계점(Ramesh Mishra, 1977: 29-30; Weddburn, 1965: 139; 김영모, 1982, 119-121)
  ㉠ 사회복지정책의 범위를 국가복지에 한정시켜 사회복지정책의 발달을 설명하여, 사회복지정책의 다양한 형태를 제외했다는 점
  ㉡ 영국 사회의 역사적 발전에 분석틀이 맞추어져 있어서, 제3세계나 사회주의 사회복지정책에 적용 가능성이 줄어듦.

(4) 사회통제이론(social control theory) 또는 음모이론(conspiracy theory)(Higgins, 1978: 190)
  ① 사회의 기득권을 가진 사람들이 자신의 이해관계를 유지하기 위하여, 겉으로는 그럴 듯한 명분으로써 사회복지서비스를 제공하는 것[73]
  ② 음모이론의 한계점(김영모, 2000: 27)
    ㉠ 정책결정권자의 의도를 너무 중시한 나머지 정치 현실, 정책과정의 현실을 충분하게 반영하지 못함.
    ㉡ 음모이론에서 이야기하듯이, 사회 안정에 위협되지 않으면서 사회복지정책의 혜택을 받고 있는 사회적 약자들, 이를테면 아동, 장애인, 한부모 가정 등과 같은 집단을 대상으로 한 사회복지정책은 음모이론으로써 이러한 정책의 목적을 설명하지 못함.
    ㉢ 음모가 도사리고 있음은 사실이지만 그렇게 자주 있는 것도 아니고 또는 반드시 음모가 성공하는 것도 아님.

---

[72] 김영모(2000: 37)는 마샬이 경험적 관점에서 영국 근대사를 파악함으로써 시민권과 그 밖의 사회적 힘이 어떻게 사회적 불평등의 유형을 변화시켜 왔는지를 보여주고자 하였다는 점에서 의의가 있다고 하였다. 즉, 사회복지라는 것이 인간의 욕구, 사회적 욕구로 형성, 발전된 것이라면 이것은 시민권의 발전과 더불어 발전되었다고 볼 수 있다는 것이다.
[73] Piven & Cloward(1971: 8)는 사회복지가 인도주의 혹은 이타주의의 산물이라는 전통적인 설명, 즉 사회양심론적 설명을 정면으로 반박하면서, 구빈정책은 시민적 무질서(폭동, 소요 등)를 완화시키기 위해 의도된 것이며 노동규범을 강화하기 위한 억압적인 것이라는 주장을 실증적으로 증명하였다.

(5) 전파이론(diffusion theory) or 확산이론(Collier & Messick, 1975: 1299-1315)
① 사회복지정책의 발달이 국가간의 의사소통이나 영향력, 그리고 교류에 의해 이루어짐
② 좋은 사회복지정책과 프로그램의 아이디어와 경험이 한 나라에서 다른 나라로 전파·확산됨.
③ 전파이론의 유형(문수열 외, 2013: 75-76)
  ㉠ 위계적 전파 : 선진국에서 후진국으로 전파
  ㉡ 공간적 전파 : 잘 된 특정 국가로부터 우선 인접 주변국을 중심으로 점차적으로 전파
④ 전파이론의 한계점(Wilensky, Harold L., et al., 1985: 12-15; 원석조, 2012: 184; 김영화 외, 2008: 105; 문수열 외, 2013: 76)
  ㉠ 국제적인 환경변수가 구체적인 사회정책으로 전환되는 역동적인 과정을 설명하지 못함.
  ㉡ 단순히 특정 국가와 인접하고 있다는 지리적 위치나 피식민지적 지배와 경험 자체는 중요한 요인이기도 하지만, 왜, 어떻게 그러한 지식과 아이디어가 정책 혹은 입법화라는 모습으로 실현되는가에 대한 구체적인 설명이 부족함.

2) 사회복지정책의 형성과정 이론[74]

(1) 다원주의(Pluralism)[75][76] : 여러 독립적인 이익집단이나 결사체로 이루어져 있고 그 집단의 경쟁, 갈등, 협력, 타협 등에 의하여 형성되고 사회복지정책이 그 성격상 지배층의 이해관계가 담긴 음모라는 것을 부정하고 국가가 지배계급의 도구가 아니기 때문에 국가를 통한 점진적 사회개혁이 가능함.

---

[74] 사회복지정책의 형성과정이론에 대해서는 김영모(2000: 31-36, 40-47), 현외성(2014: 49-52), 홍봉수 외(2012: 63-66), 김경우 외(2014: 45-53) 등을 참고하여 요약정리하였음. 특히, 김경우 외(2014: 45-53)에서 형성과정이론을 "분석이론"으로 설명하고 있고, 김종상 외(2014: 34-38)는 조합주의, 사회민주주의, 마르크스주의를 "사회복지정책의 이념"으로 인식하고 있다.
[75] 다원주의론과 엘리트주의에 대한 개괄적 이해와 평가는 Ponton(1984: 132-159)를 참고하기 바람.
[76] Dahl(1961, 김영모, 2000: 31 재인용)은 미국 뉴헤이번시의 주요한 정책결정과정을 분석한 결과, 권력이 특정 집단에 한정되어 있는 것은 발견되지 않으며 오히려 권력이 여러 집단에게 공유되고 있다고 하였다.

▶ 제9장. 사회복지정책의 분석틀과 설명 이론

(2) 엘리트주의(Elitism)[77] : 사회란 소수의 엘리트집단을 정점으로 한 피라미드 구조로 엘리트로부터 대중에게 일방적·하향적으로 전달되고 집행될 뿐, 엘리트에 대한 대중들의 요구와 비판은 수용되지 않음. 엘리트주의는 권력이 여러 집단에게 분산되어 있는 것이 아니라 몇몇 지배집단에게 집중되어 있다고 보고 있음.

(3) 조합주의(Corporatism)[78] : 다원주의와 엘리트주의 장점을 융합시킨 이론으로, 경제 사회정책의 주요 부문을 협의·결정하는 데는 국가, 노동자, 자본가 집단이 삼자가 연합하는 형태임(김영모, 2000: 35). 그러나 실질적으로는 국가가 능동적이고 적극적인 주도권을 행사하게 되고 국가는 국가 전체의 이익 확대와 사회질서 유지를 위해 의도적으로 사회집단과 개인의 이익 및 가치를 통제하고 조정하는 수단으로 활용하기도 함. 즉 강력한 국가주도(중앙집권)에 의해서 사회복지정책이 형성되기도 함.

(4) 마르크스주의(Marxism)[79] : 정치적, 사회적, 경제적 활동에 참여하는 평등과 공동체의 가치를 강조하고, 자본주의 하에서는 소득과 생활의 기회는 대부분 비인간적인 시장 메커니즘을 통해서 분배가 되고, 시장과 현금거래의 지배는 인간의 요구와 사회적 연대 모두를 부정한다고 보았는데, 즉 복지의 가치와 규범은 존재하기 어렵다고 인식함.

---

[77] 다원주의론과 엘리트주의에 대한 개괄적 이해와 평가는 Ponton(1984: 132-159)를 참고하기 바람.
[78] 조합주의에 대해서는 Clapham, D. et. al.(1990: 9-19), Schmitter(1974: 93-94), Schmitter(1979: 13), Harrison(ed)(1984), 최경구(1991: 59), 이광찬(1992)을 참고하기 바람.
[79] 김영모(2000: 44)는 Gough(1979)의 견해를 근거로, 마르크스주의는 인간의 주관적 행위는 계급투쟁이라는 개념으로 이해되고 객관적인 사회구조는 자본의 운동법칙이라는 개념으로 설명할 수 있는 이론적 도구가 되기 때문에 사회정책의 생성·변화에 영향을 주는 두 가지 측면을 보다 설득력 있게 설명할 수 있다고 주장한다. 이를 바탕으로 김연명(1988: 182-228)은 자본주의하에서 사회정책의 생성·발전 그리고 사회정책의 성격에 대한 신마르크스주의 입장을 크게 계급투쟁론, 자본논리론, 통합주의론 등으로 분류하고 있다.

♦ <핵심요약> 알기 쉽게 이해하는 사회복지정책론 ♦

✱ 평가하기

Q1 복지국가 발달이론에 관한 설명으로 옳지 않은 것은?

① 산업화이론은 산업화가 비슷한 수준에 도달하면 서로 다른 정치이념을 가진 국가들도 유사한 사회복지체계를 갖는다고 본다.
② 사회양심이론은 타인에 대한 사회적 의무감이 사회복지를 발전시켰다고 본다.
③ 시민권론은 복지국가의 발달이 시민의 사회적 권리가 확대되는 과정이라고 본다.
④ 음모이론은 사회안정 및 질서유지와 사회통합을 위해 사회복지가 발달한다고 본다.
⑤ **일본에서 도입된 제도들이 우리나라로 도입된 것은 이익집단이론으로 설명할 수 있다.**

해설 : ⑤ 일본에서 도입된 제도들이 우리나라로 도입된 것과 같이 지리상 인접한 국가나 긴밀한 관계에 있는 국가 간에 정책이 확산되어 간다는 이론은 근대화론(확산이론)이다. 이익집단이론은 복지국가의 발달이 다양한 이익집단들의 이익추구 과정에서 나타났다고 보는 이론이다.

Q2 사회복지정책의 대상선정 기준에 관한 설명으로 옳은 것은?

① 연령, 성별 등 인구학적 기준은 선별주의 원칙에 부합한다.
② 근로능력 유무는 국민기초생활보장제도의 조건부수급자 대상선정 기준에 포함되지 않는다.
③ 보육, 노화 등 생애주기별 욕구는 선별주의 원칙에 부합한다.
④ 부양의무자 유무는 기초노령연금의 대상선정 기준의 하나이다.
⑤ **자산조사는 선별주의 원칙에 부합한다.**

해설 : 선별주의란 사회복지 대상자를 특정한 조건이나 제한을 두어 선별적으로 결정하는 것을 의미한다. 자산조사는 선별주의적인 자격조건으로 주로 공공부조 프로그램에서 자격기준으로 활용한다.

Q3 보편주의와 선별주의에 대한 설명으로 옳지 않은 것은?

> ㄱ. 선별주의에 기반한 제도는 사회구성원 모두를 대상으로 하며 일종의 권리로서 제공된다.
> ㄴ. 보편주의에 기반한 제도가 선별주의적인 제도에 비해 행정비용이 상대적으로 적게 소요된다.
> ㄷ. 보편주의에 기반한 제도는 상대적으로 재정적 부담이 작다.
> ㄹ. 선별주의는 비용효과성을 강조한다.

① ㄱ,ㄴ,ㄷ　　② ㄱ,ㄷ　　③ ㄴ,ㄹ
④ ㄹ　　⑤ ㄱ,ㄴ,ㄷ,ㄹ

해설 : ㄱ.보편주의에 기반한 제도는 사회구성원 모두를 대상으로 하며 일종의 권리로서 제공된다. ㄷ.선별주의에 기반한 제도는 보편주의에 비해 상대적으로 제정적 부담이 적다.

Q4 수혜자 선정의 기본원칙에 대한 설명으로 옳지 않은 것은?

① 보편주의를 통해 사회적 낙인감(stigma)을 최소화
② 선택주의를 통해 자원 활용에 있어 경제적 효율성을 증진
③ 보편주의를 통해 제도운영에 따른 행정관리비를 절약
④ 보편주의는 잔여적 관점과, 선택주의는 제도적 관점과 일치

해설 : ④ 사회복지 수혜자 선정의 기본원칙 중 보편주의는 무엇보다도 시민적 권리의 보편적 실현이라는 측면에서 그 장점이 있다. 따라서 보편주의는 사회정책의 제도적 관점과 일치한다. 반면에 선택주의는 한정된 자원의 낭비를 막고 경제적 효율성을 제고하는 등의 측면에서 장점이 있다. 따라서 일반적으로 선택주의는 기존 제도로 보호받지 못하는 사회적 약자만 선택하여 혜택을 제공한다는 점에서 잔여적 관점과 일치한다.

Q5 사회복지 급여의 자격조건 중 개별적인 자격판단 기준으로서, 특히 공공부조 프로그램의 수혜에서 가장 중요한 자격조건은?

① 소득 및 자산조사　　② 근로능력의 소지 여부

③ 기여의 존재 여부   ④ 전문적 · 행정적 판단

해설 : ① 사회복지 급여를 받을 수 있는 자격조건 중에서 특히 소득 및 자산조사는 개별적으로 복지수혜의 자격을 판단하는 방법으로 가장 많이 사용되는 것으로, 오늘날 거의 모든 나라들에서 공공부조 프로그램의 자격을 결정하는 가장 중요한 기준으로 생각하고 있다. 공공부조에서는 제도가 인정하는 빈곤수준에 있음을 확인하는 것이 매우 중요하기 때문이다.

Q6 사회복지 급여의 형태에 대한 설명으로 옳은 것은?
① 현물급여는 소비자주권과 시장경제의 우월성에 기초
② 현금급여는 수혜자의 소비행위를 통제하는데 용이
③ **사회적 특혜는 불이익집단에게 유리한 기회를 제공**
④ 참여는 일정한 용도 내에서 소비의 자유선택이 가능

해설 : ③ 사회복지정책의 급여형태 중 사회적 특혜란, 사회의 불이익집단들에게 진학이나 취업 및 진급 등에서 유리한 기회를 제공하는 급여형태로서, 정형화된 형태는 아니기 때문에 명백하게 규정하기는 어렵지만, 여러 상황에 널리 적용할 수 있는 이점이 있다.

Q7 사회복지 급여의 여러 형태 중에서 소비자주권에 일정한 제약을 가하고 수혜자의 행위를 통제하기에 가장 용이한 것은?
① 사회적 특혜   ② **현물급여**   ③ 현금급여   ④ 증서(voucher)

해설 : ② 사회복지 급여를 제공하는 형태 중에서 특히 현금급여는 수혜자들에게 현금으로 지급한 돈을 사회복지 본연의 목적에 맞게 쓰도록 강제 또는 유도할 수 없다는 한계를 가진다. 바로 이러한 소비자주권(consumer sovereignty)이 갖는 부작용을 강조하여, 현물급여는 직접 프로그램이 의도하는 물품을 구입하여 지급함으로써 수혜자의 소비행위를 쉽게 통제할 수 있다는 장점이 있다.

▶ 제9장. 사회복지정책의 분석틀과 설명 이론

Q8 사회복지정책 발달이론과 그 특징을 연결한 것으로서 옳지 않은 것은?

① 산업화이론 - 수렴이론으로서, 경제적 수준의 향상을 강조
② 사회양심론 - 인도주의 및 사회적 책임의식을 강조
③ **확산이론 - 제3세계의 사회복지정책 발전과정 설명에 유용**
④ 엘리트이론 - 정책결정에 간여한 소수 권력가의 개인선호 강조

해설 : 확산이론은 사회복지정책 도입을 국제적 모방과정으로 설명한다. 각 나라들은 선구적인 인근 국가의 복지 노력들을 모방하여 도입한다는 것이다. 한편, 종속이론은 제3세계의 사회복지정책 발전과정을 부정적으로 설명한다. 중심부 국가의 경제구조 및 사회적 수요에 의해 제3세계의 사회복지정책이 결정되기 때문에 주변부 국가의 사회부문 불평등은 점점 더 심화되고 있는 실정이라고 주장한다.

Q9 사회복지 프로그램 공급자로서의 정부 관료조직의 적극적인 역할을 특별히 강조하는 사회복지정책 발달이론은?

① **국가중심이론**　　　　② 이익집단이론
③ 페미니즘이론　　　　　④ 기술결정이론

해설 : 국가중심이론은 사회적 쟁점과 그 해결책 모색과정은 점차 복잡해지는 경향이 있어서 사회복지정책의 결정과정에서 정치인, 정당, 이익집단의 역할은 점차 약화되는 반면 정부, 관료조직, 전문가의 역할은 더욱 강화되고 있다고 설명한다.

Q10 시민권이론(citizenship theory)에 대한 설명으로서 옳지 않은 것은?

① 사회복지정책의 발달과정을 진화론적으로 설명
② T.H. Marshall이 대표적인 이론가
③ 가적절한 수준의 사회적 불평등 유지수단이 사회복지정책
④ **영국 외 다수 국가 및 상이한 시대에 폭넓게 적용 가능**

해설 : 시민권이론은 영국의 현실에 논의의 초점이 맞추어져 있어 제3세계나 사회주의 국가의 사회복지정책 발달과정에 적용하기 어렵다. 총체적, 진화론적 접근은 정책과정상의 복잡한 역학관계를 시민권이라는 하나의 개념으로 설명하기에 역부

족이기 때문이다. 상이한 시기나 국가에서 나타나는 사회권 성격의 변화 현상도 설명하지 못한다.

Q11 음모이론을 사회복지정책에 적용할 경우의 설명으로 옳은 것은?

① 사회복지정책의 진정한 수혜계층은 사회적 약자이다.
② 대량실업으로 인한 사회적 불안에 대한 대안으로 복지가 확대된다.
③ 사회복지정책은 장기적으로 빈민들의 이익을 계획한다.
④ 사회복지정책의 궁극적인 목적은 사회연대에 있다.
⑤ 사회복지정책은 산업화로 인한 비복지의 해결에 있다.

해설 : 음모이론
　　　① 사회복지정책의 주목적은 사회안정 및 질서의 유지와 사회통제
　　　② 사회복지정책의 변화시기는 지배계층이 기존의 사회질서가 위협을 받고 있다고 느끼는 때
　　　③ 사회복지정책의 진정한 실질적 수혜자는 지배층
　　　④ 사회복지정책은 개선과 악화의 양면이 언제라도 교차될 수 밖에 없는 성질
　　　⑤ 사회양심론에 정면으로 도전

Q12 다음 중 Gilbert & Terrell의 사회복지정책 분석 틀에 해당하는 체계들로 묶인 것은?

㉠ 급여체계	㉡ 할당체계	㉢ 전달체계	㉣ 사회체계

① ㉠, ㉡, ㉢　　　　　　② ㉠, ㉢　　　　　　③ ㉡, ㉣
④ ㉣　　　　　　　　　⑤ ㉠, ㉡, ㉢, ㉣

해설 : Gilbert & Terrell(2002: 60-69)의 사회복지정책의 분석틀
　　　① 사회적 배분(Social Allocation) : 누구에게 급여가 제공되어야 하는가? = 급여대상체계(할당체계)
　　　② 사회적 공급(Social Provisions) : 무엇을 주어야 할 것인가? = 제공급여체계
　　　③ 전달체계(Delivery Strategies) : 급여가 어떻게 전달되어야 하는가? = 전달체계
　　　④ 재정(Funding) : 어떻게 재원을 마련할 것인가? = 재원조달체계

Q13 다음 중 급여대상을 결정하는 데 있어서 연령이 중요한 조건이 되는 사회복지제도는?

┌───┐
│ ㉠ 국민연금   ㉡ 장애수당   ㉢ 기초노령연금   ㉣ 국민기초생활보장제도 │
└───┘

① ㉠, ㉡, ㉢   ② ㉠, ㉢   ③ ㉡, ㉣
④ ㉣   ⑤ ㉠, ㉡, ㉢, ㉣

해설 : 급여 수급조건 중 귀속적 욕구에 포함되는 인구사회학적 조건 중 연령을 기준으로 하는 사회복지정책(제도)은 국민연금제도, 장애수당, 지초노령연금 등이 있다.

Q14 다음 중 현금급여와 현물급여의 특징에 대한 일반적인 설명이 잘못 연결된 것은?

특징	현금급여	현물급여
운영비용	①	①
수급자선택권	②	②
대상효율성	③	③
운영효율성	④	④
불필요한 이용	⑤	⑤

① 석다 - 많다   ② 넓혀순다 - 줄인다
③ **높다 - 낮다**   ④ 높다 - 낮다
⑤ 가능성이 높다 - 크지 않다

해설 : ③ 현금급여는 운영비용이 상대적으로 적게 들지만, 불필요한 부분에 사용하는 것을 막을 수 없어서 목표(대상)효율성은 떨어진다. 반면에 현물급여는 현물의 보관, 유통 등에 추가적인 비용이 들기 때문에 운영비용이 많이 들지만, 정책의 목표효율성을 높일 수 있다.

Q15 사회복지급여의 한 형태인 증서(바우처)에 대한 설명으로 적절하지 못한 것은?

① 현금급여와 현물급여의 중간성격이다.
② 대상자의 선택권리 보장과 급여통제가 동시에 가능하다.
③ 미국의 푸드스탬프가 대표적 사례이다.

④ 자원의 배분에 대한 통제권을 제공한다.
⑤ 우리나라의 지역서비스혁신사업 급여제공방식이 여기에 속한다.

해설 : ④ 자원의 배분에 대한 통제권은 급여형태 중 권력에 해당

Q16 다음 보기의 사업이 활용하는 급여제공방식은 무엇인가?

> 2007년부터 지역특성을 반영한 서비스를 창출하여 제공하기 위해서 지역서비스혁신사업을 지방자치단체마다 시행하고 있음

① 현금　　　　　　　② 서비스　　　　　　　③ 바우처
④ 권력　　　　　　　⑤ 기회

해설 : ③ 지역서비스혁신사업에서는 바우처방식의 급여를 제공하고 있음.

Q17 사회복지 재원을 조성하는 방법 가운데 조세방식을 선택하는 배경으로 적합하지 않은 것은?

① 저소득층을 위한 사회복지서비스에 대하여 정부가 책임을 져야 한다.
② 보편적 프로그램 실시에 유리하다.
③ 사회적 사고의 축소에 의해 사회구성원 전부의 이익이 향상된다.
④ 소득재분배 효과를 높이는 데 조세방식이 효과적이다.
⑤ **복지재정의 효율성을 극대화시키는 데는 조세방식이 효과적이다.**

해설 : 조세방식을 선택하는 배경 : 저소득층에 대한 정부의 책임성, 사회적 사고의 해결과 방지는 구성원 전체의 삶의 질을 향상시킬 수 있음, 소득재분배 효과 등. ⑤ 조세가 실제 급여 혹은 서비스 형태로 제공되기까지 거쳐야 하는 일련의 과정을 생각한다면 효율성을 극대화시키는데 효과적이라고 보기는 어려움.

제10장 사회복지정책의 전달체계

1. 전달체계의 개념80)(현외성, 2014: 124-125)

① 사회복지정책의 공급자 : 정부·지방자치단체(공공), 개인·기업·종교단체·사회복지법인·시설(민간) 등
② 사회복지정책의 수요자 : 모든 국민, 지역사회
③ 전달체계의 목적 : 사회복지정책 목표를 효과적이고 효율적으로 달성하는 것
④ 전달체계의 중요성 : 정책의 내용, 대상자의 자격요건, 자격조건, 전달체계와 조직의 선택과 실천, 서비스 신청, 급여과정 및 절차와 연관된 정책의 선택 등 전달체계상에서 클라이언트와 밀접하게 접촉하면서 실천되는 일이기 때문에 중요

2. 전달체계의 원칙81)82)

---

80) 사회복지서비스의 전달체계는 급여 또는 서비스를 효율적으로 수혜자에게 전달하기 위하여 어떠한 조직을 통해서 실천할 것인가의 전략을 선택하는 것이다(Gilbert, N., & Specht, H., 1986: 119). 따라서 사회복지서비스 전달체계는 사회복지서비스의 공급자인 공사기관과 수혜자인 클라이언트를 연결시키기 위한 조직적 장치라고 할 수 있다(신복기 외, 2005: 159-160; 허만형, 2004: 242). 김영종(2002: 371)은 사회복지서비스 전달체계를 '지역사회 맥락에서 사회복지 급여를 공급하는 자들간의 조직적인 연계 및 공급자와 소비자 간의 조직적 연결'로서 정의하고 있다. 사회복지서비스 전달체계의 모형도는 허만형(2004: 243)을 참고하고, 우리나라 사회복지전달체계의 변천과정은 김제선 외(2015: 73-79, 특히, <표 3-4>를 참조)를 참고하기 바람. 예를 들어, 국민기초생활보장서비스의 전달체계에 대해서는 박종팔 외(2013: 104-105), 한동일 외(2011: 86)을 참고하기 바람.

81) Gilbert & Terrell(1998: 151)은 전달체계는 ① 서비스가 통합되고 지속적이어야 하고, ② 서비스가 클라이언트에게 손쉽게 접근할 수 있어야 하며, ③ 그 활동 결정에 대하여 책임성을 유지할 수 있어야 한다고 제안하였고, Perlman(1975: 103-107)은 전달체계의 4가지 기능으로서 ① 투입 기능, ② 책임 기능, ③ 서비스 제공 기능, ④ 계획 및 통제 기능을 수행해야 한다고 하였다. 한편, 서상목(1988: 22-23)은 전달체계 구축의 원칙을 첫째, 행정적인 측면에서 ① 기능분담의 체계성의 원칙, ② 전문성에 따른 업무분담의 원칙, ③ 책임성의 원칙, ④ 접근용이성의 원칙, ⑤ 통합조정의 원칙, ⑥ 지역참여의 원칙, ⑦ 조사 및 연구의 원칙 둘째, 서비스 제공 관련 원칙으로는 ① 평등성의 원칙, ② 재활 및 자활목표의 원칙, ③ 적절성의 원칙, ④ 포괄성의 원칙, ⑤ 지속성의 원칙, ⑥ 가족중심의 원칙 등으로 제시하고 있다.

82) 사회복지서비스 전달체계의 구축에 대해서는 Gilbert, N., & Specht, H.(1986: 121-122), Gate, B, L.(1980: 52-54), Friedlander & Apte(1980: 183), 서상목 외(1988: 23-31), 성규탁(1988: 398-409), 김형식 외(2001: 67-70), 최성재·남기민(2002: 88-92, 1995: 76-80), 이영철 외(2003: 349-351), 정무성 외(2010: 167-170), 신복기 외(2005: 161-165), 이종복 외(2014: 275-277), 전해황 외(2016: 84-85), 최용민 외(2015: 226-229), 남일재 외(2015: 321-325), 신민정 외(2015: 88-91), 김경우 외(2014: 125-128), 박종팔 외(2013:, 115-118), 김형식 외(2013: 73-75), 김경우 외(2013: 321-325), 김종상 외(2014: 272-274), 강용규 외(2013: 252-254), 김귀환(2013: 79-80), 홍봉수 외(2012: 284-288), 한동일 외(2011: 87-89), 황진수·나종문(2010: 155), 이상구 외(2009:

1) 통합성83)

① 복지수요자는 다양한 문제나 욕구에 노출되어 있기 때문에 이러한 상호 복잡한 문제를 해결하기 위해서는 통합적인 서비스가 제공되어야 한다는 원칙

② 통합성 관련 질문

㉠ 서비스가 한 장소에서 모두 이루어지는가?

㉡ 기관이 그들의 활동을 조화시키기 위해 노력하는가?

㉢ 한 기관에서 이루어진다 하더라도 상호연계가 잘 되는가 등

2) 포괄성

① 복지수요자에게 효과적으로 복지서비스를 제공하기 위해서는 여러 가지 유형의 서비스를 동시에 고려해야 한다는 원칙

② 포괄성 관련 질문

㉠ 한 사람의 전문가가 여러 문제를 다루고 있는가?

㉡ 각기 다른 전문가가 협력해서 포괄적 서비스가 실시되고 있는가?

3) 지속성84)

① 사회복지 급여나 서비스 제공은 자활 및 재활의 특성도 포함하고 있기 때문에 정상화 되기까지는 지속되어야 한다는 원칙

② 지속성 관련 질문

㉠ 복지수요자가 지역사회 내에서 지속적으로 서비스를 받을 수 있는가?

㉡ 지속적인 서비스의 제공을 위한 서비스들이 상호 연계가 되어 있는가?

4) 접근용이성85)

308-310), 박차상 외(2011: 148-150), 박선태 외(2012: 218-222), 신원식 외(2012: 79-85), 임우석 외(2012: 60-61) 등을 추가적으로 참고하기 바람. 아울러, 사회복지전달체계의 운영 원칙은 김제선 외(2015: 81-84, 특히, <표 3-6> 참조)를 참고하기 바람.

83) 전달체계의 원칙 중 통합성에 대해서는 현외성(2014: 126)을 요약정리하였고, 현외성(2014: 127-128)은 통합성의 확보방안으로 중앙집중화와 사례관리를 들고 있음.

84) 전달체계의 원칙 중 지속성에 대해서는 현외성(2014: 127)을 요약정리하였고, 현외성(2014: 127-128)은 통합성과 아울러 지속성의 확보방안으로 중앙집중화와 사례관리를 들고 있음.

85) 전달체계의 원칙 중 접근용이성에 대해서는 현외성(2014: 129)을 요약정리하였고, 현외성(2014: 129-130)은 접급용이성의 확보방안으로 유사한 경험을 가진 워커의 채용, 의뢰서비스

① 사회복지를 필요로 하는 사람들이 언제 어디서나 서비스에 쉽게 접근하여 이용할 수 있도록 구축해야 한다는 원칙
② 접근용이성 관련 질문
　㉠ 서비스에 관한 정보가 결여되었거나 부족하지는 않나?
　㉡ 서비스 장소의 위치는 적절한가?
　㉢ 서비스 사용 시 사회적 낙인이 발생하지는 않나?
　㉣ 서비스 인력의 태도, 소득, 연령, 성공의 잠재능력 등에 따라 서비스 이용에 제한이 발생하지는 않나?

5) 책임성[86]
① 사회복지와 관련된 모든 절차를 규정에 따라 수행해야 할 책임과 이용자의 욕구와 이익에 민감하게 반응해야 한다는 책임성의 원칙
② 책임성 관련 질문
　㉠ 이용자의 욕구에 적절하게 대응하고 있는가?
　㉡ 서비스가 효과적이고 효율적인가?
　㉢ 서비스 전달과정에서의 불평과 불만의 수렴장치는 적합한가?

6) 전문성[87]
① 사회복지서비스를 제공함에는 객관적으로 인정된 사람이 전문적으로 업무를 수행해야 한다는 원칙
② 전문성 관련 질문
　㉠ 복지서비스를 제공하는 인력이 일정한 자격요건을 갖추고 있는가?
　㉡ 사회복지전문가는 전문적 업무를 수행할 자율적 결정권과 책임성을 발휘할 수 있어야 함

3. 전달체계의 종류[88]

　　를 전문으로 하는 사회복지기관의 설립, 특수한 인종집단을 취급하는 사회복지기관의 설립 등을 제시하고 있음.
86) 전달체계의 원칙 중 책임성에 대해서는 현외성(2014: 131)을 요약정리하였고, 현외성(2014: 131-133)은 책임성의 확보방안으로 행정적 청문회(hearing)와 호소 절차 장치 마련, 행정적 청문회의 올바른 과정, 클라이언트의 실질적인 권한 부여 등을 제시하고 있음.
87) 전달체계의 원칙 중 전문성에 대해서는 현외성(2014: 133-134)을 요약정리하였음.

1) 공공전달체계[88][90](정무성 외, 2010: 284)

 (1) 중앙정부(김경우 외, 2014: 128-129; 김종상 외, 2014: 274-280; 김귀환, 2013: 77-78)
재화나 서비스의 대부분은 중앙정부에서 급여자격과 급여수준, 재원 그리고 세부적 전달체계 등에 관한 전반적인 사항을 결정하여 실시

  ① 중앙정부 제공 서비스의 장점
    ㉠ 의료나 교육서비스 등은 공공재적인 성격이 강하여 현실적으로 중앙정부만이 할 수 있음
    ㉡ 사회보험 등은 모든 국민을 대상으로 포괄적으로 관리하는 것이 기술적인 측면에서 유리
    ㉢ 소득재분배와 사회적 적절성을 구현하는 데는 중앙정부가 유리
    ㉣ 사회복지정책들을 통합·조정하고, 지속적이고 안정적으로 유지하는데도 유리

---

[88] 서상목 외(1988: 20-21)와 최성재·남기민(1993: 74)은 사회복지서비스의 전달체계를 구조기능적 차원과 운영주체의 차원으로 구분하고 있는데, 구조기능적 차원에서는 행정체계와 집행체계로(성규탁, 1992: 75; 김형식 외, 2013: 70-71; 김경우 외, 2013: 313-314; 홍봉수 외, 2012: 282-284; 박선태 외, 2012: 215-216), 운영주체의 차원에서는 공적 전달체계와 사적 전달체계로 대별하고 있다(김형식 외, 2013: 71-72; 김경우 외, 2013: 314-315; 박선태 외, 2012: 216). 최근에는 수급자의 입장에서 전달체계를 서비스의 종류와 성격에 근거하여 추가적으로 분류(아동복지서비스, 노인복지서비스 전달체계 등)하고 있다(김형식 외, 2001: 64-67; 김형식 외, 2013: 72; 김영종, 2005: 372-380; 김경우 외, 2013: 316; 박선태 외, 2012: 217). 사회복지서비스 전달체계의 유형에 대한 구체적인 내용에 대해서는 신민정 외(2015: 91-94), 이종복 외(2014: 270-274), 이상구 외(2009: 304-307) 등을 참고하기 바람.

[89] 공적 사회복지서비스 전달체계에 대한 자세한 내용은 김형식 외(2013: 75-105), 전해황 외(2016: 86-100), 최용민 외(2015: 229-231), 박차상 외(2011: 151), 남일재 외(2015: 326-330), 신민정 외(2015: 94-98), 홍현미라 외(2014: 160-168), 박종팔 외(2013: 106-108), 강용규 외(2013: 254-257), 박선태 외(2012: 222-223), 한동일 외(2011: 90-93), 황진수·나종문(2010: 153-154), 이상구 외(2009: 328-330) 등을 참고하기 바람. 아울러, 우리나라 공공 사회복지행정조직에 대해서는 황진수·나종문(2010: 129-144)에 자세히 소개되어 있다.

[90] 공적 사회복지서비스 전달체계의 개선방안에 대해서는 김형식 외(2001, 84; 강용규 외, 2013: 258-259 재인용), 남일재 외(2015: 331-332), 신민정 외(2015: 100), 박종팔 외(2013: 108-109), 한동일 외(2011: 94-95), 황진수·나종문(2010: 158-159) 등을 참고하고, 사적 사회복지서비스 전달체계의 개선방안에 대해서는 김형식 외(2013: 119-120), 남일재 외(2015: 338-339), 신민정 외(2015: 108), 박종팔 외(2013: 114), 강용규 외(2013: 264), 한동일 외(2011: 101-102), 황진수·나종문(2010: 159-160) 등을 참고하기 바람. 우리나라 사회복지서비스 전달체계의 일반적인 발전방향에 대해서는 박선태 외(2012: 227-228), 이상구 외(2009: 335-336) 등을 참고하기 바람.

② 중앙정부 제공 서비스의 단점[91]
  ㉠ 수급자들의 효용을 극대화 하는데 한계
  ㉡ 공급자가 독점적이기 때문에 재화의 가격과 질에 있어 수급자에게 불리할 수 있음
  ㉢ 정부조직의 관료성으로 인해 수급자의 욕구에 대한 대응이 비탄력적일 수 있음
  ㉣ 중앙정부의 전달체계는 지방정부나 민간전달체계에 비해 수급자들의 접근성이 떨어질 수 있음

(2) 지방정부(김경우 외, 2014: 128-129; 김귀환, 2013: 78)
사회복지 재화나 서비스가 완전하게 지방정부 단독으로 제공되는 경우는 많지 않음, 그러나 지방정부의 전달체계가 오히려 나을 수도 있음

① 지방정부 제공 서비스의 장점
  ㉠ 지역주민들의 욕구를 더 효율적으로 해결할 수 있음
  ㉡ 재화의 가격과 질의 측면에서 수급자에게 유리해 질 수 있음
  ㉢ 창의적이고 실험적인 서비스개발이 용이하여 수급자들이 변화되는 욕구에 적극적으로 대처해 나갈 수 있음
  ㉣ 정책결정에 참여할 기회가 많아 수급자들의 입장이 반영될 가능성이 높음

② 지방정부 제공 서비스의 단점
  ㉠ 지역 간 불평등을 야기해 사회통합에 부정적일 수 있음
  ㉡ 규모의 경제에 있어 사회보험의 경우 기술적인 측면에서 불리
  ㉢ 프로그램 발전은 단편화될 가능성이 큼
  ㉣ 프로그램의 안정성과 지속적 측면에서 불리(중앙정부의 재정지원 영향)

---

[91] 공적 사회복지서비스 전달체계의 문제점에 대해서는 남일재 외(2015: 330-331), 신민정 외(2015: 98-100), 이종복 외(2014: 304-306), 박종팔 외(2013: 108), 강혜규(2004: 70-71), 변재관 외(2000: 39-48), 박광준(2004: 153), 배은영 외(2010: 71-74), 최용민 외(2015: 236-237), 박차상 외(2011: 152-153), 김경우 외(2013: 329-330), 강용규 외(2013: 257-258), 박선태 외(2012: 223-224), 한동일 외(2011: 94), 황진수·나종문(2010: 158-159), 이상구 외(2009: 331-333) 등을 참고하기 바람.

(3) 중앙정부와 지방정부의 혼합체계
 - 중앙정부와 지방정부는 많은 경우 프로그램을 협력하여 운영함
 - 중앙정부는 주로 재정이나 운영상의 규제를 통해 지방정부 프로그램에 영향력 행사
 - 지방정부는 그 방법에 따라 권한과 자율성이 달라짐
 - 혼합체계는 상호협력 및 규제방법에 있어서 구분되어질 수 있음
 ① 재정적 규제방법
   ㉠ 중앙정부가 지방정부에 재정을 지원하는 방법
   ㉡ 재정적 규제방법의 3가지
     ⓐ 조건적 지원 : 재원이 사용될 대상인 인구집단, 프로그램의 목표 등 세부항목을 지정하여 지원하는 방법, 지방정부의 자유성이 줄어듦.
     ⓑ 기능별 보조금 : 프로그램을 기능별로 묶어서 지원하는 방법, 지방정부에 권한을 크게 부여하는 효과
     ⓒ 중앙정부 예산 중 일부를 지방정부에 이관 : 지방정부의 독립성과 자율성을 최대한 보장해 주므로 지방정부의 전달체계의 장점을 살릴 수 있음.
 ② 프로그램 규제방법
   ㉠ 재정적 규제방법에 의한 조건적 지원형태는 대개 프로그램 규제를 동반
   ㉡ 프로그램의 세부적 내용인 대상자 자격, 급여의 형태와 금액, 전달방법 등에 관해 규제하는 것
   ㉢ 지방정부의 독립성이 크게 위축될 수 있어 중앙정부와 지방정부의 체계 가운데 가장 바람직하지 못한 형태로 평가
 ③ 수급자 수와 요구에 따른 규제방법
   ㉠ 프로그램에 따라서는 지방정부의 수급자 수나 욕구를 가진 클라이언트의 수에 따라 차등 지원하는 방법, 즉 지방정부의 인구 수나 욕구가 많다고 판단되는 경우에 더 많은 재정 지원
   ㉡ 예 : 교육서비스의 경우 저소득층 밀집지역에 더 많은 지원을 하게 되는 것 등

 ④ 절차적 규제방법
   ㉠ 일부 프로그램에 대해서는 운영상의 일정한 절차 요구(예: 정책결정과정에 수급자를 참여시키는 문제, 급여자격 심사 및 급여 시 차별을 금지할 것과 프로그램의 진행에 대한 보고와 감사 등)

ⓛ 지방정부의 오남용을 막고, 기본 목표인 인권의 존중, 시민참여 등 제대로 이뤄지고 있는지 조사
ⓒ 지방정부의 독립성을 높일 수는 있으나 프로그램의 목표 달성을 위해 인력과 자원 낭비

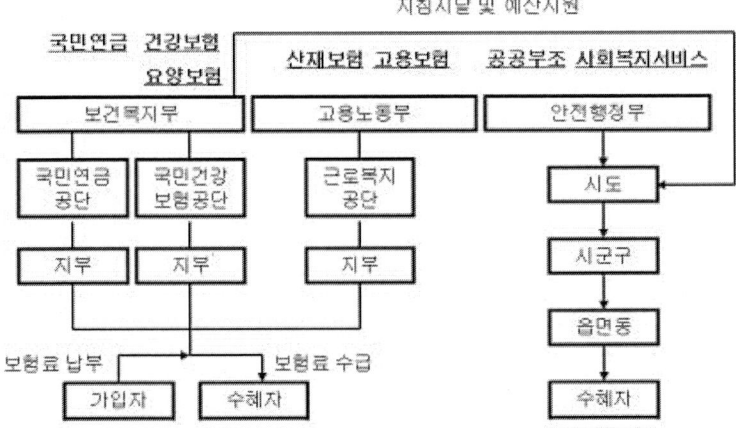

[그림 10-1] 우리나라 사회보장정책의 공공전달체계[92]

2) 민간전달체계[93][94][95](정무성 외, 2010: 284)
 - 민간전달체계는 거의 대부분 사회서비스 부문에 집중되어 있음

---

92) 우리나라 사회보장정책의 공공전달체계에 대해서는 양승일(2013, 행정학전자사전), 현외성(2014: 136)을 참고, 제시하였음.
93) 사적 사회복지서비스 전달체계에 대한 자세한 내용은 김형식 외(2013: 105-117), 전해황 외(2016: 86-100), 최용민 외(2015: 231-232), 남일재 외(2015: 332-337), 박차상 외(2011: 153-155), 신민정 외(2015: 101-105), 홍현미라 외(2014: 168-176), 박종팔 외(2013: 109-112), 강용규 외(2013: 259-262), 박선태 외(2012: 224-226), 한동일 외(2011: 95-100), 황진수·나종문(2010: 154), 이상구 외(2009: 330-331) 등을 참고하기 바람. 민간의 사적 사회복지서비스 전달체계의 대표적인 기관은 사회복지협의회, 사회복지공동모금회, 사회복지관 등이 있다. 아울러, 우리나라 민간 사회복지행정조직에 대해서는 황진수·나종문(2010: 144-152)에 자세히 소개되어 있다.
94) 사적 사회복지서비스 전달체계의 문제점에 대해서는 신복기 외(2005: 171-173), 김형식 외(2013: 117-118), 이종복 외(2014: 307-308), 박종팔 외(2013: 113), 배은영 외(2010: 87-88), 최용민 외(2015: 237-238), 남일재 외(2015: 337-338), 박차상 외(2011: 155-156), 신민정 외(2015: 106-107), 김경우 외(2013: 330-331), 강용규 외(2013: 262-264), 박선태 외(2012: 226-227), 한동일 외(2011: 100-101), 황진수·나종문(2010: 159-160), 이상구 외(2009: 334-335) 등을 참고하기 바람.
95) 민간전달체계의 장·단점에 대해서는 김귀환(2013: 78)을 참고하기 바람.

- 공급주체에 따라 조금씩 다르긴 하나 대개 정부의 부분적인 재정지원과 행정적 지도·감독 아래 다양한 형태와 방법으로 전달체계 수립·운영

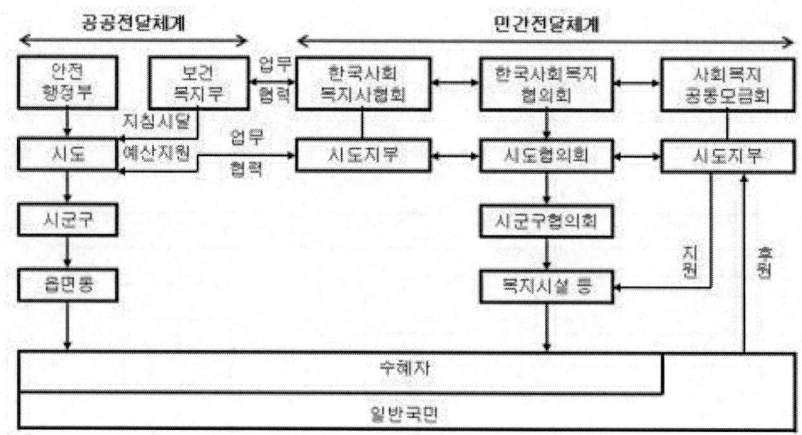

[그림 10-2] 우리나라 사회서비스정책의 민간전달체계[96]

(1) 민영화(원석조, 2012: 59-61)
 ① 공공기관이 직영하던 사회서비스를 민간기관에 이양하는 것과 일정한 계약 아래 민간기관 및 비영리단체에 운영을 위탁
 ② 시장에서의 경쟁이라는 장점과 공공기관에서의 관료제라는 약점이 내재되어 있음
 ③ 민영화의 구조
  ㉠ 사회서비스의 공급자 : 민간 복지기관
  ㉡ 사회서비스의 수급자 : 소비자
  ㉢ 제3자(재정부담) : 정부

[읽을꺼리] 사회복지서비스에서 민간부문의 중요성

1980년대에 들면서 전 세계적으로 '작고 효율적인 정부'의 기치 아래 많은 부문에서 민영화(privatization)의 바람이 거세게 불고 있다. 1990년대에 들어서도 많은 나라는 '작고 효율적이며 강력한 정부'를 추구하면서 '민영화의 시대(decade of privatization)'라고 불리어지기에 이르렀다. 이러한 경향은 21세기에도 계속되리라 전망된다.
사회복지분야에서도 이러한 변화가 크게 나타나고 있다. 전통적으로 사회복지분야에서 가장 중요한 공급주체

---

96) 우리나라 사회서비스정책의 민간전달체계에 대해서는 양승일(2013, 행정학전자사전), 현외성(2014: 137)을 참고, 제시하였음.

는 정부부문과 민간부문이다. 즉, 정부부문은 재정과 행정조직을 통해 서비스를 제공하고, 민간부문은 후원금과 같은 순수한 민간재원을 바탕으로 비영리단체가 서비스를 제공하여 왔다. 이러한 역할 이분법은 1980년대에 들면서 큰 변화를 겪었다. 즉, 민간부문에서 제공되는 사회복지서비스에 대해 공공자금을 지불하는 방안에 대한 관심이 크게 증대되었다. 이는 두 가지 중요한 가정, 즉 자유시장사상과 고객만족을 충족시키려는 노력에 의해 더욱 강화되었다고 볼 수 있다(Gilbert & Terrell, 1998: 144). 즉, 민영화는 경쟁시장의 장점과 공공관료제의 실패와 깊은 관련이 있다. 물론, 사회복지서비스 전달에 있어서 민간부문의 이용은 수혜자가 비용을 지불하는 것이 아니고 비용을 지불하는 공공기관이 서비스의 수혜를 받는 것도 아닌 상황이기 때문에 고객의 요구와 수요에 대응하고자 하는 경쟁력을 약화시킴으로써 Hansmann(1987: 29-32)이 말한 '계약실패이론(contract failure theory)'의 문제, 즉 서비스의 비용과 질을 보장받지 못하는 상황을 야기시킬 수도 있다. 또한, 사회복지서비스에 대한 정부의 책임회피라는 지적도 제기되었다. 그럼에도 불구하고, 민간부문은 일반적으로 고객의 평가와 만족도에 따라 발전과 쇠퇴는 물론이고 나아가서 존재의 여부까지 결정되기 때문에 민간부문이 가지고 있는 모든 인적·물적 자원과 가장 효율적인 관리 방법을 이용할 수밖에 없기 때문에 사회복지서비스의 생산·전달에 있어서도 민간부문의 이용은 경쟁시장의 장점을 이용할 수 있다는 주장이 제시되었다. 또한, 사회복지서비스의 생산·전달 과정에서 공공관료제는 그 특성상 독과점을 형성하기 쉽기 때문에 발생되는 고객의 요구와 수요에 대한 부적절한 대응을 감소시키기 위해서도 민간부문을 활용해야 한다는 의견도 확대되었다.

특히, 지방화시대를 지향하고 있는 현재는 지역사회의 복지서비스가 중대한 변화를 맞이해야 하는 시점이다. 즉, 『기초생활보장법』에 의거하여 복지수혜자에 초점을 맞추는데서 벗어나 지역사회주민의 다양한 욕구와 수요를 분석·충족할 수 있는 사회복지서비스를 제공할 수 있어야 한다. 종래의 저소득층 중심의 생활관리는 물론이고 장애인과 노인, 여성, 청소년 등의 특수한 상황을 고려한 사회복지서비스 제공에 많은 관심을 가질 때이다. 이러한 일은 중앙정부와 지방정부의 노력만으로는 소기의 목적을 달성하기 어렵다. 중앙정부와 지방정부는 나름대로의 역할을 수행하고 민간부문도 자신의 역할을 수행할 때 지역사회주민의 다양한 복지 욕구와 수요가 충족될 수 있다. 특히, 지역의 일은 지역 스스로의 책임 하에서 자율적으로 처리한다는 지방자치의 중요성이 강조됨에 따라 지역사회복지에 있어서 주민을 비롯한 관련단체가 주체가 되어야 한다는 인식이 확대되고 있다. 지역주민의 자발적 봉사활동과 관련단체의 자주적 복지활동은 지역사회의 복지상황과 요구를 파악하는데 도움이 될 뿐만 아니라 보다 고객지향적이고 비화폐적인 복지서비스 제공이 가능해지기 때문에 어느 때보다도 절실히 요구되어지고 있다.

(2) 종교단체(원석조, 2012: 62-63)

① 정부가 운영하던 공공복지서비스를 민간기관에게 위임하고자 할 때 정부입장에서는 종교단체가 가장 신뢰할 만하고, 종교단체가 보유한 인적•물적 자원이 운영의 인프라로 활용될 수 있다고 봄으로써 정부를 대신한 전달체계의 파트너로 선정

② 1990년대 중반 이후부터 종교기관은 정부와 계약을 맺어 정부의 재정지원을 받아 복지수급자를 지원할 수 있게 됨

(3) 상업화(원석조, 2012: 63-64)

① 사회서비스 전달에 영리기관들의 참여가 확대되는 추세

② 비영리기관 : 자선정신과 깊이 연관(공동체의 광범위한 이익 진작)

③ 영리기관 : 자본주의 정신과 연관(기관소유자의 재정적 이익을 보호하는 것 중시)

④ 영리기관과 비영리기관은 서비스 공급자로서 큰 차이가 없는 것으로 조사됨

3) 정부와 민간부문의 혼합체계(김경우 외, 2014: 130-131; 김종상 외, 2014: 280)
   - 복지국가 위기 시대에 '민영화'라는 이름하에 강조되고 있음
   - 정부와 민간부문의 혼합체계가 필요한 이유 : 민간부문의 시장원리에서의 장점들, 즉 효율성, 경쟁성, 선택의 자유, 접근성, 대응성, 융통성 등을 중앙정부와 지방정부의 혼합체계에 비하여 더 크게 향상시킬 수 있음
   - 단점 : 공공재적 성격을 갖는 재화를 제공하기 어렵다는 점, 평등을 추구하기 어렵다는 점, 규모의 경제에서 불리하다는 점 등

   (1) 정부와 민간부문과의 계약 : 정부는 일정한 재원 내에서 특정의 서비스를 지정만 할 뿐, 그 서비스를 받기 위한 자격, 서비스의 형태, 세부적인 전달방법 등은 규제하지 않고 민간부문이 독자적으로 운영, 정부가 프로그램에 대해서 많은 규제를 하는 유형

   (2) 정부의 민간부문 재정보조 : 정부가 민간부문에 단순히 재정보조만 해주고 어떠한 규제도 하지 않는 형태, 정부와 민간부문의 혼합체계 가운데 바람직한 형태

4. 전달체계의 선택

[읽을꺼리] 공공부문과 민간부문의 역할

현대국가는 복지국가라고 일컬어지고 있기 때문에 사회복지서비스 제공에 있어서 정부부문의 역할을 매우 중요하다. 제5장에서 살펴본 전달체계의 기본 틀과 제6장의 중앙정부와 지방정부의 관계를 통해서도 정부부문의 역할을 이해할 수 있다. 그러나, 정부가 모든 사회복지서비스를 담당하기 어려운 것도 사실이다. 따라서, 어느 나라에서나 사회복지에서 민간단체의 비중은 무시될 수 없는 상황이다. 민간부문의 사회복지는 가정과 자선단체의 구호기능, 지역사회개발, 정부위탁사업 수행 등 다양한 분야에 걸쳐 있다.

우리 나라의 경우에도 한국전쟁 직후 외국 자선단체들의 지원으로 민간사회복지단체와 기관들이 창립되기 시작하였는데, 그 활동 무대는 주로 지역사회이었다. 1983년 『사회복지사업법』이 개정되면서 민간사회복지관을 설립할 수 있는 근거가 마련되어 사회복지관과 재가복지봉사센터가 민간사회복지서비스의 중추적인 역할을 담당하고 있다. 그러나, 대부분의 민간사회복지단체들은 재정의 상당부분을 정부에 의존하고 있으면서

> 정부부문의 복지서비스를 전달하는, 즉 공공복지서비스의 대안으로서의 역할을 수행하고 있다.
>
> 그러나, 최근 사회적으로 자원봉사가 강조되는 가운데 사회복지분야에서 국가, 시장, 시민사회를 주요 구성요소로 하는 새로운 공동체의 역할에 대한 관심이 확대되고 있다(오정수, 1988: 40–52). 이러한 상황에서 사회복지서비스를 둘러싼 정부부문과 민간부문의 역할을 명확하게 규정하지 않으면 복지자원을 비효율적으로 이용하거나, 복지정책의 목적을 달성하기 어렵거나, 나아가서 체계적인 사회복지발전을 어렵게 할 가능성이 높다. 정부부문과 민간부문의 사회복지역할에 대해서는 많은 논의가 이루어져 왔다.

1) 공공부문과 민간부문의 역할분담에 대한 이론(조성한, 1997: 10-12)

① 평행봉 이론[97] : 공적사회복지와 민간사회복지에 있어서 그 취급하는 대상자를 명백히 구분하고, 각기 독립적인 활동을 전개해 나가는 것이 합리적이고 효과적이라 주장

② 사다리 이론[98] : 사회서비스를 기획함에 있어 사다리 모양으로, 가장 기초 부문에는 최저생활을, 점차 상층 부문에는 민간의 사회서비스를 위치시켜 가는 방식

③ 기타 이론[99] : 상호협조론, 비판적 상호협조론 등

---

[97] 평행봉 이론(Parallel Bars Theory)은 정부의 공공복지사업에 대한 신뢰가 낮은 19세기 말경의 사회적 분위기를 대변하는 이론으로서, 처음에는 사회복지 대상자를 구분하기 위한 논리로 시작되었다. 즉, 구빈법에 의해 정부가 담당해야 하는 사회복지 대상자와 민간자선단체의 보호를 받는 대상자를 구별하기 위해 평행봉 이론이 제기되었다. 그러나 사회복지의 개념이 빈곤층에 대한 통제로부터 부조(support)의 의미로 바뀌면서, 이 이론은 정부와 민간의 역할 한계선을 규정하는 방향으로 바뀌었다. 사회복지 대상자를 기계적이며, 사무적이고, 정치적으로 취급하는 정부의 공공복지는 빈곤층의 치료, 재활, 자립 등과 같은 업무를 담당하는 데는 적합하지 않기 때문에 민간부문이 이러한 업무를 맡아 자립과 재활이 가능한 수혜자를 치료해야 한다고 주장하고 있다.

[98] 연장 사다리 이론(Extension Ladder Theory)은 사후 구제에 초점을 맞추는 사회복지는 그 목적이 달성되기 어렵다는 인식이 제기되면서 사전 예방적 사회복지의 중요성이 부각되었다. 이러한 시대적 상황 변화는 정부 역할을 강조하기에 이르렀고, 이에 따라 사회복지에서 정부가 주도적 역할을 담당해야 한다는 연장 사다리 이론이 등장하였다. 이 이론에 따르면, 사다리와 같이 가장 기초적이고 광범위한 부분은 국가의 책임 하에서 보편적으로 보장하고, 민간부문은 사다리 윗부분의 연장선과 같은 정도의 책임을 맡아야 한다. 구체적으로 말하면, 민간부문은 재정이나 인력 등이 부족하기 때문에 사회복지서비스의 확실성·계속성·공정성·보편성을 보장하기 어렵다. 그러나, 빈곤자의 경제적 급부나 의료적 급부는 보편성과 계속성을 유지하여야 하기 때문에 국가의 책임 하에서 수행되는 것이 바람직하다는 것이다.

[99] 먼저, 상호 협조론은 미국의 뉴딜정책이 발효되던 시기에 나온 이론으로서, 사회복지에 있어서 정부와 민간의 역할은 상호 협조적이고 보충적이어야 한다는 점을 강조한다. 이 이론에 의한 정부의 역할과 민간의 역할을 구체적으로 살펴보면 다음과 같다. 먼저, 정부는 기본적인 사회복지서비스를 제공하는 역할을 담당해야 하는데 구체적인 역할은 다음과 같다. ① 지역사회의 대다수 주민이 필요로 하는 서비스를 제공한다. ② 지역사회에서 이미 받아들여진 방법을 개선하거나, 새로운 기능을 개발하거나, 정부의 재원과 권위를 필요로 하는 서비스를 수행한다. ③ 개별 정부기관은 타 부처와 긴밀한 관계를 맺는다. ④ 실업문제와 같이 사회가 해결할 수 없는 사회적·경제적 불평등을 완화하기 위해 활동한다. 민간부문은 위에서 제시된

2) 전달체계 선택에 영향을 미치는 요인(김종상 외, 2014: 281)
   ① 사회복지정책목표와 이념 : 정책목표가 무엇이냐에 따라 전달체계의 선택이 달라질 수 있음
   ② 급여의 내용 : 다양한 욕구에 따라 현금, 현물, 서비스, 증서, 기회, 권력 등 전달체계를 달리하는 것이 바람직
   ③ 재정적 여건 : 전달체계를 수립·선택할 때 인적·물적 비용 등 자원확보에 대한 고려
   ④ 행정기술과 전문적 인력의 능력 : 행정적 구조와 기술적 효용성 극대화하는 것, ct와의 접근구조를 개선하는 것, 전달체계에 투입된 전문인력의 능력을 극대화 하는 것 등

[읽을꺼리] 정부부문과 민간부문의 사회복지 기능

위에서 살펴본 바와 같이, 공공부문과 민간부문의 역할에 대한 4가지 이론들은 각각 시대적 상황과 필요에 따라 발전되었다. 이론들의 발전과정을 전체적으로 조망해 보면, 복지사회 발전단계 중에서 성숙된 단계에 이르러 국가의 역할에 대한 한계를 제시하고 있는 비판적 상호 협조론을 제외하고는 아래와 같은 이유에서 국가의 사회복지 역할이 점차 강조되어 왔음을 알 수 있다(조성한, 1997: 13).

사회복지서비스에 있어서 국가의 역할이 강조되는 원인은 '시장실패'에서 살펴보아야 한다. 산업사회는 '시장성공'으로 불릴 정도의 경제발전을 이룩했지만, 심각한 사회적·경제적 문제, 즉 ㉠ 개인간 소득 격차, ㉡ 실업이나 인플레이션과 같은 거시경제적 불안정, ㉢ 부족한 공공재 공급, ㉣ 최적 자원배분의 실패, ㉤ 외부비경제(external diseconomies), ㉥ 시장정보 및 접근기회의 결여 등의 문제를 야기시켰다. 이러한 시장실패로 인해 정부는 시장에 개입하게 되었으며, 사회복지에서 정부 역할의 강조도 같은 맥락에서 이해되어질 수 있다. 정부에 의한 사회복지서비스는 시장실패의 문제를 해결한다는 차원에서 다음과 같은 기능을 담당한다(조성한, 1997: 14). 첫째, 사회복지서비스를 공공재로 인식하고 사회가 필요로 하는 만큼의 서비스를 제공할 수 있다. 둘째, 사회복지 수혜대상자는 사회복지서비스에 대해 용이하게 접근할 수 있으며 사회복지에 대한 정보를 쉽게 획득할 수 있다. 셋째, 대량공급이 가능해지기 때문에 규모의 경제의 이점을 얻을 수 있다.

정부부문의 역할에 대한 보충적인 역할을 수행해야 한다는 것이며, 구체적인 민간부문의 역할은 아래와 같다. ① 대다수의 주민이 아직 인정하지 않는 새로운 욕구에 대응한다. ② 새로운 욕구에 대응하는 모범적 실험을 확대함으로써 궁극적으로는 이 욕구가 정부부문의 책임 하에서 충족되도록 하는 자극제적 역할을 수행한다. ③ 법률 혹은 관습으로 인해 정부부문이 안고 있는 여러 제약들을 보충하는 역할을 수행한다. ④ 개별적으로 인간관계가 원만하지 못하는 문제를 처리한다. 다음으로 비판적 상호 협조론은 정부부문과 민간부문은 무비판적으로 상호 협조하는 것이 아니라 상호 건설적인 비판을 바탕으로 발전하여야 한다는 것이다. 즉, 협조라는 것은 서로의 결함을 무비판적으로 묵인하는 것이 아니라, 사회복지업무의 수행에 있어서 정부부문과 민간부문이 각각 사용하는 관리 방법, 고객지원 방안, 서비스 내용 등에 대해 서로가 심도있는 점검을 하여야 한다는 것이다. 이 이론에서는 정부부문과 민간부문의 사회복지 수혜자들이 사회복지서비스의 공급을 의미있게 조명하여야 한다는 점이 강조되고 있다.

넷째, 사회복지의 이념인 사회적 통합을 이룸으로써 사회안정에 기여할 수 있다.

그러나, 비판적 상호 협조론에서 제기된 바와 같이, 정부가 지니고 있는 비효율성이나 수요에 대한 비탄력성 등으로 인해 정부주도의 사회복지서비스는 기대한 것과 같은 정도의 서비스를 제공할 수 없다. 따라서, 민간부문이 다음과 같은 기능을 수행하면서 정부의 부족한 면을 보충하지 않을 수 없다(조성한, 1997: 14). 첫째, 정부의 사회복지서비스는 관료화된 조직과 규칙에 의해 수혜자 개개인이나 지역적 특성을 감안하기 어렵다. 따라서, 민간부문이 정부의 정책과정에 실질적으로 참여함으로써 정부의 비현실적인 사회복지정책을 통제해야 한다. 둘째, 전문성이 강조되는 사회복지서비스는 민간사회복지기관에 의해 제공되는 것이 효과적이다. 셋째, 실버산업(silver industry)과 같이 시장메카니즘을 통해 조달할 수 있는 복지서비스는 민간부문이 담당하는 것이 효율적이다.

이상에서 사회복지서비스에 대한 정부와 민간부문의 역할과 기능을 살펴보았다. 정부와 민간부문의 역할과 기능은 획일적으로 구분되는 것이 아니라 국가나 사회의 상황에 따라 변할 수 있지만, 일반적으로 정부는 국민에게 최저한의 생활을 보장하고 삶의 질을 공평하게 배분하는데 일차적인 책임을 져야 하고, 민간부문은 복지서비스 고객들의 새롭고 다양한 요구와 수요에 능동적으로 대응하면서 정부가 제도적으로 담당하기 어려운 부분에 대해 보충역할을 수행하는 것이 바람직하다고 보겠다.

5. 전달체계의 발전전략[100](원석조, 2012: 64-71[101]; 김경우 외, 2014: 131-132)

1) 정책결정 권한과 통제력의 재구조화 전략

---

[100] Gilbert & Terrell(2002: 166)은 서비스의 효율성과 효과성을 떨어뜨리는 사회복지서비스 전달체계의 문제점을 서비스의 분열성, 비접근성, 불연속성, 무책임성 등 4가지로 요약, 제시하고 있다. 서비스의 분열성은 서비스가 한 장소에서 다 이루어지고 있지 않을 뿐만 아니라 사회복지기관들이 그들의 활동을 조화(조정)시키기 위해 노력하고 있지 않음을 의미하고, 서비스의 비접근성은 클라이언트의 소득, 연령, 종교, 이용료 부담, 지리적 위치 등에 따라 서비스 이용에 제한을 두는 것이며, 서비스의 불연속성은 다양한 서비스를 이용하는데 불편을 겪거나 의사소통과 사후관리가 충분치 않음을 나타내는 것이고, 마지막으로 서비스의 무책임성은 의사결정권자가 클라이언트의 욕구와 이익에 무감각해지는 문제를 말한다. 이에 Gilbert & Terrell(2002: 166-177)은 전달체계의 개선전략으로 ① 의사결정의 권위와 통제의 재구조화(⇒ 의사결정의 권위와 통제의 소재를 어디에 둘 것인가?), ② 업무분담의 재조직화(업무를 누가 담당 할 것인가?), ③ 전달체계의 구조 변경(전달체계 조직의 단위 및 수를 어떻게 할 것인가?), ④ 전달체계의 운영주체(⇒ 전달체계를 누가 운영 할 것인가?), ⑤ 서비스의 배분방법(⇒ 제한된 서비스를 필요로 하는 사람들에게 어떻게 배분 할 것인가?) 등을 제시하고 있다. 그리고 정무성 외(2010: 286-287)는 사회복지 전달체계의 문제점으로 ① 위기가정 발견·지원체계의 미흡, ② 시군구, 읍면동간 복지기능의 부조화, ③ 지방분권에 부응하는 지역차원의 복지 기획능력 미흡, ④ 인력부족으로 인해 "찾아가는 복지행정"이 곤란, ⑤ 지역사회 민간자원과의 연계협력 미흡 등을 꼽고 있다. 전달체계 개편의 기대효과에 대해서는 남진열 외(2010: 409-414)를 참고하기 바람.

[101] 전달체계의 발전전략에 대해서는 원석조(2012: 64-71)에 자세히 소개되어 있으니 참고하기 바람.

(1) 조정
   ① 집중화 : 행정적으로 여러 기관을 통합하고 단일화함으로써 서비스의 분열과 전달체계의 단편성 감소
   ② 연합 : 서로 다른 기관들의 자원을 지리적으로 집중화하되 기관을 행정적으로 통합하지 않는 전략(기술, 자원, 지식, 직원을 교환)
   ③ 사례수준의 협력 : 사회복지기관과 기관의 직원들 간의 상호작용을 분산시키는 것 (사회복지사들 간의 원조 네트워크 등)

(2) 시민참여
   ① 의사결정권한을 기관과 클라이언트에게 재분배하는 데 목적
   ② 클라이언트가 영향력을 행사해야 보다 책임 있고 효과적인 서비스가 보장된다고 보는 전략

2) 업무배치의 재조직화 전략

(1) 역할연결
   ① 사회복지사와 수급자를 연결시키는 역할, 두 계급간의 차이를 해소시켜 줄 수 있는 인간연계가 필요
   ② 지역 주민의 가치와 문화에 대해 잘 아는 토착의 비전문직 등에게 역할 부여

(2) 전문가의 철수
   사회복지사로서의 전문적 윤리와 기관의 정책 사이에 갈등을 겪을 시, 기관의 관료조직을 개혁하기보다는 그로부터 철수하는 것이 더 효과적이라 보는 전략, 즉 사회복지사가 조직관료에서 기업가로 역할을 바꾸는 것

3) 전달체계 조직 구성의 변화전략

(1) 접근구조의 전문화
   ① 접근구조의 목적은 전달체계의 역할 구성을 변화시키는 것이 아니라 기관의 전문성을 유지하면서 클라이언트의 접근성을 높이기 위해서는 전달체계에 있어서 새로운

구조를 첨가할 필요가 있다고 주장
② 그러나 서비스 접근을 전문으로 하는 기관의 출현은 바람직하지만 그 결과는 확실치 않음
③ 접근성 기관은 클라이언트에게는 또 다른 관료조직에 지나지 않음

(2) 의도적인 중복

① 경쟁
  ㉠ 기존의 전달체계 안에서 기관들이 서로 경쟁하도록 기관을 중복시키는 것, 즉 서비스를 중복시킴으로써 경쟁을 야기하는 전략
  ㉡ 예 : 기존의 서비스를 확대하는 대신 탁아서비스, 카운슬링, 지역사회조직사업 등 기관을 신설하는 것 / 현금급여를 바우처 형태로 변화시키는 것 등

② 분리
  ㉠ 분리는 구조와 목적에서 경쟁과 다름, 분리는 기존의 전달체계 외부에 새로운 기관을 조직하는 것
  ㉡ 목적 : 인종, 성, 사회·경제적 지위 등의 이유로 차별을 받는 특정 집단을 위해 기존서비스 네트워크 밖에 하나의 대안적인 서비스 제공
  ㉢ 최근 미국에서 많이 조직되고 있는 매 맞는 여성, 동성애자, 에이즈 환자, 새로운 이민자를 위한 서비스가 분리의 좋은 예

★ 평가하기

Q1 다음 중 사회복지서비스전달체계에 대한 설명으로 틀린 것은?

① 사회복지서비스들이 기획되어 최종적으로 클라이언트에게 이르는 구조와 과정을 의미한다.
② 토인비 홀은 잔여적 사회복지를 지향했던 사회복지서비스전달체계의 일종이다.
③ 사회복지기관은 사회복지서비스전달체계의 하나이다.
④ 행정체계는 간접적 사회복지서비스전달체계이다.

해설 : 토인비 홀은 인보관운동의 모범사례로서 잔여적 사회복지라기 보다는 제도적 사회복지적 실천을 지향했다고 평가된다.

Q2 다음 중 사회복지서비스의 공공전달체계는 무엇인가?

① 사회복지협의회   ② 사회복지기관   ③ 지역사회복지협의체
④ 사회복지관련연합회   **⑤ 보건복지부**

해설 : 사회복지서비스의 전달체계에 있어 공공전달체계의 주무부처 인 보건복지부의 역할을 잘 알아두세요!!!

Q3 사회복지서비스 전달체계 구축의 주요 원칙이 아닌 것은?

① 전문성의 원칙   ② 적절성의 원칙   ③ 포괄성의 원칙
④ 지속성의 원칙   **⑤ 차별화의 원칙**

해설 : 사회복지서비스 전달체계 구축의 주요 원칙은 전문성의 원칙, 적절성의 원칙, 포괄성의 원칙, 지속성의 원칙, 통합성의 원칙, 평등성의 원칙, 책임성의 원칙, 접근용이성의 원칙이 있다.

Q4 사회복지전달체계의 문제점으로 거리가 먼 것은?

① 위기가정 발견 · 지원체계의 미흡

② 시. 군. 구 읍면동간 복지기능의 부조화
③ 지방분권에 부응하는 지역차원의 복지 기획능력 미흡
④ 인력부족으로 인해 "찾아가는 복지행정"이 곤란
⑤ 지역사회 민간자원과의 연계협력의 활성화

해설 : 사회복지전달체계의 문제점으로는 위기가정 발견·지원체계의 미흡, 시군구, 읍면 동간 복지기능의 부조화, 지방분권에 부응하는 지역차원의 복지 기획능력 미흡, 인력부족으로 인해 "찾아가는 복지행정"이 곤란, 지역사회 민간자원과의 연계 협력 미흡 등이 있다.

Q5 다음 중 공적 사회복지서비스 전달체계의 문제점이 아닌 것은?
① 공공전달체계는 수직적이다.
② 공공전달체계는 전문성이 미비하다.
③ 공공전달체계는 통합성이 결여되어 있다.
④ 공공전달체계는 전문인력이 부족하다.
⑤ 공공전달체계는 자원을 조정한다.

해실 : 공적서비스전달체계도 자원의 조정기능 수행한다.

Q6 다음 중 사적 사회복지서비스 전달체계의 문제점으로 볼 수 없는 것은?
① 민간사회복지조직의 자율성 제한   ② 정부의 감독과 지시로 인한 경직화
③ 열악한 근로조건으로 인한 전문성 저하 ④ 사회복지협의체 기능의 약화
⑤ 국가의 복지비용 절약

해설 : 사적 사회복지서비스 전달체계는 국가의 복지비용을 절감시키는 효과가 있다.

Q7 다음 중 사적 사회복지서비스 전달체계의 필요성으로 맞지 않는 것은?
① 정부가 제공할 수 없는 서비스를 제공   ② 사회복지서비스의 선도적 개발
③ 서비스에 대한 선택의 기회 확대   ④ 국가의 사회복지비용 절약
⑤ 공공부조서비스의 효율적 전달

해설 : 사적 서비스전달체계가 필요한 이유는 독창성, 전문성, 자율성, 탄력성, 참여성, 정부에 대한 압력 단체 역할, 국가의 복지비용 절감 등이 있다. ⑤의 공공부조서비스는 공적 사회복지서비스 전달체계와 관련된 내용이다.

Q8 사회복지서비스 전달체계의 원칙에 관한 설명으로 옳지 않은 것은?

① 통합성 : 연관된 서비스 종합적 고려
② **책임성 : 핵심업무는 반드시 전문가가 담당**
③ 지속성 : 여러 서비스를 중단 없이 제공
④ 적절성 : 서비스의 양과 질이 욕구충족을 위한 수준
⑤ 평등성 : 소득이나 지위에 관계없는 서비스 제공

해설 : 책임성의 원칙이란, 사회복지조직은 서비스를 전달하도록 위임받은 조직이므로 그 전달에 대하여 책임을 져야 한다는 원칙이다.

Q9 민간 사회복지서비스 전달체계의 기능으로 적절하지 않은 것은?

① 다양한 사회복지서비스 프로그램의 개발
② **정부의 사회복지활동에 대한 지원단체 역할**
③ 민간의 사회복지 참여 욕구 수렴
④ 동종의 서비스에 대한 선택 기회 제공
⑤ 정부가 제공하는 서비스를 받지 못하는 수혜자 포용

해설 : 민간 사회복지조직은 비슷한 서비스를 제공하면서 정부기관의 활동과 서비스를 감시할 수 있으므로 정부에 서비스 개선 또는 도입을 위한 압력단체의 역할을 할 수 있다.

Q10 공공부조와 사회서비스는 아직 별도의 전담기구가 설치되지 않고 행정안전부의 지방행정 전달체계를 이용하고 있다. 이러한 공적 사회복지서비스 전달체계의 문제점으로 적절하지 않은 것은?

① **사회복지 전달체계에서 공공부문의 역할과 책임 범위가 직접 서비스 제공으로 확**

대되고 있다.
② 전달체계 내의 다양한 위원회들이 형식적으로 운영되고 있어 서비스의 효과성, 효율성 향상에 도움이 되지 못하고 있다.
③ 행정체계의 획일성으로 사회복지 담당자가 전문성을 발휘, 자율적으로 업무를 수행하기 어렵다.
④ 국민기초생활보장법 실시 이후 자산조사 등 전담공무원의 업무는 날로 과중해지고 있으나 인원의 보충은 부족한 상태이다.

해설 : 공공부문의 정책 수립 및 예산 지원은 확대되고 있으나, 직접 서비스는 민간부문이 대부분 맡고 있다.

Q11 다음과 같은 상황에서 요구되는 사회복지서비스 전달체계 구축의 가장 바람직한 원칙은?

〈 보 기 〉
A복지관을 찾은 B씨는 한부모가족의 여성가장이다. B씨는 9살 된 딸과 함께 아는 친척의 창고에서 생활하고 있다. 낮에는 편의점에서 일을 하고 저녁에는 대리운전을 하고 있다. B씨는 하루하루 돈벌이에 바빠 딸의 교육에는 전혀 신경을 쓰지 못하고 있다. 한편 B씨의 어머니도 지병에 시달리고 있으며, B씨 역시 건강이 좋지 못하다.

① 책임성　　　　　② 적절성　　　　　**③ 포괄성**
④ 전문성　　　　　⑤ 연속성

해설 : 주어진 사례는 클라이언트에게 다양한 문제가 동시에 발생하고 있는 상황이다. 이러한 클라이언트의 다양한 문제를 해결할 수 있는 포괄성을 갖춘 전달체계가 필요할 것이다. 그렇지 않을 경우 B씨는 어떤 부분은 충족하지만 다른 문제는 해결되지 않을 가능성이 높을 것이다.

Q12 개별 동사무소에 분산 배치되어 있던 사회복지사들을 하나의 복지사무소로 집중 배치하여 근무하게 될 경우, 사회복지 전달체계가 갖추어야 할 요건 중 가장 심대하게 위협받을 수 있는 원칙은?

① 충분성　　　② 전문성　　　**③ 접근용이성**　　　④ 책임성

해설 : 전달체계의 다양한 원칙 중 접근용이성은 클라이언트가 서비스에 얼마나 가까이 접근할 수 있는가에 대한 원칙으로 사회복지사들을 복지사무소로 집중 배치할 경우 클라이언트가 자신의 거주지에 가까이 있는 동사무소 보다는 거리가 멀어져 접근이 용이하지 않을 수 있다.

Q13 다음 중 옳지 않은 것은?

① 지방정부는 지역주민들의 욕구에 신속하게 대응하는 것이 가능하다.
② 중앙정부는 서비스를 독점적으로 공급함으로써 질 높은 서비스를 제공할 수 있다.
③ 중앙정부와 지방정부의 재원부담의 비중에 있어서 지방정부의 부담이 증가하면 지역 간 불평등을 야기할 수 있다.
④ 공공재의 공급은 중앙정부에서 제공하는 것이 유리하다.
⑤ 중앙정부는 변화하는 욕구에 융통성 있게 대응하기 어렵다.

해설 : 사회복지정책의 전달체계의 중요한 두 축은 중앙정부, 지방정부이다. 중앙정부는 공공재적 성격이 강한 서비스나 재화공급에 유리하고 사회보험과 같이 규모의 경제가 발생하는 부분에서 역할이 큰 반면, 독점적 공급에 따라 서비스 질이 저하될 수 있고 변화에는 욕구에 융통성 있게 대응하지 못한다는 단점이 있다. 지방정부는 지역주민의 욕구에 신속하게 대응할 수 있고, 서비스 수혜자들이 정책결정과정에 참여하기가 용이하나, 지역간 불평등으로 사회통합이 저해될 수 있고 규모의 경제 실현이 어렵다.

Q14 사회복지서비스 공급주체로서 지방정부에 대한 설명으로 적절하지 않은 것은?

① 지역주민의 욕구에 신속하게 대응할 수 있다.
② 지속성과 안정성을 보장할 수 있다.
③ 재정자립도에 따라 지역 간 격차가 심화될 수 있다.
④ 지역주민들의 정책결정과정 참여가 용이하다.
⑤ 대규모의 재정과 행정능력을 필요로 하는 사업을 진행하기는 어렵다.

▶ 제10장. 사회복지정책의 전달체계

해설 : 지방정부는 중앙정부에 비해 프로그램의 지속성과 안정성을 보장하기 어렵다. 지방정부는 ① 변화하는 욕구에 융통성있게 대응할 수 있고, ③ 지방정부간의 재정자립도의 차이가 서비스 공급에 있어서 불평등을 심화시킬 수 있으며, ④ 중앙정부에 비해 지방정부의 정책결정과정에 참여하는 것은 상대적으로 용이하다. 또한, ⑤ 사회보험과 같은 형태의 프로그램을 지방정부 차원에서 운영하는 것은 어렵다.

Q15 사회복지전달체계에서 중앙정부의 역할로 틀린 것은?

① 인간다운 생활보장
② 사회적 재분배와 평등의 가치 구현
③ 다양한 프로그램 통합 및 조정
④ 특수한 욕구에 적절하게 대응
⑤ 전국적으로 통합적인 서비스 제공

해설 : 특수한 욕구에 적절하게 대응하는 것은 중앙정부 보다는 민간부문의 역할로서 효과적이다. 중앙정부는 전국적인 프로그램을 통합, 조정하고 안정적이고 지속적으로 운영하는데 있어서 큰 역할을 한다. 또한 조세제도와 다양한 정책 등을 통해서 사회적 재분배와 평등의 가치를 실제로 구현해내는 역할을 맡을 수도 있다. 무엇보다 국민의 인간다운 생활을 보장하는데 일정한 책임을 가지고 있다.

Q16 다음 중 민간 사회복지기관의 필요성으로 옳은 것은?

〈 보 기 〉

| 가. 국가의 사회복지 재정 축소 | 나. 서비스의 다양화 |
| 다. 서비스의 선도적 개발 및 보급 | 라. 지속적이고 안정적인 서비스 제공 |

① 가나다　　　　② 가다　　　　③ 나라
④ 라　　　　　　　⑤ 가나다라

해설 : 지속적이고 안정적인 서비스 제공은 공공 사회복지전달체계의 장점이다. 예를 들어, 국민기초생활보장사업은 국가나 지자체의 예산으로 수행되기 때문에 지속성과 안정성이 필요하다.

Q17 클라이언트에게 여러 서비스들이 누락되지 않고 제공되기 위해 애썼을 경우 무엇에 해당하는가?

① 적절성　　② 적정성　　**③ 통합성**　　④ 포괄성　　⑤ 지속성

해설 : 통합성은 클라이언트의 다양한 문제해결을 위해 필요한 서비스 프로그램들은 중복되거나 누락됨이 없이 서로 연관되어야 한다는 사회복지서비스 전달체계의 원칙이다.

※ 보충 설명
㉠ 적절성 : 사회복지서비스는 그 양과 질에 제공하는 기간이 클라이언트나 소비자의 욕구 충족과 서비스 목표달성에 충분하여야 한다.
㉡ 적정성 : 문제의 해결정도를 의미하며 문제를 일으킨 욕구, 가치, 기회를 만족시키는 효과성의 수준 정도
㉢ 포괄성 : 사람들의 욕구는 복잡하고 다양하기 때문에 다각도의 서비스를 필요로 한다.
㉣ 지속성 : 한 개인이 필요로 하는 다른 종류의 서비스와 질적으로 다른 서비스를 지역사회내에서 계속적으로 받을 수 있도록 서비스들이 상호 연계되어야 한다.
㉤ 전문성 : 사회복지서비스의 핵심적인 업무는 반드시 객관적으로 자격이 인정된 전문가가 담당하여야 한다.

Q18 우리나라 사회복지서비스 전달체계의 동향으로 옳지 않은 것은?

① 민간서비스가 공공으로 이전
② 사회서비스분야에 영리조직 참여 증가
③ 전달체계의 한 대안으로 시장화
④ 민간협의기제 강조
⑤ 수평적 네트워크체계에 의한 조직간 관계가 중요

해설 : 최근 우리나라의 사회복지서비스 전달체계는 지방분권화와 국가의 재정지원 축소에 따라 사회복지의 책임이 공공에서 민간으로 많이 이전되어 왔고, 사회복지서비스 분야가 다양화, 영리화 되어가고 있으며, 협의회 등 민간협의체를 강조하는 추세에 있다. 특히 사회복지서비스 전달체계에 있는 사회복지조직들이 수평적 관

계를 중요시하고 있다.

Q19 사회복지 전달체계를 통합하는 방법이 아닌 것은?

① 사례관리 실시 ② 기관 간 네트워크 구축 **③ 아웃리치 시행**
④ 인테이크 창구의 단일화 ⑤ 거점조직 창설

해설 : 종합서비스센터는 장애인종합복지관, 지역종합복지관처럼 하나의 서비스 분야를 두고서 복수의 서비스가 제공될 수 있도록 하는 것이고, 트래킹(tracking)은 서로 다른 각각의 기관과 프로그램에서 다루었던 클라이언트에 대한 정보를 서로 공유할 수 있게 하는 시스템이다.

제11장 사회보장의 일반적 이해

1. 사회보장[102]의 개념

1) 미국의 사회보장법(1935)
   ① 사회보장(social security)이라는 용어는 1929년 세계대공황을 극복하기 위한 개량주의의 일환으로 제정된 1935년의 미국의 사회보장법[103][104]에서 비롯되었음(원석조, 2019: 349; 현외성, 2018: 13; 원석조, 2014: 219; 최일섭·최준보, 2012: 155; 이준영·김제선, 2012; 22; 정무성 외, 2010: 123; 김세돈, 2011: 11-12: 노병일, 2002: 17; 오봉욱 외, 2015: 134; 이상은 외, 2019: 20-21; 임우석 외, 2012: 234). 이때 '사회보장'이라는 용어를 공식적으로 사용한 사람은 미국의 루즈벨트 대통령인데, 1934년 미국 의회에서 자신이 제창한 뉴딜정책을 설명[105]하면서 이 용어를 처음으로 사용함(현외성, 2018: 38; 이상은 외, 2019: 20-21; 배기효 외, 2010: 163; 강용규 외, 2007: 197; 김세돈, 2011: 12; 박석돈, 2002: 15-16).
   ② 이후 사회보장이라는 용어는 제2차 세계대전 후 국제노동기구(ILO)의 사회보장의 길(Approach to Socia Security)과 영국의 Beveridge 보고서[106] 및 프랑스 라로크(Laroque) 계획 등이 발표되고 난 후 오늘날 각국에 널리 사용하게 되고 있음(원석조, 2019: 350-353; 양정하 외, 2013: 17; 현외성, 2018: 13-14; 이상은 외, 2019: 21; 오봉욱 외, 2015: 134; 신원식 외, 2011: 163; 강용규 외, 2007: 197-198).

---

102) 사회보장의 성립배경과 변천과정에 대한 구체적 내용에 대해서는 박석돈(2002: 23-41)을 참고하기 바람.
103) 미국의 사회보장법(1935)에서는 사회보장을 "일반복지의 증진을 위해 연방정부가 관장하는 노령급여제도를 실시하고, 주정부가 관장하는 노인, 맹인, 요보호아동, 장애아동을 위한 복지, 모자복지, 공중보건, 실업보상법의 관리운영을 지원하며, 사회보장청의 신설과 재정조달 및 기타 목적을 추진하기 위한 것"이라고 하였음(Douglas, 1936: 327; 최일섭·최준보, 2012: 156). 미국의 사회보장법(1935)의 주요 내용에 대해서는 양정하 외(2013: 70)을 참고하기 바람.
104) 미국의 사회보장법에 대한 개략적인 요약 내용은 박현식 외(2018: 83)과 이준영·김제선(2012: 96-98)을 참고하기 바람.
105) 박상하 외(2007: 132)는 거의 모든 국가들이 1930년대 대공황을 타개하기 위해 내놓은 정책들이 오늘날 사회보장정책의 근간이 되었다고 한다. 또한, 1942년 Beveridge 보고서에 입각한 영국의 사회보장제도와 1945년 라로크(Laroque) 계획에 입각한 프랑스의 사회보장제도를 위시해 제2차 세계대전 이후 많은 국가들이 사회보장 프로그램을 실시하게 되었다(박차상 외, 2006: 179).
106) 영국의 베버리지 보고서에 대한 개략적인 요약 내용은 박현식 외(2018: 82)과 이준영·김제선(2012: 98-100)을 참고하기 바람.

2) 독일의 사회입법을 통한 사회복지정책
   ① 사회보장 이라는 용어가 제도적으로는 1935년 미국의 사회보장법에 기원을 두고 있지만 사회보장의 내용이 되는 실질적인 제도는 1880년대 독일의 사회입법에서 출발함(현외성, 2018: 29; 원석조, 2014: 219; 최일섭·최준보, 2012: 155; 원석조, 2004: 21; 정무성 외, 2010: 123; 김세돈, 2011: 12).
   ② 독일은 1883년 질병(건강)보험, 1884년 재해(산재)보험, 1889년 노령폐질보험(연금) 등107)의 사회보험제도를 처음으로 실시함으로써 사회보장의 실질적 내용을 처음으로 실시한 나라인데, 독일의 경우 사회보장이라는 용어 보다는 사회정책 또는 사회복지정책 이라는 용어를 사용하였음(현외성, 2018: 30; 임우석 외, 2012: 234).

3) 우리나라의 사회보장기본법(1995)
   ① 우리나라는 1960년 제4차 개정헌법에서 처음으로 "국가의 사회보장에 관한 노력"을 규정하였고, 1963년 11월 법률 제1437호로 전문 7개조의 "사회보장에 관한 법률"을 제정한 바 있음(김세돈, 2011: 12-13). 그 후 1980년 10월 개정된 헌법에서 사회보장이라는 용어를 최초로 사용함(박석돈, 2006: 18; 박석돈, 2002: 16).
   ② 사회보장기본법 제3조 제1호 : 사회보장이란 질병·장애·노령·실업·사망 등 각종 사회적 위험으로부터 모든 국민을 보호하고, 빈곤을 해소 하며 국민생활의 질을 향상시키기 위하여 제공되는 사회보험·공공부조·사회서비스 및 관련 복지제도를 말함. 다시 말해서, 자본주의 사회에서 사람들이 직면하는 생활상의 위험에 대해 법으로 정해진 일정한 사회적 급부(현금, 현물, 서비스 등)를 제공하는 사회제도 또는 사회적 장치임(이인재 외, 1999: 23; 박석돈 외, 2010: 81).
   ③ 우리나라의 사회보장체계 : 사회보험, 공공부조, 사회서비스 및 관련 복지제도 등(노병일, 2016: 373; 이준영·김제선, 2012: 40-43)
      ㉠ 우리나라의 사회보장제도의 구성 비교 : 박차상 외(2006: 182), 임우석 외(2012: 239) 참고
      ㉡ 우리나라의 사회보장제도의 관련 분야 및 근거법률 : 박경일 외(2007: 291-292), 박상하 외(2007: 132-133), 임우석 외(2012: 239) 참고
   ④ 우리나라 사회보장의 기본원칙(양정하 외, 2016: 222)

---

107) 독일의 사회보험제도에 대한 개략적인 요약 내용은 박현식 외(2018: 81)을 참고하기 바람.

- 보편성의 원칙, 사회적 최저수준의 보장과 급여이 충분성 원칙, 국가책임의 원칙, 행정의 민주 원칙

4) 사회적 위험108)별 사회보장의 범위(현외성, 2018: 87-88, 〈표 5-2〉 한국의 사회보험 현황; 현외성, 2018: 90 〈표 5-5〉 공공부조제도의 종류 참조; 김세돈, 2011: 13; 이상은 외, 2019: 58-59)
① 빈곤 ⇒ 공적연금제도, 공공부조제도(국민기초생활보장제도)
② 노령, 장애, 사망 ⇒ 공적연금제도, 산업재해보상보험제도
③ 질병, 사고 ⇒ 국민건강보험제도, 산업재해보상보험제도 / 의료급여제도
④ 실업 ⇒ 고용보험제도
⑤ 저임금 위험 ⇒ 최저임금제도
⑥ 사회문제 예방. 완화 ⇒ 사회서비스 및 관련 복지제도

2. 사회보장의 기능109)

1) 사회보장의 순기능과 역기능(김세돈, 2011: 44-45)
① 순기능 : 사람들의 생존과 관계되는 기초적 욕구를 충족하여 생존권을 보장함에 있어 중요한 역할을 수행, 특히 복지국가에서의 사회보장급여는 국민경제에 커다란 비중을 차지하고 있어 정치, 경제 등에도 중요한 영향을 주고 있음.
② 역기능 : 사회보장이 너무 확대되면 사회보장비용 확보를 위한 재원이 필요하게 되

---

108) 사회적 위험의 개념 규정, 즉 그 범위에 대해서 Beveridge(1942: 12-14)는 나태, 무지, 결핍, 불결, 질병 등 5대 사회악을, ILO(1952: www.ilo.org)는 의료, 질병, 실업, 노령, 산업재해, 자녀양육, 직업능력 상실, 임신과 분만, 부양자(사정)의 사망 등을, 그리고 Myers(1993, 6-7)는 급여의 제공기간에 따라 장기는 노령, 부양의무자의 사망, 장애, 가족수당을, 단기는 실업, 질병, 의료, 출산을, 혼합은 산업재해 등으로 제시하고 있다. 그리고 사회적 위험과 사회복지에 대한 전반적 이해를 위해서는 Holzmann & Jorgensen(2001: 529-556)와 권혁창 외(2017: 73-92) 등을 참고하기 바람. 권혁창 외(2017: 89-91)는 최근 나타나고 있는 주요한 사회적 위험으로 고용 불안정성을 높이는 고용 패턴의 변화에 따른 노동시장의 위험, 가족의 불안정과 직업과 가정 간 양립의 딜레마로 인한 가족 위험, 고령화에 따른 생애주기 위험 등을 제시하고 있다.
109) 사회보장의 기능(순기능과 역기능)에 대해서는 현외성(2018: 53-62), 노병일(2016: 369-372), 김안호 외(2006: 165-166), 박차상 외(2006: 183-184), 박경일 외(2007: 288), 이상은 외(2019: 38-44), 강용규 외, 2007: 200-202), 임우석 외(2012: 241), 김준규 외(2011: 215-216), 임봉호 외(2010: 187-190), 김태성·김진수(2004: 74-81), 박석돈(2002: 53-58) 등의 '사회보장의 기능'을 재구조화하여 제시함.

어 세금부담이 늘어나 근로의욕을 감소시킬 수 있으며, 개인의 저축을 감소시키고 투자자원이 줄어들어 낮은 생산성을 보이거나 경제의 안정적인 성장에 저해를 가져옴.

2) 국민의 생존권과 최저생활 보장 기능(김태성·김진수, 2005: 75; 강희갑 외, 2007: 22; 김세돈, 2011: 45-46)
 - 생존권은 기본적 인권이며, 인간이기 때문에 무조건적이고 동등하게 보장받아야 할 권리

3) 국민생활과 경제의 안정 기능(모지환 외, 2005: 41; 김세돈, 2011: 48)
 - 경제 불황에 따른 사회보장급여를 확대하여 실업 등에 의한 소득의 감소와 소비수요의 저하를 완화시키며, 경기가 좋을 때는 실업수당이나 생계비용 지출을 감소시켜 경기변동의 안정화에 기여

4) 소득의 재분배 기능
 (1) 소득재분배는 "한 개인 또는 한 집단으로부터 다른 개인이나 집단으로 이전(transfer)되는 소득 또는 소득으로 간주되는 급여"(Webb & Sieve, 1971: 11), "물질적·비물질적 자원을 부자→빈민, 한 인종집단→다른 인종집단, 근로 연령층→은퇴 연령층 등으로 이전하는 것"(Titmuss, 1974: 26), 따라서, 소득재분배는 사회보장의 기본 목적이므로 소득재분배의 효과를 나타내지 못하면 사회보장으로서의 가치가 없음(박석돈, 2006: 54).
 (2) 소득재분배 기능(효과)[110]
   ① 수직적 재분배 : 고소득자로부터 저소득자로 소득이 재분배 되는 것
   ② 수평적 재분배 : 동일한 소득계층 내에서 일하고 있는 사람→일할 수 없게 된 사람, 취업자→실업자, 사고를 당하지 않은 사람→사고를 당한 사람에게로 소득이 재분배 되는 형태
   ③ 세대간 재분배 : 근로세대와 노령세대, 현재 세대와 미래 세대 간의 소득을 재분

---

110) Webb & Sieve(1971: 11-12)은 사회보장의 소득재분배 효과를 수직적 재분배, 수평적 재분배, 우발적 재분배 등으로 분류하고, Titmuss(1974: 88)는 소득재분배가 일어나는 시간을 기준으로 장기적 재분배와 단기적 재분배로 분류하여 설명하고 있다. 이에 대한 구체적인 내용은 원석조(2012: 38-39), 강희갑 외(2007: 21-22), 박석돈(2002: 69-76) 등을 참고하기 바람.

배하는 형태로서, 가장 대표적인 것이 공적연금 제도

<표 11-1> 소득재분배의 유형

시간	단기적 재분배	① 사회적 욕구의 충족을 위해 현재의 자원을 사용하여 소득재분배 ② 대표적인 예 : 공공부조
	장기적 재분배	① 생애에 걸쳐, 세대에 걸쳐 이루어지는 소득 재분배 ② 대표적인 예 : 국민연금
계층 구조	수직적 재분배	① 소득이 높은 사람 → 소득이 낮은 사람으로 재분배 ② 대표적인 예 : 건강보험, 누진적 소득세
	수평적 재분배	① 특정한 조건을 가진 사람들에게 급여하는 경우의 재분배 ② 동일 소득 계층 내의 재분배 ③ 대표적인 예 : 가족수당(전 국민이 동일하게 세금을 부담하되 부양가족이 있는 경우 수령), 건강보험(건강한사람 → 건강하지 못한 사람에게로 재분배)
세대	세대내 재분배	① 동일한 세대 내에서의 재분배 ② 대부분 단기적 재분배, 수직·수평적 재분배는 세대 내에서 일어난다.
	세대간 재분배	① 앞 세대와 먼 후손 세대 간의 재분배 ② 주로 부과방식으로 운영되는 공적 연금제도에서 나타난다.

※ 출처 : 이인재 외(2002: 97)의 연구를 참고한 오봉욱 외(2015: 135-136), 배기효 외(2010: 166)를 재인용, 구성함.

5) 사회통합 기능(채구묵, 2009: 31-32)

① 사회적 위험에 노출된 수많은 사람들에게 기본적인 생활을 보장하여 사회통합(연대)을 강화

② 사회보장제도는 사회연대성과 사회통합 기능을 증진시켜서 정치적 안정을 도모

3. 사회보험과 공공부조의 비교(김종명 외, 2010: 262)

- 사회보험과 공공부조는 대상, 재원, 수급권, 급여, 자산조사의 필요성 등에 따라 차이점을 가짐.

<표 11-2> 사회보험과 공공부조의 차이점 비교

구분	사회보험	공공부조
목적[1]	재해, 소득의 단절 등에 대처하기 위한 성원들의 생활보장	기본적 생활권을 국가의 책임하에 보호
보호대상	국민(능력이 있는자)	빈곤층(근로능력이 없는자)
원칙	강제가입의 원칙, 능력부담의 원칙, 공동부담의 원칙	개별보상의 원칙, 공비부담의 원칙
효과	상부상조의 효과가 크다	소득 재분배 효과가 크다
문제점	보험료 부담 능력이 없는 사람	열심히 일하지 않고 국가의 보호만 기대
시작	1883년 독일 사회보험	1601년 영국의 구빈법
추세	비중이 증가	비중의 감소
대표적인 제도	의료보험, 연금보험, 산재보험, 고용보험	국민기초생활보장법, 의료보호, 재해구호
급여의 양	예상	예상불가
자산조사	불필요	필수요건

※ 주1) : 사회보험이 빈곤을 예방하고 모든 계층의 경제적 비보장을 경감시키는데 목적이 있다면, 공공부조는 빈곤을 완화하는데 목적이 있음(Kingson & Berkowitz, 1993: 14-15).
※ 출처 : Rejda(1999: 35-36), Friedlander & Apte(1980: 51-53), 현외성(2016: 340), 노병일(2016: 406-407), 현외성(2018: 93, <표 5-6>), 원석조(2019: 376), 양정하 외(2016: 227-228), 원석조(2014: 316-318), 이준영·김제선(2012: 117-118, 120 <표 4-3>참고), 정무성 외(2010: 131), 배기효 외(2010: 220), 이진숙 외(2010: 330-331), 강용규 외(2007: 2004), 김세돈(2011: 38), 임봉호 외(2010: 236-237), 강희갑(2007: 278), 박석돈(2002: 124-125) 등을 참고하여 재정리하였음.

<표 11-3> 선별주의와 보편주의의 차이점 비교

비교 항목	선별주의	보편주의
1. 서비스근거	개인적 욕구	사회적 권리
2. 자산조사	필요함	불필요함
3. 대상	필요한 선택된 사람	전 국민 대상

비교 항목	선별주의	보편주의
4. 장점	①불필요한 의존심을 키우지 않음 ②서비스를 도움이 필요한 사람에게 집중하여 효과 제고 ③자금 및 자원의 낭비가 적음(비용효과성)	①최저소득 보장으로 빈곤 예방 ②인권침해 없음(낙임×) ③행정 및 시행절차 간단 ④복지서비스의 균일성 보장 ⑤구매력이 유지되므로 경제적 안정과 성장에 기여 ⑥사회적 일체성, 인간존엄성 보존(사회적 효과성)
5. 단점	자산조사로 낙인이 부여, 수급자격이 있어도 제도 이용하지 않음→사회통합 저해	①욕구가 약한 중고소득층까지 수급자격이 주어지므로 비용이 많이 들고, 소득재분배 효과 낮음 ②제한된 자원으로 꼭 필요한 부분에 사용하는데 한계

※ 출처 : 윤철수 외(2008: 173-174), 배기효 외(2010: 169) 등을 재인용

4. 사회보험과 민간보험의 비교

① 사회보험은 위험의 분산과 공동부담이라는 보험의 특성을 가지는 동시에 국가에 의해 강제적으로 가입되고 급여에 대한 권리가 법적으로 보장된다는 측면에서 자율적 가입과 계약에 의해 권리가 보장되는 민간보험과는 구분됨(원석조, 2019: 366-370; 이인재 외, 1999: 23).

② Rejda(1999: 30-32, 32-33)와 원석조(2014: 237)는 사회보험과 민간보험의 공통점을 '보험'이라는 장치에 두고, 사회보험의 보험요소를 위험분산, 손해의 우연성, 위험의 이전, 배상 이라고 지적하였고, 더 나아가 사회보험과 민간보험의 공통점을 ⓐ 위험의 이전과 분산, ⓑ 가입대상, 급여, 재정 등과 관련된 모든 조건을 특정화, ⓒ 급여자격과 총액에 대한 정확한 수학적 계산, ⓓ 프로그램 운영에 필요한 비용을 충당하기에 충분한 보험료와 보험료 지급을 전제, ⓔ 사전에 결정된 급여, ⓕ 가입자의 경제적 보장 등으로 제시하고 있음.

<표 11-4> 사회보험과 민간보험(사보험)의 차이점 비교

구분	사회보험	민간보험
제도의 목적	최저 생계보장 또한 기본적 의료 보장	개인적 필요에 따른 보장
보험가입	강제가입	임의가입
보험보호대상	질병, 분만, 산재, 노령, 실업, 폐질에 국한	발생위험률을 알 수 있는 모든 위험
수급권	법적 수급권	계약적 수급권
독점/경쟁	정부 및 공공기관 독점	자유 경쟁
보험료 부담 방식	주로 정률제	주로 정액제
인플레이 대처	조세제도 이용	인플레이 취약
보험자의 위험선택	불가능	가능
급여수준	균등 급여	차등 급여(기여 비례보상)
보험사고대상	주로 인보험	주로 물보험
성격	집단보험	개별보험
프로그램 운용비용	관리비용 적게듦	관리비용 많이듦

※ 주 : 사회보험과 사보험의 차이점은 국민건강보험과 현재 많은 비판을 받고 있는 의료민영화를 비교해 보면 알 수 있음.
※ 출처 : Rejda(1999: 33), Kingson & Berkowitz(1993: 19-20), Beveridge(1942: 12-14), 류기형 외(2018: 199), 원석조(2019: 367-369), 권혁창 외(2017: 81-82), 노병일(2016: 383-385), 원석조(2014: 240), 김태성·김진수(2005: 66), 권육상 외(2010, 서보준 외(2013: 146) 재인용), 현외성(2018: 84-86), 나직균 외(2011: 252), 임정문 외(2016: 234), 이준영·김제선(2012: 60-63), 배기효 외(2010: 171-173), 임봉호 외(2010: 202-203), 강용규 외(2007: 227), 김태성·김진수(2004: 170-172), 황인옥 외(2006: 233), 김세돈(2011: 33-34) 등을 종합적으로 참고하여 표로 구조화하였음.

평가하기

Q1 사회보장기본법에 의한 사회보장제도의 비용부담에 대한 원칙으로 옳지 않은 것은?

① 사회보장비용의 부담은 각각의 사회보장제도의 목적에 따라 국가, 지방자치단체 및 민간부문 간에 합리적으로 조정되어야 한다.
② 부담 능력이 있는 국민에 대한 사회서비스에 드는 비용의 전부는 국가와 지방자치단체가 부담한다.
③ 사회보험에 드는 비용은 사용자, 피용자 및 자영업자가 부담하는 것을 원칙으로 하되, 관계 법령에서 정하는 바에 따라 국가가 그 비용의 일부를 부담할 수 있다.
④ 공공부조에 드는 비용의 전부 또는 일부는 국가와 지방자치단체가 부담한다.
⑤ 관계법령에서 정하는 일정 소득 수준 이하의 국민에 대한 사회서비스에 드는 비용의 전부 또는 일부는 국가와 지방자치단체가 부담한다.

해설 : ② 부담 능력이 있는 국민에 대한 사회서비스에 드는 비용은 그 수익자가 부담함을 원칙으로 하되, 관계 법령에서 정하는 바에 따라 국가와 지방자치단체가 그 비용의 일부를 부담할 수 있다.

Q2 다음 중 사회적 위험에 대한 설명으로 옳은 것은?

① 사회적 위험은 노령, 장애, 질병처럼 항상 고정되어 있다.
② 울리히 백은 사회적 위험이 만연한 것을 '위험군집 국가'로 표현했다.
③ 국가는 사회적 위험으로 규정된 위험에 대해 일정한 책임성을 가져야 한다.
④ 저출산의 문제는 개인적 책임이고 양육의 문제는 사회적 책임이다.

해설 : 사회적 위험은 한 사회가 그 위험이 사회적이라고 인정한 위험이다. 따라서 위험의 책임과 원인이 공적인 것에 있다는 것을 의미한다. 따라서 이것은 항상 고정된 것이 아니라 사회적으로 결정된다. 울리히 백은 현대 사회를 '위험사회'로 규정하고 위험에 대해 사회적 차원에서 적극적으로 대응할 것을 요구했다.

Q3 다음 중 사회보장의 기능에 대한 설명으로 옳은 것은?

① 사회보장은 일하지 않아도 주는 것이기 때문에 경제적 기능은 매우 약하다.

② 사회보장은 사회임금을 통해 소득재분배의 기능을 갖는다.
③ 사회보장은 사회보장을 둘러싼 갈등으로 사회통합을 저해한다.
④ 사회보장은 정치적 합의보다는 대통령의 판단에 따라 결정된다.

해설 : 사회보장은 노동력을 재생산하고 유효수요를 창출하는 등 경제적 기능을 한다. 또한 소득재분배를 통해 사회통합과 정치사회적 안정을 가져오는 경향이 있다. 이처럼 사회보장은 소득이전을 기본 내용으로 하고 있기 때문에 사회적 합의를 필요로 한다.

Q4 다음 중 사회보장에 대한 설명으로 틀린 것은?
① 사회임금이 높은 사회일수록 사회보장이 보장될 가능성이 높다.
② 사회복지, 사회정책, 사회안전망 등의 사회보장관련 개념들은 모든 나라에서 동일하게 적용되지는 않는다.
③ 사회보장은 사회적 위험에 대한 대응이고 그 내용과 방향은 각 나라에 따라 차이를 갖는다.
④ 사회보장제도는 국가만이 운영한다.

해설 : 사회보장은 각 나라의 역사, 세력관계, 칠힉을 반영하여 결정된다. 따라서 각 나라에 따라 상이한 개념, 제도, 방향을 갖고 있다. 따라서 사회보장은 각 국가에 따라 운영주체가 다르다.

Q5 다음 중 사회보장제도의 위기와 관련하여 옳은 것은?
① 사회보장의 위기는 정치인들의 부패 때문에 주로 발생한다.
② 민영화는 사회보장제도의 위기를 해소하는데 기여한다.
③ 사회보장제도의 위기는 어느 나라에서나 동일하게 나타나고 있다.
④ 사회보장의 위기는 복합적인 원인에 따르며 그 중에 권력관계변화도 한 요인이다.

해설 : 사회보장제도의 위기는 복합적인 원인을 갖고 있으며, 나라에 따라 상이할 수 있다. 민영화는 위험에 대한 대응을 민간화하기 때문에 사회보장제도의 위기를 더욱 심화시킬 우려가 있다.

Q6 다음 중 민간보험과 사회보험에 대한 설명으로 옳은 것은

① 민간보험과 사회보험의 공통점은 전혀 없다.
② 민간보험 가입은 강제적인 경우가 많지만, 사회보험의 가입은 능력의 원칙에 따른다.
③ 민간보험은 개인이 보험료를 내는데 비해 사회보험은 정부가 전액 부담한다.
④ **민간보험은 영리가 주로 목적이라면 사회보험은 기본적으로 연대의 정신에 기반한다.**

해설 : 민간보험과 사회보험은 보험이라는 측면에서 공통점이 있다. 민간보험이 개인과 민간회사가 계약에 따라 성립되고 이를 통해 민간회사가 영리를 목적으로 운영된다면, 사회보험은 강제가입이고 사회적 연대성에 기반하여 운영된다. 둘 사이의 차이는 아래 표를 참조하여 더 깊이 이해될 수 있다.

[표] 사회보험과 공적부조의 비교

	사회보험	공공부조
공적 부조	예상가능	예상불가
욕구조사 자산조사	불필요	필요
재원	지정된 조세. 기여금	일반조세
수혜자	참여자가 피보험자이며, 특정시점부터 일부만 수혜자가 됨.	직접 참여하는 모두 수혜자임
스티그마	스티그마가 없고 권리로 인정됨.	스티그마가 있어 신청기피의 소지가 있음
대상	근로능력이 있는 사람을 위한 제도.	근로능력이 없는 사람을 원조하기 위한 제도

Q7 다음 중 장애(해)로 인한 소득상실에 대한 소득보장제도가 아닌 것은?

① 국민연금 ② 장애수당 ③ 산재보험
④ 근로자재해보상 ⑤ **고용보험**

해설 : ⑤ 고용보험은 실업으로 인한 소득상실에 대비한 소득보장제도이다.

Q8 다음 중 민간보험의 특징에 해당하는 것은?
① 강제적·비선택적 가입
② 최저생활을 고려한 보호수준
③ 사회적 적합성의 원리에 입각
④ **물가상승에 대한 보장이 어려움**
⑤ 평균적 위험정도와 소득수준에 따라 보험료 부과

해설 : ④ 사회보험은 물가상승에 의한 실질가치의 변동을 보장하는 반면, 민간보험은 물가상승에 대한 보장이 어려움.

Q9 현재의 사회적 욕구를 해결하기 위한 시간적으로 단기간 안에 이루어지는 소득의 재분배 형태가 아닌 것은?
① 고용보험   ② 공공부조   ③ **국민연금**
④ 건강보험   ⑤ 산재보험

해설 : 단기적 재분배의 대표적인 제도는 공공부조, 건강보험, 산재보험, 고용보험등이 있다. 국민연금은 장기적 재분배 제도임.

Q10 소득재분배 정책 중 집단 내 위험발생에 따른 재분배(예를 들어 건강보험제도는 동일 소득계층 내에서 건강한 사람으로부터 질병이 있는 사람으로의 소득재분배임)를 무엇이라 하는가?   ① **수평적 재분배** / ② 수직적 재분배

해설 : 수직적 재분배는 고소득층에서 저소득층으로의 소득이전이며, 주로 공공부조에 의해 수행된다.

Q11 사회보장의 기능이 아닌 것은?
① 국민의 생존권 보장   ② **최적생활보장**   ③ 국민생활과 경제의 안정 기능
④ 소득의 재분배 기능   ⑤ 사회통합 기능

해설 : 사회보장의 기능 중 최적의 생활보장이 아닌 최저의 생활보장의 기능

Q12 사회보험의 특징에 대한 설명이다. 옳지 않는 것은?

① 사회보험은 소득재분배를 지향한다.
② 사회보험 가입 대상자들 사이에 사회적 연대가 강화된다.
③ **사회보험의 가입은 비강제적이다.**
④ 사회보험은 인플레이션으로부터 가입자를 보호할 수 있다.

해설 : 사회보험은 전 국민을 대상으로 하기에 강제성이 있다.

Q13 공공부조와 사회보험에 대한 설명 중 틀린 것은?

① **공공부조는 비례원리를 강조하고 사회보험은 평등주의를 강조한다.**
② 공공부조는 사후적 대책이고 사회보험은 사전적 대책이다.
③ 공공부조의 재원은 일반조세이다.
④ 사회보험의 급여수준은 적정선을 지킨다.

해설 : ① 공공부조는 평등주의의 원리에 따르고, 사회보험은 형평주의(비례원리 강조)를 따른다.

Q14 우리나라의 사회보장제도의 특징으로 옳지 않은 것은?

① **전체적으로 영미형의 틀을 가지고 있으며, 기여에 있어서 사용자와 근로자가 부담을 하고 있다.**
② 도입초기 때 재정문제로 말미암아 기여가 가능한 대상자부터 사회보장을 실시했다.
③ 당연적용 대상자들이 소외됨으로써 역복지적 성격을 가진다.
④ 제도 도입이 정치적 필요성에 의해 단편적으로 이루어져, 제도의 일원화, 통합화 되어 있지 않다.

해설 : ① 전체적으로 대륙형을 띠고 있으며, 기여에 있어서 사용자와 근로자가 부담을 하고 있다.

▶ 제11장. 사회보장의 일반적 이해

Q15 우리나라 사회보장기본법에서 정의한 사회보장의 범위에 해당하지 않는 것은?

① 공공부조　　　② **복지재정**　　　③ 관련복지제도　　　④ 사회보험

해설 : 우리나라의 사회보장기본법(1995) 제3조 제1호에 의하면, 사회보장이란 질병·장애·노령·실업·사망 등 각종 사회적 위험으로부터 모든 국민을 보호하고, 빈곤을 해소 하며 국민생활의 질을 향상시키기 위하여 제공되는 사회보험, 공공부조, 사회서비스 및 관련 복지제도를 말한다.

Q16 다음 중 사회보장제도에 설명으로 옳지 않은 것은?

① 사회보장 청구권자는 자연인만이 될 수 있으며, 법인은 본질적으로 사회보장청구권자가 될 수 없다.
② 사회보험은 사회적 위험을 보험방식으로 대처하여 국민의 건강과 소득을 보장하는 것이다.
③ 공공부조는 국가 또는 지방자치단체의 책임하에 생활유지능력이 없거나 생활이 어려운 국민의 최저생활을 보장하고 자립을 지원하는 것이다.
④ **공공부조는 사회보험에 대한 보완적 성격을 가지나 양자는 공히 조세수입 등에 의한 일반재원에 주로 의존한다.**

해설 : ④ 공공부조는 일반재원에 의존하지만, 사회보험은 피보험자와 사용주의 부담에 의존한다. 또한, 공공부조는 법률에 규정에 의하여 엄격한 통제가 이루어지므로 행정청의 판단이 개입될 여지가 없지만, 사회보험은 상대적으로 법률의 규정이 엄격하지 않는 것이 특징이다.

Q17 공공부조와 사회보험에 대한 설명 중 틀린 것은?

① **공공부조는 비례원리를 강조하고 사회보험은 평등주의를 강조한다.**
② 공공부조는 사후적 대책이고 사회보험은 사전적 대책이다.
③ 공공부조의 재원은 일반조세이다.
④ 사회보험의 급여수준은 적정선을 지킨다.

해설 : ① 공공부조는 평등주의의 원리에 따르고, 사회보험은 형평주의(비례원리 강조)를 따른다.

Q18 현행 우리나라 사회보장기본법에서 정의하는 사회보장의 영역으로 옳은 것은?

① **사회보험, 공공부조, 사회서비스**
② 사회보험, 공공부조, 사회복지서비스, 관련 복지제도
③ 사회보험, 공공부조, 사회복지서비스, 사회수당
④ 사회보험, 공공부조, 사회복지서비스, 사회수당, 관련 복지제도
⑤ 사회보험, 공공부조, 사회서비스, 사회수당, 사회보훈, 관련 복지제도

해설 : 사회보장기본법 제3조(정의)에 의하면, 사회보장은 출산, 양육, 실업, 노령, 장애, 질병, 빈곤 및 사망 등의 사회적 위험으로부터 모든 국민을 보호하고 국민 삶의 질을 향상시키는 데 필요한 소득·서비스를 보장하는 사회보험, 공공부조, 사회서비스를 말한다.

Q19 현재 시행되고 있는 복지제도에 대한 설명으로 옳은 것은?

① 국민기초생활보장제도는 수급권자 본인이 신청하지 않으면 수급권이 주어지지 않는다.
② 국민연금의 노령연금 수급연령은 90세까지이다.
③ **노인장기요양보험은 65세 미만이어도 요양등급을 받으면 혜택을 받을 수 있다.**
④ 고용보험은 실업사유와 상관없이 모든 실업자는 실업급여를 받을 수 있다.

해설 : 공공부조와 사회보험 수급 요건
  (1) 국민기초생활보장법 제21조(급여의 신청)
    ① 수급권자와 그 친족, 그 밖의 관계인은 관할 시장·군수·구청장에게 수급권자에 대한 급여를 신청할 수 있다. 차상위자가 급여를 신청하려는 경우에도 같다.
    ② 사회복지 전담공무원은 이 법에 따른 급여를 필요로 하는 사람이 누락되지 아니하도록 하기 위하여 관할지역에 거주하는 수급권자에 대한 급여를 직권으로 신청할 수 있다. 이 경우 수급권자의 동의를 구하여야 하며 수급권자의 동의는

수급권자의 신청으로 볼 수 있다.
(2) 국민연금법 제61조(노령연금 수급권자) : 가입기간이 10년 이상인 가입자 또는 가입자였던 자에 대하여는 60세(특수직종근로자는 55세)가 된 때부터 그가 생존하는 동안 노령연금을 지급
(3) 노인장기요양보험법 : "노인 등"이란 65세 이상의 노인 또는 65세 미만의 자로서 치매·뇌혈관성질환 등 대통령령으로 정하는 노인성 질병을 가진 자를 말한다.
(4) 고용보험법 제40조(구직급여의 수급 요건) : 구직급여는 이직한 피보험자가 다음 각호의 요건을 모두 갖춘 경우에 지급한다.
① 이직일 이전 18개월간(기준기간) 피보험 단위기간이 통산하여 180일 이상일 것
② 근로의 의사와 능력이 있음에도 불구하고 취업
③ 이직사유가 수급자격의 제한 사유에 해당하지 아니할 것
④ 재취업을 위한 노력을 적극적으로 할 것

Q20 사회보험에 비해 공공부조의 장점은?

① 근로동기를 저해하는 부작용이 적다.
② 수직적인 소득재분배 효과가 높다.
③ 수급자가 낙인감(stigma)을 적게 느낀다.
④ 행정절차가 간소하여 비용이 적게 든다.

해설 : 공공부조는 다양한 사회보장제도 중 수직적 소득재분배 효과가 가장 높다. 문제에서 제시하고 있는 나머지 지문의 내용들은 모두 공공부조의 단점을 반대로 기술하고 있다.

Q21 사회복지정책의 소득재분배기능의 유형을 그 내용과 연결한 것으로 옳지 않은 것은?

① 수직적 재분배 - 고소득계층으로부터 저소득계층으로 소득을 이전
② 세대 간 재분배 - 후손세대로부터 조상세대로 소득을 이전
③ 단기적 재분배 - 생애 및 세대에 걸친 소득의 이전
④ 수평적 재분배 - 건강한 사람으로부터 환자로 소득을 이전

해설 : 사회복지정책은 소득재분배기능을 갖는 대표적인 정책유형이지만, 소득재분배기능도 시간, 계층구조 및 세대를 기준으로 세부적으로 다양한 의미 및 유형으로 구분할 수 있다. 단기적 재분배란 현재의 자원을 활용하여 이루어지는 각종 재분배를 말한다. 한편, 생애 및 세대에 걸친 소득의 이전은 장기적 재분배이다.

Q22 다음 중 소득재분배에 대한 설명으로 옳지 않은 것은?

① 건강보험은 건강한 사람에서 질병이 있는 사람에게로 수평적 재분배가 이루어진다.
② **조세지출은 부유층보다 빈곤층에게 유리하게 설계된다.**
③ 부과방식은 세대 간 재분배의 효과가 크다.
④ 똑같은 금액일때 공공부조와 사회보험제도를 비교하면, 공공부조제도의 소득재분배 효과가 크다.
⑤ 소비세보다 소득세의 소득재분배효과가 더 높다.

해설 : 수직적 재분배는 소득이 높은 사람으로부터 낮은 사람에게 이루어지는 재분배로 누진적 소득세가 대표적인 예이다. 소비세는 비례세율(예: 부가가치세는 금액에 상관없이 과세표준에 10%를 부과)로 소득세보다 소득재분배 효과가 낮다. 수평적 재분배는 동일한 소득계층 내의 재분배로 건강보험, 가족수당 등이 그 예이다. 조세지출은 소득이 높을수록 공제대상 지출이 높고, 저소득층은 소득이 낮아 과세대상 에서 제외되기 때문에 고소득층에게 유리하게 설계되어 있다. 세대 간 재분배는 앞 세대와 후 세대 간의 재분배로 주로 공적연금제도에서 나타난다.

Q23 다음 중 사회보험과 민간보험의 차이에 대한 설명으로 옳지 않은 것은?

① 사회보험은 강제적 성격 / 민간보험은 자발적 선택
② 사회보험은 사회적 위험의 분산 / 민간보험은 영리추구의 성격
③ **사회보험은 계약적 권리 / 민간보험은 사회권의 성격**
④ 사회보험은 최저소득을 보장 / 민간보험은 개인의 의사와 지불능력에 따라 보장
⑤ 사회보험은 사회적 적절성을 강조 / 민간보험은 개인적 공평성을 강조

해설 : 사회보험에서 보험자와 피보험자와의 관계는 제도적 · 법적 관계로 법적 권리(사회권) 성격이 강한 반면, 민간보험에서 보험자와 피보험자의 관계는 사적 계약에 의한 관계로 계약적 권리 성격이 강하다.

Q24 다음 중 의료보장제도에 대한 설명으로 옳은 것은 ?

〈 보 기 〉
가. 국민건강보험은 의료급여 대상자를 제외하고 모든 국민을 적용대상으로 한다.
나. 국민건강보험은 소득보장제도이며 요양급여일수가 제한된다.
다. 국민건강보험은 단기보험으로 보험료율이 매해 조정된다.
라. 국민기초생활보장제도의 소득특례적용자는 의료급여 1종에서 제외된다.

① 가, 나, 다　　　　② **가, 다**　　　　③ 나, 라
④ 라　　　　　　　⑤ 가, 나, 다, 라

해설 : 국민건강보험은 현물급여 위주의 건강보장제도로서 소득상실을 보장하는 소득보장제도가 아니다(이러한 기능을 하는 상병수당이 우리나라에는 없음). 요양급여를 받을 수 있는 기간을 의미하는 요양급여일수에는 제한이 없다(2006년 요양급여일수 상한제 폐지). 국민기초생활보장제도의 특례자(여기서는 의료급여특례자)도 국민기초생활보장제도의 수급권자로 의료급여 1종 수급자가 될 수 있다.

제12장 사회보험제도의 일반적 이해

1. 사회보험의 의의

① 사회보험111)은 사회보험제도의 운영과 실시에 관한 법률로 가입의 강제성과 운영주체가 국가의 독점이라는 특징이 있음(현외성, 2018: 80).

② 사회보장기본법 제3조에 의하면, 사회보험은 국민에게 발생하는 사회적 위험을 보험방식(기여∝급여)에 의하여 대처함으로써 국민건강과 소득을 보장하는 제도112)를 말함(현외성, 2018: 79; 이상은 외, 2019: 58). 여기서 사회적 위험이란, 질병, 장애, 노령, 실업, 사망 등을 의미하는데, 이러한 사회적 위험은 사회구성원 본인은 물론 부양가족의 경제생활을 불안하게 하는 요인이므로 이에 대처하여 국민의 경제생활을 보장하려는 소득보장제도의 하나라고 할 수 있음(현외성, 2018: 80; Peters, 2006, 노병일, 2016: 376 재인용).

③ 일반적으로 사회보험의 종류는 연금보험, 건강보험, 산업재해보상보험, 고용보험, 노인장기요양보험이 있으며, 이를 5대 사회보험이라고 함(현외성, 2018: 80-81, <표 5-1> 사회보험의 종류와 <표 5-2> 한국 사회보험의 현황 참조; 이상은 외, 2019: 57). 한국에는 사회보험을 포괄하는 별도의 사회보험법이 존재하지 않고, 사회보장제도를 규정하고 있는 사회보장기본법이 있음.

2. 사회보험의 기본원리113)

① 최저생활보장의 원리 : 사회보험법에서 보장하는 소득보장의 수준은 최저생활수준을 원칙적으로 함. 즉 최저생계비 개념에 근거하여 수준을 정하고 이 수준을 보장함으로써 최저수준 이상은 개인의 노력에 맡기는 자유주의적 이념을 따르고 있음.

② 소득재분배의 원리 : 소득재분배 효과는 기여금의 납부나 급여의 지급에 있어서 모두 나타남. 우리나라의 경우, 국민연금법은 급여의 산정방식에서 균등부분(A)과 소

---

111) 사회보험의 기원에 대해서는 이준영·김제선(2012: 90-96)을 참고하기 바람.
112) 사회보험은 기본적으로 미래에 부딪힐 수 있는 사회적 위험에 대비하여 평소 경제활동을 통해 소득이 있을 때 그 소득의 일부를 강제로 갹출하여 미래를 사전에 대비하는 제도를 말한다(서보준 외, 2013: 143-144; 김세돈, 2011: 28-29). 따라서 공공부조가 사후적으로 빈곤문제를 해결하는 최후의 사회안전망이고, 사회보험은 사람들이 빈곤으로 떨어지지 않도록 미리 예방하는 방빈적(防貧的) 프로그램이라 할 수 있다(채구묵, 2009: 21).
113) 사회보험의 기본원리에 대해서는 임정문 외(2016: 234-235), 임우석 외(2012: 242), 김근조(1994: 198-199), 임봉호 외(2010: 200-201), 김세돈(2011: 136-137), 장동일(2008: 175) 등을 참고하여 정리, 제시하였음.

득비례부분(B)을 모두 합산하여 기본연금액을 산정하고 있는데, 이 중 균등부분이 소득재분배 효과를 나타내고, 국민건강보험법의 경우 기여금의 징수는 소득에 비례하여 차등 징수하나, 급여는 동일하게 실시하여 소득재분배 효과를 가장 잘 나타내고 있음.
③ 보편주의 원리114) : 보편주의 원리는 사회보험법의 적용범위를 전 국민을 대상으로 하여야 한다는 것임. 특정한 신분, 지위, 성별, 종교 등에 관계없이 모든 국민에게 평등하게 국가가 복지증진 노력을 기울여야 한다는 헌법상이 기본원리와도 부합됨.
④ 비용분담의 원리 : 사회보험 운영에 필요한 비용은 사용자, 피용자, 국가가 부담하여 조달함. 피용자는 자기책임의 원리에 입각하여 기여금을 납부하고, 사용자는 무과실책임원리에 근거하여 비용을 분담하여야 하며, 국가는 생존권적 기본권의 보장을 근거로 국가책임의 원리에 입각하여 비용을 일부를 부담하여야 함.

3. 사회보험의 특성115)

① 강제가입을 법에 규정하고 있어 역의 선택을 방지하고 규모의 경제를 기할 수 있음.
② 사회보험은 앞으로의 예방적 의미를 가짐.
③ 주된 재원은 가입자의 의무적으로 납부하는 기여금 내지 보험료로 조달되고, 이를 재원으로 하여 보험급여가 지급되기 때문에 보험료를 납부한 가입자가 보험급여를 응당 받을 자격이 있어 권리성이 매우 강함.
④ 가입자격, 수급자격, 가입·탈퇴·수급시기, 급여수준 등 모든 보험 관련사항이 법적으로 규정되어 있으므로 획일적으로 관리됨. 따라서 법정사항을 신설·변경·폐지할 경우에는 국회의 법률개정절차를 거쳐야 함.
⑤ 비영리 특수공법인에 의해 공적으로 관리되는 보험사업임.
⑥ 사회적 위험이 서로 다른 계층 간에 수평적 재분배 기능을 하고 있어 사회적 형평을 기함으로써 사회연대를 도모하고 있음(소득재분배와 국민통합의 정책적 목표).

---

114) 보편주의 원리를 채택하고 있는 사회보험과는 달리, 공공부조는 모든 국민을 대상으로 차별 없이 제공되는 보편주의가 아니라 엄격한 자산조사(means-test)를 거쳐 선별된 대상자에게만 선택적으로 행해지는 선별주의를 적용하고 있다(모지환 외, 2005: 310).
115) 사회보험의 특성에 대해서는 Rejda(1999: 18-25), 원석조(2019: 364-365), 현외성(2018: 81-84), 류기형 외(2018: 197-200), 노병일(2016: 381-382), 양정하 외(2016: 225-226), 원석조(2014: 234-236), 정무성 외(2010: 128-131), 김세돈(2011: 29-30), 서보준 외(2013: 144-145), 임봉호 외(2010: 203-209), 강용규 외(2007: 226-227), 임우석 외(2012: 242-243), 박석돈(2002: 123-125) 등을 참고하기 바람.

4. 사회보험의 구성요소[116]

① 사회보험의 주체(보험자, 관리운영주체) : 사회보험은 국가가 전 국민의 최저생활을 보장하는 제도이므로 그 주체는 국가임. 그러나 사회보험제도의 목적을 효율적으로 달성하기 위하여 공공기관 즉 공단을 설립하여 운영하도록 하고 있음.

② 사회보험의 대상(피보험자, 적용범위) : 사회보험의 대상은 원칙적으로 전 국민임. 그러나 사회보험제도가 도입된 초기단계부터 전 국민을 적용대상으로 한 것은 아님 (사회보험제도는 도입초기, 제도의 안정적 정착과 운영을 위하여 기여가 가능한 임금노동자를 적용대상으로 실시되었음). 사회보험제도의 형태와 제도의 종류에 따라서는 국민 중 일부나 특수한 계층을 대상으로 하지만, 원칙적으로 사회보험제도의 적용범위는 전 국민이 되어야 함.

③ 사회보험의 급여(보험급여) : 사회보험법에서 급여는 피보험자가 일정한 수급자격을 갖추었을 때, 보험자로부터 지급받는 금전, 물품 및 기타 혜택을 의미함. 사회복지 급여에서 가장 중요한 급여형태의 구분은 현금급여(in Cash)와 현물급여(in Kind)임.

④ 사회보험의 재원(조달) : 사회보험제도를 운영하기 위하여 많은 재정을 필요로 하는데, 이러한 비용을 조달하기 위하여 여러 가지 방식이 채택되고 있음. 우리나라의 산업재해보상보험의 경우 비용의 전액을 사용자가 부담하고, 국가가 관리운영비를 보조하고 있으며, 기타 사회보험의 경우 사용자, 피용자 2자 부담 방식에 국가가 관리운영비를 보조하는 형식을 취하고 있음.

〈표 12-1〉 사회보험 재정의 운영방식

	적립방식(the Funded System)	부과방식(Pay-As-You-Go System)
재분배	① 개인별 형평성을 담보 ② 세대내 재분배 ③ 세대간 공평성	① 세대간 소득재분배
장점	① 보험료의 평준화 ② 제도 초기, 적립기금을 통한 자원 활용 ③ 재정의 안정 운영	① 시행 초의 적은 부담 ② 인플레에 강함 ③ 경제성장에 비례해 연금의 실제가치를 높일 수 있음 ④ 완전 연금을 즉각적으로 지불 가능

---

[116] 사회보험의 구성요소에 대해서는 이상은 외(2019: 48-57), 김근조(1991: 59-60), 김근조(1994: 191), 장동일(2008: 177), 김세돈(2011: 138-140) 등을 정리, 제시하였음.

	적립방식(the Funded System)	부과방식(Pay-As-You-Go System)
단점	① 제도 초부터 과중 부담 ② 인플레에 취약 ③ 정기적 재정추계 필요	① 다음 세대에 부담 가중 ② 재정운영 불안 ③ 인구구조 변화에 영향 받음(고령화에 취약)

※ 출처 : 국민연금공단(1998: 35의 <표 1-5>), 김상호(1998: 1-20), 원석조(2016: 259), 이준영·김제선(2012: 204-207) 등을 요약하여 표로 재구성.

5. 사회보험의 형태

① 사회보험제도의 내용은 적용대상을 어떻게 파악하느냐와 급여를 어떤 것을 얼마만큼 제공할 것인가 등에 따라서 달라짐. 거의 모든 나라에서 근로자를 주된 대상으로 하면서 점진적으로 국민 전체를 포함하는 방향으로 확대되어 왔음(김태성·김진수, 2005: 214; 김세돈, 2011: 125-126).

② 우리나라의 경우, 법이 규율하는 사회적 위험의 내용에 따라 구분하면, 국민연금(노령대비), 국민건강보험(질병대비), 고용보험(실업 대비), 산업재해보상보험(산업재해대비), 노인장기요양보험(중증질환 어르신의 부양 대비)이 있음(서보준 외, 2013: 146-147; 김세돈, 2011: 126-128).

✱ 평가하기

Q1 한국의 사회보험제도에 대한 설명으로 옳지 않은 것은?

① 산재보험이 가장 먼저 도입되었고, 노인장기요양보험이 가장 나중에 도입되었다.
② 고용보험은 고용노동부장관이 관장한다.
③ 건강보험 지역가입자의 보험료는 보험료 부과점수에 부과점수당 금액을 곱해서 산정한다.
④ 국민연금의 급여종류에는 노령연금, 장애연금, 유족연금 등이 있다.
⑤ **외국인은 국민연금 가입대상에 해당하지 않는다.**

해설 : ⑤ 사회보험제도는 상대 국가와의 사회보장협정 여부에 따라 외국인도 포함 가능하다.

Q2 한국의 사회보험에 대한 내용으로 올바른 것은?

> ㉠ 우리나라 최초의 사회보험정책은 산재보험(1964)이다.
> ㉡ 공무원, 사립학교교직원, 군인 등의 특수직 연금은 통합적으로 관리운영된다.
> ㉢ 건강보험은 2000년 7월에 조직, 재정 통합이 완료되었다.
> ㉣ 노인장기요양보험제도의 재정은 건강보험제도와 통합적으로 관리운영된다.

① ㉠, ㉡, ㉢ ② ㉠, ㉢ ③ ㉡, ㉣
④ ㉣ ⑤ ㉠, ㉡, ㉢, ㉣

해설 : ㉡ 우리나라의 공적연금제도는 일반 국민을 대상으로 국민연금제도, 특수직역인 사립학교교직원, 공무원, 군인 등을 대상으로 하는 사립학교교직원연금제도, 공무원연금제도, 군인연금제도 등의 특수직역연금제도가 있다. 이 특수직역연금제도들은 별도 분리하여 관리운영되고 있다. ㉣의 노인장기요양보험제도는 그 보험료를 건강보험료와 통합, 징수하되 그 재정은 구분 계리하여 별도 관리되고 있다.

Q3 공적연금의 재원조달방식 중 부과방식에 대한 설명으로 옳지 않은 것은?

① 제도를 도입함과 동시에 급여를 지급할 수 있다.

② 세대간 소득재분배가 발생한다.
③ **적립방식에 비해 인플레에 취약하다.**
④ 인구노령화에 따른 인구구조의 변화에 취약하다.

해설 : ③ 부과방식은 원칙적으로 익년도는 예상급여 지출총액을 예측하여 그에 상응하는 재원을 익년도에 근로세대에게 부과하는 구조로 되어 있기 때문에 적립방식에 비해 인플레나 화폐가치의 변동과 저하에 효과적으로 대처할 수 있다.

Q4 다음 중 우리나라 사회보험제도의 하나로 볼 수 없는 것은?
① 국민연금　　　② 건강보험　　　**③ 자동차종합보험**
④ 고용보험　　　⑤ 산업재해보험

해설 : 우리나라의 4대 사회보험은 국민연금 국민건강보험 고용보험 산업재해보상보험이다. 건강보험은 일상생활에서 사고와 부상 등으로 입은 의료비 지출을 분산시켜주는 국민보험으로 1977년 처음 실시됐다. 산재보험은 근로자의 업무상 재해를 신속하고 공정하게 보상하기 위한 보험으로 1964년 도입됐다. 고용보험은 직장을 잃은 실업자에게 일정기간 실업보험금을 주거나 직업훈련 등을 위한 장려금을 기업에 지원하는 등 고용안정을 위한 제도로 1995년 시행됐다. 국민연금은 정년퇴직 이전 일정 금액을 적립함으로써 노후 생활을 보장하는 제도다. 1988년 시행에 들어갔다. 자동차 사고를 대비한 자동차보험은 자동차 소유자가 의무적으로 가입해야 한다는 점에서 공적인 성격이 있기는 하지만 운용 주체가 국가공공기관이 아닌 보험사이기 때문에 사회보험은 아니다.

Q5 사회보험의 설명이 아닌 것은?
① 소득재분배 기능을 수행한다.　　**② 사회통합 기능이 약하다.**
③ 운영주체가 공공기관이다.　　④ 수급요건 등이 법적으로 규정되어 있다.
⑤ 산재보험을 제외하고는 피용자와 사용자가 공동분담이 원칙이다.

해설 : 사회보험의 기능 중에서 대표적인 영역이 사회통합기능이다. 따라서 정답은 ②이다.

♦ <핵심요약> 알기 쉽게 이해하는 사회복지정책론 ♦

Q6 다음 중 사회보험정책의 주된 대상(객체)에 해당하지 않는 것은?
  ① 질병   ❷ 절대빈곤   ③ 실업   ④ 노령

해설 : 사회보장기본법 제3조에 의하면, 사회보험은 국민에게 발생하는 사회적 위험을 보험방식(기여∝급여)에 의하여 대처함으로써 국민건강과 소득을 보장하는 제도를 말하는데, 여기서 사회적 위험이란, 질병, 장애, 노령, 실업, 사망 등을 의미한다.

Q7 다음 보기 중 사회보험제도의 특징에 해당하는 것으로만 묶은 것은?

< 보 기 >
| 가. 기여의 산출(갹출) | 나. 강제가입 | 다. 재분배효과 | 라. 자산조사 |

① 가. 나. 다
③ 나. 라
② 가. 다
④ 가. 나. 다. 라

해설 : 사회보험제도는 강제가입을 법에 규정하고 있으며, 주된 재원으로 가입자의 의무적으로 납부하는 기여금(보험료)을 원칙으로 하고 있고, 이를 재원으로 하여 보험급여가 지급되기 때문에 보험료를 납부한 가입자가 보험급여를 응당 받을 자격이 있어 권리성이 매우 강하다. 뿐만 아니라, 사회적 위험이 서로 다른 계층 간에 수평적 재분배 기능을 하고 있어 사회적 형평을 기함으로써 사회연대를 도모하고 있다.

Q8 사회보험의 특징에 대한 설명이다. 옳지 않는 것은?
  ① 사회보험은 소득재분배를 지향한다.
  ② 사회보험 가입 대상자들 사이에 사회적 연대가 강화된다.
  ❸ 사회보험의 가입은 비강제적이다.
  ④ 사회보험은 인플레이션으로부터 가입자를 보호할 수 있다.

해설 : 사회보험은 전 국민을 대상으로 하기에 강제성이 있다.

Q9 연금 재정방식 중 '부과방식' 연금제도에서 기대할 수 있는 주요한 소득재분배 효과는?

① 수평적 재분배　　　　　　② 수직적 재분배
③ 세대내 재분배　　　　　　**④ 세대간 재분배**

해설 : 부과방식은 현 근로세대가 현 퇴직세대의 급여지출에 필요한 재원을 부담하는 방식이므로 세대간 재분배에 해당한다.

Q10 다음 글의 (가)와 (나)가 설명하고 있는 사회보험은?

> (가) 국민의 질병이나 부상을 예방, 진단, 치료하는 일뿐 아니라 출산, 사망, 건강증진과 관련된 비용을 부담함으로써 전체 국민의 보건을 향상을 목적으로 한다.
> (나) 국가가 보험 원리를 도입하여 만든 사회보험의 일종으로 가입자, 사용자 및 국가로부터 일정액의 보험료를 받고 이를 재원으로 노령으로 인한 근로소득 상실을 보전하기 위한 노령연금 등을 지급함으로써 국민 생활안정을 도모하는 사회보장제도의 하나이다.

	(가)	(나)
①	건강보험	고용보험
②	**건강보험**	**국민연금**
③	고용보험	건강보험
④	고용보험	산업재해보험
⑤	국민연금보험	고용보험

해설 : 국가가 보험제도를 활용해 법에 의하여 강제성을 띠고 시행하는 보험제도를 '사회보험'이라 한다. 이 보험은 사회보장정책의 주요수단으로 근로자(사업자)나 그 가족을 상해·질병·실업 등의 위협으로부터 보호하기 위하여 실시하는 것이다. 사회보험에는 노동능력의 상실에 대비한 산업재해보험·건강보험, 노동기회의 상실에 대비한 국민연금보험·실업보험으로 크게 구분할 수 있다. 사회보험의 보험료는 개인·기업·국가가 서로 분담하는 것을 원칙으로 하며 보험료 계산도 위험의 정도보다는 소득에 비례하여 분담하기 때문에 소득 재분배 기능을 가진다. 지문의 (가)는 건강보험, (나)는 국민연금을 설명하고 있다.

Q11 공적연금 재정의 운영방식에 대한 설명으로 옳은 것을 모두 고르시오.

< 보 기 >
가. 부과방식은 세대 간 계약에 기반을 두고 있다.
나. 적립방식은 보험료 수입을 당해 연도 연금 지출로 사용하는 방식이다.
다. 국민연금제도는 수정적립방식을 채택하고 있다.
라. 부과방식은 인구구조의 변화에 큰 영향을 받지 않는다.

① 가, 나, 다   ❷ 가, 다   ③ 나, 라
④ 라   ⑤ 가, 나, 다, 라

해설 : 부과방식은 보험료 수입을 당해 연도 연금지출로 사용하는 방식이며, 세대 간 계약에 기반을 두고 현재의 근로세대가 현재 퇴직세대의 연금급여지출에 필요한 재원을 부담하는 형식이다.

Q12 다음 보기 중 우리나라 사회보험제도에 대한 설명으로 맞는 것으로만 묶인 것은?

< 보 기 >
가. 산업재해보상보험, 국민연금, 노인장기요양보험 순서로 시행
나. 국민건강보험은 조합주의 방식에서 통합주의 방식으로 변화하였다.
다. 국민연금의 직장가입자와 지역가입자의 보험료율은 동일하다.
라. 산업재해보상보험의 보험료는 가입자의 업종 및 사업장에 따라 다르다.

① 가, 나, 다   ② 가, 다   ③ 나, 라
④ 라   ❺ 가, 나, 다, 라

해설 : 우리나라 사회보험제도는 산업재해보상보험(1963년) - 의료보험(1977년) - 국민연금(1988년) - 고용보험(1995년) - 노인장기요양보험(2008년) 순서로 실시되었다. 국민건강보험은 1998년 10월 1일 조합주의 방식에서 통합주의 방식으로 변경하였다. 1단계로 공무원·사립학교 교직원 공단과 227개 지역의료보험조합을 통합하였고, 2000년 7월1일 국민건강보험법 시행으로 142개 직장조합까지를 포함한 조직통합이 이루어졌다.

Q13 다음 중 우리나라 사회보험 급여에 해당하지 않는 것은?

① **의료급여**　　　　② 장애연금　　　　③ 실업급여
④ 휴업급여　　　　　⑤ 유족연금

해설 : 의료급여는 사회보험급여가 아니라 공공부조급여이다. ② 장애연금 : 국민연금 급여, ③ 실업급여 : 고용보험 급여, ④ 휴업급여 : 산재보험 급여, ⑤ 유족연금 : 국민연금 급여(산재보험에서는 유족급여) 등이다.

Q14 다음의 보기 중 우리나라의 사회보험에 대한 내용으로 올바른 것은?

〈 보 기 〉
가. 가장 먼저 실시된 제도는 건강보험제도이다.
나. 공무원, 사립학교교직원, 군인 등의 특수직 연금은 통합적으로 관리·운영된다.
다. 건강보험은 2000년 7월에 조직, 재정 통합이 완료되었다.
라. 노인장기요양보험제도가 2008년 7월부터 시행되고 있다.

① 가·나·다　　　　② 가·다　　　　③ 나·라
④ **라**　　　　　　　⑤ 가·나·다·라

해설 : 2008년 7월부터 노인에 대한 장기간에 걸친 간병, 장기요양 문제를 해결하기 위한 노인장기요양보험이 시행되고 있다. 우리나라의 사회보험제도 중 산재보험(1963)이 가장 먼저 실시되었고, 특수직역 연금제도는 각각 별도로 운영되고 있으며, 건강보험의 완전 통합은 2003년 7월에 완료되었다.

제13장 공공부조제도의 일반적 이해

1. 공공부조의 개념

① 사회보장법기본법 제3조 : "모든 국민이 인간다운 생활을 영위하도록 하기 위해 국가 및 지방자치단체의 책임 하에 생활유지능력이 없거나 어려운 국민의 최저생활을 보장하고 자립을 지원하는 제도117)를 말한다" 라고 에 명시되어 있음.

② 공공부조는 스스로 생활유지능혁이 없는 사람들에게 국가가 인간다운 생활을 영위할 수 있도록 하는 제도로서, 구빈법에 기원을 두고 있는 사회보장의 프로그램 중 가장 오래된(원석조, 2004: 83), 20세기 이후 보편적 제도나 사회보험이 성숙하기 전에 대부분의 나라에서 가장 중요한 사회보장의 역할을 수행하였음(김세돈, 2011: 36).

2. 공공부조제도의 원리

① 생존권보장의 원리 : 헌법상 국민의 생존권 보장 이념에 근거를 두어 사회안전망으로 기능하기 위함.

② 최저생활보장의 원리 : 수급자는 최저한도의 생활을 보장받을 수 있음.

③ 보충성의 원리 : 스스로 생활할 수 있도록 노력해야 하고, 그럼에도 불구하고 부족한 부분이 있으면 그 부족분만 보충해 줌.

3. 공공부조의 특성118)

---

117) 공공부조제도의 기본원리는 생존권보장의 원리, 국가책임의 원리, 최저생활보장의 원리, 무차별평등의 원리, 보충성의 원리, 자립조장의 원리 등이 있고(이상은 외, 2019: 301-303; 임정문 외, 2016: 250; 정무성 외, 2010: 132; 서보준 외, 2013: 170-171; 임봉호 외, 2010: 225-226; 장동일, 2008: 331-332; 이인재 외, 2006: 258; 양정하 외, 2008: 218-219; 강용규 외, 2007: 212-213; 김세돈, 2011: 308-310; 김종명 외, 2010: 262-267; 임우석 외, 2012: 249-250; 이수천 외, 2011: 396-398), 공공부조제도의 실시상의 원칙에는 신청주의 원칙, 최저기준 및 정도의 보장, 필요즉응의 원칙, 세대단위 급여의 원칙, 금전급여의 원칙, 주거급여의 원칙(보건복지부, 2019; 노병일, 2016: 407-410; 임정문 외, 2016: 250-251; 정무성 외, 2010: 133; 장동일, 2008: 337-338; 서보준 외, 2013: 175-176; 이준영·김제선, 2012: 64-67; 김세돈, 2011: 311-312; 임우석 외, 2012: 250-251; 김종명 외, 2010: 267-270; 임봉호 외, 2010: 226-228) 등이 있음.

118) 공공부조의 특성에 대해서는 현외성(2018: 91), 류기형 외(2018: 228-229), 현외성(2016: 338-339), 노병일(2016: 405-406), 이상은 외(2019: 303-304), 정무성 외(2010: 132-134), 서보준 외(2013: 168-169), 이준영·김제선(2012: 117-120), 임봉호 외(2010: 224), 김세돈(2011: 37-38), 임우석 외(2012: 251), 이수천 외(2011: 395-396), 이진숙 외(2010: 329-330) 등을 참

① 헌법에 보장된 인간다운 생활을 할 권리를 구체화하는 공적인 원조 프로그램
② 법적으로는 모든 국민이 보호의 대상이지만, 실제로는 일정한 빈곤선이하의 생활이 어려운 사람이 대상으로 함.
③ 공공부조는 사회를 통제하는 기능을 갖고 있음.
④ 공공부조는 빈곤의 결과로 발생하는 고통을 완화시키는 특징을 갖고 있음.
⑤ 공공부조는 보충적인 제도임.
⑥ 공공부조는 사회적 형평을 도모하는 특징을 갖고 있음.
⑦ 공공부조는 원조 프로그램임.

4. 공공부조의 발달배경 및 과정

1) 개념
① 공공부조는 국민의 생존권을 보장하기 위하여 국가가 주체가 되어 빈곤한 국민들의 최저 생활을 보장하는 것으로, 도움을 신청하는 사람들에게 대부분 무기여 급부를 제공하는 것이라고 할 수 있음(현외성, 2018: 89).
② 법적 차원에서의 공공부조란 국가 및 지방 자치단체의 책임하에 생활유지 능력이 없거나 생활이 어려운 국민에게 최저생활을 보장하고 자립을 지원하는 제도(현외성, 2016: 337; 현외성, 2018: 89-90)
③ 종합) 공공부조란, 도움을 희망하는 빈곤한 사람들을 위하여 국가가 주체가 되어 국민의 생존권을 인정하며, 주로 조세재정을 통하여 이들의 최저생활을 보장 하여주는 제도를 말함.

2) 발달배경 및 과정[119]
① 고대사회 : 공공부조라 할 만한 체계적인 제도는 없으나 서구의 고대 이스라엘, 그리스, 로마는 민간 차원에서 빈민구제사업을 실시하였음(김세돈, 2011: 59).
② 중세사회 : 봉건사회로 교구에서 공고부조의 기능을 수행하였으며 국가 보다는 기독교기관에서 자선적이고 시혜적인 공공부조사업을 실시하였고, 그 후 봉건사회가 붕괴되고 흑사병, 영주들의 엔클로저 운동, 인플레이션 등으로 농민층이 빈민을 전

고하여 정리·제시하였음.
[119] 우리나라의 사회보장의 역사에 대해서는 박석돈 외(2010: 54-63)을 참고하기 바람. 또한, 공공부조의 기원에 대해서는 이준영·김제선(2012: 77-86)을 참고하기 바람.

락하게 됨. 이로 인해 영국에서 국가 차원에서 1601년 엘리자베스 구빈법을 제정하게 됨(최초의 공공부조법)(신수식, 1989: 42; 김세돈, 2011: 59).
③ 미국은 1929년 대공황 이후 사회복지에 대한 국가의 개입을 확대하고 1935년 사회보장법에 공공부조를 포함하였음(신섭중 외, 1994: 267; 모지환 외, 2005: 63-64; 유광호, 1985: 62=63).
④ 한국의 공공부조[120]
- 일제시대 1944년 3월 1일 조선구호령을 제정(형식적 공공부조 형태)
  • 65세 이상의 노쇠자, 13세 미만의 아동, 임산부, 불구자, 폐질자 등 생활이 곤란한 자에 대하여 생활보호 실시
  • 형식적인 시혜에 그치는 수준에 불과하였음.
- 해방후, 보건후생부에서 기아와 빈민, 최저생계유지 등의 부조사업을 실시
- 1961년 생활보호법 제정 : 노령, 질병, 기타 근로능력의 상실로 생활유지의 능력이 없는 자 등에 공공부조 틀을 마련
- 2000년 10월 생활보호제도를 수정하여 국민기초생활보장법을 제정하게 됨[121].

5. 자산조사[122]

① 자산조사의 개념 : 자산조사(means-tested)란 공공부조를 실시함에 있어서 필수적인 요소
② 자산의 개념 : 대상자의 수입, 재산, 저축, 친척 또는 친지로부터의 도움 등 생활을 유지하는 데에 기여하리라고 생각되는 모든 것을 의미
③ 자산조사의 장점
  ㉠ 서비스전달에 있어서 공금의 절약
  ㉡ 개인의 욕구가 무엇인지를 규명하는 역할을 한다는 것.
  ㉢ 공공부조의 보완적 성격으로 자산조사를 통해 어떤 것이 얼마만큼 기준에 미달되는 것인지를 확인하여 그 부족한 부분을 충족하기 위하여 이들의 자산 활용과 필요한 정도를 조사·평가

---

120) 한국의 공공부조제도의 개요에 대해서는 현외성(2018: 93-97)을, 한국의 공공부조제도의 약사(略史)에 대해서는 류기형 외(2018: 227-228), 박석돈 외(2010: 58-59), 김세돈(2011: 130-131), 임봉호 외(2010: 228-232) 등을 참고하기 바람.
121) 생활보호법(1961)과 국민기초생활보장법(1999)의 비교에 대해서는 류기형 외(2018: 228), 원석조(2014: 325), 양승일(2015: 118) 등을 참고하기 바람.
122) 자산조사에 대해서는 이상은 외(2019: 308-309) 등을 참고, 요약하였음.

④ 자산조사의 단점
　㉠ 개인의 권리나 존엄성을 침해 할 수 있으며, 대상자에게 낙인감을 줄 수 있음(Rejda, 1999: 344-345).
　㉡ 자산조사를 위해서 전문조사자들의 채용 및 절차과정에서 많은 행정비용이 소용됨.

* 평가하기

Q1 국가 및 지방자치단체의 책임하에 생활유지 능력이 없거나 생활이 어려운 국민의 최저생활을 보장하고 자립을 지원하는 제도는 무엇인가?

① 사회보장법　　　　　　　　　② 사회보험법
③ 공공부조법　　　　　　　　　④ 사회복지서비스법

해설 : 공공부조는 고소득계층에서 저소득계층으로의 소득이전을 의미하는 수직적 재분배로서, 조세를 재원으로 국가 및 지방자치단체가 헌법 및 법률에 근거하여 최저생활를 보장하는 것이다.

Q2 우리나라의 대표적인 공공부조제도는 무엇인가?

① 의료급여법　　② 재해구호법　　**③ 국민기초생활보장법**
④ 국민연금　　　⑤ 긴급복지지원법

해설 : 우리나라의 대표적인 공공부조제도는 국민기초생활보장제도. 생활보호법을 대체하는 국민기초생활보장법이 정부의 『생산적 복지』이념과 시민단체, 정당, 정부 등 전 국민적 합의를 바탕으로 1999. 9. 7 제정, 1년 여의 준비를 거쳐 2000년 10월 1일부터 시행되었음.

Q3 공공부조와 국민기초생활보장제도에 관한 설명으로 옳지 않은 것은?

① 국민기초생활보장제도는 공공부조의 기능을 담당한다.
② 공공부조는 낙인의 문제가 발생할 수 있다.
③ 국민기초생활보장제도는 1989년 9월 7일에 제정되었다.
④ 국민기초생활보장제도는 2000년 10월 1일에 시행되었다.

해설 : ③ 국민기초생활보장제도는 1999년 9월 7일에 제정되었고 2000년 10월 1일에 시행되었다.

Q4 다음 중 공공부조의 특징에 대한 설명으로 옳지 않은 것은?

① 국가나 지방자치단체가 주체이다.
② 재원은 일반조세로 조달된다.
③ 무능력자, 빈곤자 등에 대해 무기여급부가 지급된다.
④ **신청이나 요구 및 비자산조사 등을 통해 해당자가 결정된다.**

해설 : ④ 자산조사 하지 않은 것은 사회수당이다. 공공부조는 자산조사 등을 통해 해당자를 결정한다.

Q5 다음 중 공공부조에 해당하는 대표적인 개별법으로 적합한 것은?
① 국민기초생활보장법-산재보험법
② 국민기초생활보장법-국민연금법
③ 국민건강보험법-의료급여법
④ **국민기초생활보장법-의료급여법**
⑤ 국민연금법-국민건강보험법

해설 : 현행 공공부조에 해당하는 개별법은 국민기초생활보장법과 의료급여법이다.

Q6 우리나라 공공부조 제도의 특성에 대한 설명으로 옳은 것은?
① 1971년에 생활보호법 제정으로 공공부조의 기틀을 마련하였다.
② 국민기초생활보장법에서 급여를 신청할 수 있는 자는 수급권자와 사회복지전담공무원으로 한정한다.
③ **국민기초생활보장법에서는 최저생활보장 및 자활 조성을 제도 시행의 주요 목적으로 한다.**
④ 공공부조 지출을 위한 주된 재원은 조세와 보험료로 충당한다.

해설 : ① 1961년에 생활보호법 제정으로 공공부조의 기틀을 마련하였다.
② 국민기초생활보장법에서 급여를 신청할 수 있는 자는 수급권자 및 친족, 기타 관계인 그리고 사회복지전담공무원이 직권으로 신청할 수 있다.
④ 공공부조 지출을 위한 주된 재원은 조세로 충당한다. 즉, 보험료의 기여를 요하지 않는다.

Q7 다음 중 공공부조의 기본원리가 아닌 것은?

① 최적생활보장의 원칙 ② 무차별평등의 원칙 ③ 자립보장의 원칙
④ 보충성의 원칙 ⑤ 국가책임의 원리

해설 : 공공부조(公共扶助, public assistance)는 사회보장제도의 하나로서 모든 국민이 인간다운 생활을 영위하도록 하기 위해 국가 및 지방자치단체의 책임 하에 생활유지능력이 없거나 생활이 어려운 국민의 최저생활을 보장하고 자립을 지원하는 제도를 말한다. 『국민기초생활보장법』 제4조(급여의 기준 등) 제1항 "이 법에 따른 급여는 건강하고 문화적인 최저생활을 유지할 수 있는 것이어야 한다." 에서 최저생활보장의 원칙이다.

Q8 다음 중 자산조사방식의 사회보장제도가 아닌 것은?
① 근로장려세제 ② 기초연금 ③ 영유아보육료지원
④ 노인장기요양보험 ⑤ 국민기초생활보장제도

해설 : 노인장기요양보험은 사회보험방식으로 운영되는 제도로 자산조사와는 무관하다. 국민기초생활보장제도는 대표적인 자산조사에 의한 공공부조제도이다. 근로장려세제(EITC)는 근로빈곤층을 대상으로 실시하는 제도로, 연소득(부부합산)이 1700만원 미만이고 재산합계액이 1억원 미만이며, 18세 미만의 자녀를 2인 이상 부양하는 무주택가구가 그 대상자이다. 기초연금제도와 영유아보육료 지원은 소득과 재산을 기준으로 차등 지급된다.

제14장 사회보험제도(1) : 산업재해보상보험제도[123]

1. 산업재해보상보험제도의 개념
① 우리나라에서 발생한 초기의 산업재해를 보면 주로 건설현장과 위험한 기계 기구를 설치, 허용하는 사업장에서 많이 발생하였으나, 산업사회가 현대화, 고도화, 정보화 되면서 재해발생 원인도 신종 직업병을 비롯해서 과로나 스트레스 등에 기인한 재해가 급격히 증가함.
② 산업재해보상보험은 산재근로자와 그 가족의 생활을 보장하기 위해 국가가 책임을 지는 의무보험이라고 할 수 있음. 이 법은 원래 사용자의 근로기준법상 재해보상책임을 보장하기 위해서 국가가 사업주로부터 소정의 보험료를 징수해서 그 기금(재원)으로 사업주를 대신해서 산재근로자에게 보상을 해주는 제도임.

2. 산업재해보상보험제도의 관리운영
① 관리운영주체 : 근로복지공단[124]
② 근로복지공단의 조직
  ㉠ 서울 본사 + 전국 6개 지역본부 + 40개 지사
  ㉡ 산재의료관리원 설립, 9개의 병원(인천, 태백, 창원, 순천, 대전, 안산, 동해, 정선, 경기요양병원)에 3,600 병상을 보유
  ㉢ 2개의 재활훈련시설, 재활공학연구센터
  ㉣ 산재지정 병·의원 : 전국에 3천여 개
③ 근로복지공단의 업무
  ㉠ 사업주로부터 보험료 징수
  ㉡ 산재사고시 피해근로자 또는 그 가족에게 적당한 기준에 의한 서비스를 제공

---

[123] 산업재해보상보험제도에 대해서는 류기형 외(2018: 209-211), 현외성(2018: 183-205), 이상은 외(2019: 128-154), 임정문 외(2016: 241-244), 양승일(2015: 127-135), 오봉욱 외(2015: 137-138), 서보준 외(2013: 156-158), 임우석 외(2012: 245-246), 이준영·김제선(2012: 259-285), 김준규 외(2011: 222-225), 이수천 외(2011: 350-358), 배기효 외(2010: 185-189), 김종명 외(2010: 239-251), 임봉호 외(2010: 359-382), 이진숙 외(2010: 308-315), 김태성·김진수(2004: 186-189), 박석돈(2002: 193-232) 등을 참고하여 정리·제시하였음.
[124] 산재보험사업은 원래 고용노동부에서 직접 수행했는데, 보험재정 팽창과 보험대상 적용의 확대 등으로 업무가 과다해져서 산재사업의 효율적인 운영을 위해 기존의 근로복지공사를 근로복지공단으로 개편하여, 산재업무 및 근로자 관련 업무를 전담하도록 하고 있다.

ⓒ 산재 근로자와 그 가족을 위한 복지사업 수행 : 생활정착금 대부, 의료비 대부, 근로복지장학사업, 영유아보육시설의 운영, 체육문화시설의 운영, 근로청소년 임대아파트의 운영 등

3. 산업재해보상보험제도의 적용대상
- 산재보험의 적용단위는 사업 또는 사업장으로 볼 수 있는데, 여기서 "사업"이라고 하는 것은 어떤 목적을 위해 업으로 행해지는 계속적, 사회적, 경제적 활동 단위로서 그 목적은 영리성 여부와는 관계가 없으며, "사업장"이란 사업이 행하여지고 있는 인적·물적 시설이 존재하는 장소적 범위를 중심으로 본 개념
- 사업 또는 사업장의 판단 기준은 그것이 사업장이든 공장이든 그 자체에서 인사나 회계의 운영 등이 최소한의 경영체제로서 독립성의 유지 여부에 달려있음.
  ① 당연적용 사업장 : 사업이 개시되거나 적용요건을 충족하게 되었을 때 사업주의 의사와는 관계없이 자동적으로 보험관계가 성립하는 사업장
  ② 임의적용 사업장 : 산재보험 가입여부가 사업주의 자유의사에 달려 있으며, 가입을 원할 경우 소재지 관할 근로복지공단에 산재보험 가입신청서를 제출, 승인을 얻으면 보험가입자가 될 수 있음.

4. 산업재해보상보험제도의 보험료
① 산재보험의 보험료는 사용자가 전액 납부하고 정부가 운영사업비의 일부를 부담하며, 사업장 재해 발생 위험도에 따라 차등부담원칙에 의거해서 납부
② 산재보험요율 산출방식 : 보험료 = 당해 보험연도의 임금총액 × 사업진단(업종)별 보험요율
③ 산재보험요율 : 보험료부담의 공평성 확보를 위해 매년 9월 30일 현재 과거 3년간의 임금총액에 대한 보험급여 총액의 비율을 기초로 해서 재해발생의 위험성에 따라 분류된 사업집단별(업종별)로 보험요율을 세분화해서 보통 매년 12월 31일 노동부에 고시로 적용함.

5. 산업재해보상보험제도의 급여
① 요양급여 : 업무상 부상 또는 질병에 걸려 4일 이상의 요양을 요할 때 의료기관에

서 상병의 치료에 소요되는 비용을 치유될 때까지 지급하는 현물급여
② 휴업급여 : 부상 또는 질병으로 인하여 취업하지 못하는 기간에 대하여 근로자와 그 가족의 생활보호를 위하여 임금대신 지급하는 급여로 70% 상당의 금액을 보상 받는데 일반적으로 받는 월급(통상임금)의 85% 정도
③ 장해급여 : 업무상 재해의 완치 후 당해 재해와 상당인과 관계가 있는 장해가 남게 되는 경우 그 장해의 정도에 따라 지급하게 되는 급여

<표 14-1> 산업재해보상보험법상 장해급여표

(평균임금 기준)

장해등급	장해보상연금	장해보상일시금
제1급	329일분	1,474일분
제2급	291일분	1,309일분
제3급	257일분	1,155일분
제4급	224일분	1,012일분
제5급	193일분	869일분
제6급	164일분	737일분
제7급	138일분	616일분
제8급		495일분
제9급		385일분
제10급		297일분
제11급		220일분
제12급		154일분
제13급		99일분
제14급		55일분

※ 출처 : 산업재해보상보험법 [별표 2] 장해급여표(제57조제2항 관련)

④ 유족급여 : 업무상 사유로 사망 시 또는 사망으로 추정되는 경우 그에 의하여 부양 되고 있던 유족들의 생활보장을 위하여 지급되는 보험급여
⑤ 상병보상연금 : 요양개시 후 2년이 경과하여도 치유되지 아니하고 요양이 장기화됨 에 따라 해당 피해근로자와 그 가족의 생활안정을 도모하기 위한 급여
⑥ 간병급여 : 산재근로자가 치유 후 의학적으로 상시 또는 수시로 간병이 필요하여 실제로 간병을 받는 자에게 보험급여로서 간병급여를 지급하여 주는 제도

⑦ 장의비 : 업무상 사유로 사망한 경우 그 장제에 소요되는 비용으로 실비를 보상
⑧ 특별급여제도 : 민사상 손해 배상의 번거로움을 방지, 신속한 해결을 위하여 산재보험에서 대불해주고 그 지급 상당액을 사업주가 직접 납부하는 제도로서 장애 특별급여와 유족특별급여가 있음.

<표 14-2> 산업재해보상보험제도 급여의 종류와 내용

종류		지급사유	청구자	청구시기	급여내용
요양급여		업무상재해로 인한 부상 질병	지정의료기관, 근로자	요양종결후	완치시기까지 치료 일체
휴업급여		업무상재해로 요양하기 위해 휴업한 기간	근로자	월 1회	1일당 평균임금의 70%
장해급여	일시금	업무상 재해가치유된 후 장해등급 1-14급의 장해가 남은 때	근로자	치유 후 즉시	1급:1,474일분 14급:55일분
	연금	업무상 재해가 치유된 후 1-7급의장해가 남은 때	근로자	치유후 사망시까지 연4회	1급:연313일분 7급:131일분
유족급여	일시금	업무상 사망시 유족이 일시금 청구	수급권자(유족)	사망 즉시	평균임금의 1,300일분
	연금	업무상 사망시 유족이 연금 청구	연금수급 자격자 중	수급권자 사망	연평균임금 1년치의 52-67%
상병보상연금		2년간의 요양에도 완치되지 않고 폐질의 정도가 1-3급인 경우	근로자	요양개시 후 2년	폐질1급:313일분 폐질2급:277일분 폐질3급:245일분
간병급여		요양이 종결된 후 간병급여가 필요한 경우	근로자	요양종료 후 즉시	고용노동부장관이 고시한 간병급여
장의비		업무상 사망으로 장제를 실행한 경우	장제의 실행자	장제실행 직후	평균임금의 120일분
특별급여		보험가입자의 고의 과실에 의한 재해시 민사상 손해배상에 갈음할 경우	근로자 혹은 수급권자	특별급여에 합의 직후	노동력상실률에 라이프니츠계수를 곱하여 산정

<표 14-3> 우리나라 산업재해보상보험제도의 주요 내용 분석

분석틀		주요 내용							
운영주체 (전달체계)	관장자 (행정체계)	고용노동부							
	관리운영 (집행체계)	근로복지공단							
적용대상 (할당체계)	자격조건	1인 이상 사업 또는 사업장의 근로자와 사업주 모두							
	가입자 종류	●의무가입대상(보험가입 대상 근로자) ●적용제외 사업과 근로자(보험가입 제외 대상 근로자)							
정책방법 (급여체계)	수급조건	업무기인성 + 업무재해성							
	급여종류	요양 급여	휴업 급여	장해 급여	간병 급여	유족 급여	상병보상연금	장의비	직업 재활 급여
	급여수준	평균임금의 70%	1~14급 (1~7급 장해 보상연금)		●상시 41,170/일, ●수시 27,450/일	평균임금의 52~67% (연금, 매월 지급)	평균 임금X 중증요양 상태등급일수/ 365	●최저 11,097,760 ●최고 15,554,290	
새원조달 (재원체계)	재정원천	보험료							
	재정부담 원칙	사업주 전액 부담							
	보험료 산정기준	●개인별 월평균 보수×(사업종류별 보험료율+출퇴근재해보험료율 개인별 월평균 보수 = $\dfrac{\text{전닌도 보수총액}}{\text{전년도 근무개월수}}$ ●보수 : 소득세법상 보수(과세대상 근로소득) = 연말정산에 따른 갑근세 원천징수 대상 근로소득과 동일							
	보험료율	●사업종류별 보험료율+출퇴근재해보험료율 ※ 사업종류에 따라 보험료율이 상이함.							

* 평가하기

Q1 산업재해와 관련된 내용으로 올바른 것은?

① 산업재해에 대한 공적인 대응인 산재보험제도는 대체적으로 사회보험제도 중에서 가장 늦게 도입되었다.
② 산재보험은 정치와 무관하게 도입되었다.
③ **산업혁명이후 산재가 급증하면서 산업재해는 새로운 사회문제로 등장했다.**
④ 진폐증은 개인의 안전관리로 충분히 예방 가능했기 때문에 개인이 책임져야 한다.

해설 : 산재보험은 대체적으로 가장 일찍 도입된 사회보험이고, 산재의 발생, 인정, 보상을 둘러싸고 갈등의 정치를 거쳐 도입되었다. 산업화를 거치면서 진폐증이야 말로 가장 이슈가 되었던 직업병이었는데, 이때 안전관리와 예방 등에 대한 국가의 책임성이 진폐증의 규모를 결정하는데 중요한 변수가 되었다

Q2 산업재해보상보험에 관한 설명으로 옳지 않은 것을 모두 고른 것은?

> ㄱ. 산업재해를 입은 근로자는 사용자가 보험관계 성립을 신고한 후에 재해보상을 받을 수 있다.
> ㄴ. 보험료는 통상임금에 근거하여 산정한다.
> ㄷ. 요양 중인 산업재해 근로자가 근로할 경우, 휴업급여를 지급하지 아니한다.
> ㄹ. 산재보험의 피보험자는 근로자이다.

① ㄱ, ㄴ, ㄷ   ② ㄱ, ㄷ   ③ ㄴ, ㄹ
④ ㄹ   ⑤ ㄱ, ㄴ, ㄷ, ㄹ

해설 : ⑤

ㄱ. (적용제외 사업을 제외한) 근로자를 1인 이상 사용하는 모든 사업 또는 사업장은 산재보험의 당연가입대상에 해당한다. 당연가입사업은 사업이 개시되어 적용요건을 충족하게 되었을 때 사업주의 의사와는 관계없이 자동적으로 보험관계가 성립하는 사업을 말한다. 따라서 사업주의 보험관계 성립신고 여부와 관계없이 사업을 개시한 날 또는 소정의 요건에 충족되어 당연적용사업에 해당하게 되는 날 이후에 재해를 당한 근로자는 산재보험의 보상을 받을 수 있다.

▶ **제14장. 사회보험제도(1) : 산업재해보상보험제도**

ㄴ. 산재보험의 보험료는 보수총액에 근거하여 산정한다.

ㄷ. 요양으로 인하여 취업하지 못한 기간에 대하여 지급하는 소득보상 성격의 휴업급여는 근로할 경우에는 지급하지 않는다. 하지만, 요양 중 회복단계에 있거나 경미한 부상으로 취업하면서 주기적으로 요양을 받을 수 있는 근로자의 조기취업 및 직업복귀 촉진을 위해 요양 중 부분 취업 중인 근로자에게 부분휴업급여를 지급할 수 있다.

ㄹ. 산재보험은 사업주만 보험가입자가 되며 피보험자의 개념을 별도로 규정하고 있지 않다.

Q3 산재보험의 급여에 대한 설명으로 옳은 것은?

> ㄱ. 요양급여와 휴업급여의 대기일은 3일이다.
> ㄴ. 보험급여는 지급 결정일로부터 10일 이내에 지급하여야 한다.
> ㄷ. 장해급여를 받은 자 중에서 취업을 위하여 직업훈련이 필요한 자에 대하여 직업재활급여를 지급한다.
> ㄹ. 보험급여의 지급은 통상임금을 기준으로 한다.

① ㄱ, ㄴ, ㄷ   ② ㄱ, ㄷ   ③ ㄴ, ㄹ
④ ㄹ   ⑤ ㄱ, ㄴ, ㄷ, ㄹ

해설 : ② 대기일은 사유 발생일로부터 실제 급여지급까지 소요되는 기간을 의미한다. 산재보험의 요양급여와 휴업급여는 3일의 대기일을 가진다. 직업재활급여에는 직업훈련비용 및 직업훈련수당 등이 있다. ㄴ. 14일 이내에 지급하여야 한다, ㄹ. 근로기준법에 따른 평균임금을 기준으로 한다.

Q4 다음 중 산업재해보상보험에 대한 설명으로 옳은 것은?

> ㉠ 자진신고, 자진납부를 원칙으로 한다.
> ㉡ 무과실책임주의에 기반하고 있다.
> ㉢ 확정보험료는 이미 납부한 개산보험료와 정산한다.
> ㉣ 직업재활급여도 산재보험급여에 포함된다.

① ㉠, ㉡, ㉢   ② ㉠, ㉢   ③ ㉡, ㉣

④ ㄹ   　　　　　　　　　⑤ ㉠, ㉡, ㉢, ㉣

해설 : 산재보험에 대한 이해

---

1. 산재보험의 일반

1) 산재보험의 특성
   ① **4대 보험 중 가장 먼저 실시(1964년)**   ② 사업주 간의 위험 분산
   ③ 노동자 보호   ④ **무과실책임주의**
   ⑤ 심사 및 재심사청구제도

2) 산업재해보상보험의 정의 및 목적
   ① 정의 : 근로자들이 업무상의 부상, 질병 또는 사망한 경우에 근로자 본인의 치료나 부양가족의 생계를 보장하기 위한 제도
   ② 목적 : 근로자의 업무상의 재해를 신속하고 공정하게 보상

3) 산업재해보상의 원칙
   ① 산업재해의 인정   ② 산업재해의 치료와 보상   ③ 유족보상

2. 산재보험의 주요내용

1) 산재보험의 적용대상
   ① 적용범위: 모든 사업 또는 사업장에 적용
   ② 보험가입자: 1인 이상 사업장의 사업주

2) 산재보험 급여의 종류
   ① 산재급여의 지급
     · 업무수행성: 업무에 기인하여 재해의 원인이 발생한 것을 의미
     · 업무기인성: 재해와 업무 간에 상당한 인과관계가 있는 것
   ② 산재보험 급여의 종류
     · 요양급여: 3일 이내의 요양으로 치유될 수 있는 때는 지급하지 않음
     · 휴업급여: 취업하지 못한 기간이 3일 이내인 때는 지급하지 않음
     · 장해급여: 장해보상연금(1급~7급), 장해보상일시금(모든 등급) 지급
     · 간병급여: 실제로 간병을 받는 자에게 지급
     · 직업재활급여: 장해급여를 받은 자 중 직업훈련이 필요한 자에 대해 지급 (직장복귀지원금, 직장적응훈련비, 재활운동비)
     · 유족급여: 유족보상연금 또는 유족보상일시금 지급

▶ 제14장. 사회보험제도(1) : 산업재해보상보험제도

- 상병보상연금: 요양급여를 받는 근로자가 요양개시 후 2년이 경과
- 장의비: 평균임금의 120일 분에 상당하는 금액을 지급
- 특별급여

3) 산재보험의 보험료
① 보험료의 산정: 사업장의 임금총액 × 보험료율
② 보험료의 부담: 사업주가 전액 부담

4) 근로복지공단
① 노동부장관의 위탁을 받아 설립
② 보험급여의 결정 및 지급
③ 보험가입자 및 수급권자에 관한 기록의 관리·유지

Q5 다음은 산업재해보상보험에서 어느 제도를 설명하는 것인가?

평균임금이 극히 낮은 피재근로자에 대한 평균임금의 산정은 개별적으로 당해 근로자의 평균임금으로 산정하지 않고 근로자의 임금상승률과 물가상승률을 고려하여 노동부장관이 고시하는 금액을 기준으로 급여를 산정함으로써 저임금근로자에 대한 일정수준 이상의 급여액을 보장하는 제도이다.

① 최저보상제 ② **최고보상제** ③ 평균보상제
④ 임금변동순응율제 ⑤ 중위보상제

해설 : 산업재해보상보험의 보험급여액이 재해근로자 간에 상대적으로 많은 격차를 보이고 있어 보험급여의 최고, 최저 보상한도를 설정하는 등으로 급여 수준의 형평성을 제고하고 있다.

Q6 우리나라 사회보험과 관광부처를 잘못 연결한 것은?

① 국민연금 - 보건복지부 ② 국민건강보험 - 보건복지부
③ 고용보험 - 노동부 ④ **산재보상보험 - 보건복지부**
⑤ 군인연금 - 국방부

해설 : ④ 산업재해보상보험은 노동부에서 관장하고, 근로복지공단에서 운영함.

Q7 산업재해보상보험의 급여내용 중 업무상 부상 또는 질병에 걸려 4일 이상의 요양을 요할 때 의료기관에서 상병의 치료에 소요되는 비용을 치유될 때까지 지급하는 현물급여를 무엇인가?

① **요양급여**　　　　② 휴업급여　　　　③ 장해급여
④ 간병급여　　　　　⑤ 유족급여

해설 : 급여내용 중 요양급여의 내용을 자세히 알아두세요!!!

Q8 산업재해보상보험의 급여내용 중 근로자가 업무상 사유로 사망 시 또는 사망으로 추정되는 경우 그에 의하여 부양되고 있던 가족들의 생활보장을 위하여 지급되는 보험급여는 무엇인가?

① 요양급여　　　　　② 휴업급여　　　　③ 장해급여
④ 간병급여　　　　　⑤ **유족급여**

해설 : 급여내용 중 근로자의 사망과 직접적인 것으로 유족급여의 내용을 잘 알아 두세요!!!

Q9 다음 중 재원조달방식이 다른 것은 무엇인가?

① **산업재해보상보험제도**　② 국민연금제도　　③ 국민건강보험제도
④ 공무원연금제도　　　　　⑤ 노인장기요양보험제도

해설 : 산업재해보상보험제도는 사업주의 무과실책임주의에 입각하여 보험료 전액을 사업주가 부담한다. 반면에 다른 네 가지의 제도는 모두 근로자 또는 공무원과 사업주(사용자) 또는 정부가 함께 보험료를 부담한다.

Q10 다음은 산업재해보상보험제도에 대한 설명이다. 바르게 되지 못한 것은?

① 1963년에 산업재해보상보험법이 제정・공포되었고, 1964년부터 500인 이상의 광업・제조업으로 시작되었다.
② 현재는 5인 이상의 근로자를 사용하는 사업장이 강제가입의 대상이 된다.

③ 5인 이상의 사업장으로 강제가입의 대상에서 제외되는 업종으로는 건설업과 임업이 있다.
④ 재원은 고용주·사용자가 전액 부담을 하여 운영된다.
⑤ **급여의 종류에는 요양급여·휴업급여·유족급여의 3종이 있다.**

해설 : ①, ②, ③, ④는 바르게 기술되었으나, ⑤는 틀렸다. 즉 3종이 아니라 요양급여, 휴업급여, 상병보상연금, 장해급여, 유족급여, 장의비, 장해특별급여, 유족특별급여 등 8종이 있다.

Q11 우리나라 보건복지부에서 관장하고 있는 사회보장의 내용이 아닌 것은?
① 국민건강보험　　　　　　　② 국민연금
③ 기초생활보장　　　　　　　**④ 산업재해보상보험**

해설 : 산업재해보상보험제도는 고용노동부에서 관장하고 있다.

Q12 다음 중 업무상의 재해에 해당되지 않는 것은?
① 취업 중의 재해　　　　　　② 출장 중의 재해
③ 휴가지에서의 골절상　　　④ 사업장 시설 내에서의 휴게 중
⑤ 작업의 준비, 뒷처리, 대기 중의 재해

해설 : ①, ②, ④, ⑤ 외에도 작업에 따르는 부수적 행위 중이거나 천재·화재시의 긴급행위 중, 통근 중에 교통사고 등은 업무상의 재해에 해당된다.

Q13 다음 중 산업재해보상보험제도와 관련된 설명 중 바르지 못한 것은?
① 산재보험은 업무상의 재해시에 지급된다.
② 1인 이상의 근로자를 상용하는 사업장은 강제가입의 대상이다.
③ 7일 이내에 치유가능한 것은 공상으로 처리되며, 요양급여와 휴업급여가 지급되지 않는다.
④ 근로자의 과실과 사용주의 과실 등 과실책임주의가 적용된다.
⑤ 고용노동부가 직접 관리운영하며, 지방노동청 또는 지방노동사무소에서 보험료의

징수와 급여를 지급한다.

해설 : ①, ②, ③, ⑤는 바르게 기술되어 있으나 ④는 잘못된 기술이다. 즉 사용자의 무과실 책임원칙에 의거하여 근로자를 보호하며 사용자의 고의·과실시에는 별도의 손해배상청구도 가능하다. 따라서 ④는 무과실 책임원칙(주의)으로 고쳐야 바른 설명이 된다.

Q14 다음 보기의 산업재해보상보험제도에 관한 설명으로 옳지 않은 것을 모두 고른 것은?

< 보 기 >

ㄱ. 산업재해를 입은 근로자는 사용자가 보험관계 성립을 신고한 후에 재해보상을 받을 수 있다.
ㄴ. 보험료는 통상임금에 근거하여 산정한다.
ㄷ. 요양 중인 산업재해 근로자가 근로할 경우, 휴업급여를 지급하지 아니한다.
ㄹ. 산재보험의 피보험자는 근로자이다.

① ㄱ,ㄴ,ㄷ   ② ㄱ,ㄷ   ③ ㄴ,ㄹ
④ ㄹ   ⑤ ㄱ,ㄴ,ㄷ,ㄹ

해설 : ㄱ. (적용제외 사업을 제외한) 근로자를 1인 이상 사용하는 모든 사업 또는 사업장은 당연가입대상으로, 사업이 개시되어 적용요건을 충족하게 되었을 때 사업주의 의사와는 관계없이 자동적으로 보험관계가 성립하는 사업이므로 사업주의 보험관계 성립 신고 여부와 관계없이 사업을 개시한 날 또는 소정의 요건에 충족되어 당연적용사업에 해당하게 되는 날 이후에 재해를 당한 근로자는 산재보험의 보상을 받을 수 있다.
ㄴ. 산재보험의 보험료는 보수총액에 근거하여 산정한다.
ㄷ. 요양으로 인하여 취업하지 못한 기간에 대하여 지급하는 소득보상 성격의 휴업급여는 근로할 경우에는 지급하지 않는다. 하지만, 요양 중 회복단계에 있거나 경미한 부상으로 취업하면서 주기적으로 요양을 받을 수 있는 근로자의 조기취업 및 직업복귀 촉진을 위해 요양 중 부분 취업 중인 근로자에게 부분 휴업급여를 지급할 수 있다.

ㄹ. 산재보험은 사업주만 보험가입자가 되며 피보험자의 개념을 별도로 규정하고 있지 않다.

Q15 산재보험의 급여에 대한 설명으로 옳은 것은?

< 보 기 >

ㄱ. 요양급여와 휴업급여의 대기일은 3일이다.
ㄴ. 보험급여는 지급 결정일로부터 10일 이내에 지급하여야 한다.
ㄷ. 장해급여를 받은 자 중에서 취업을 위하여 직업훈련이 필요한 자에 대하여 직업재활급여를 지급한다.
ㄹ. 보험급여의 지급은 통상임금을 기준으로 한다.

① ㄱ,ㄴ,ㄷ   ② ㄱ,ㄷ   ③ ㄴ,ㄹ
④ ㄹ   ⑤ ㄱ,ㄴ,ㄷ,ㄹ

해설 : 대기일은 사유 발생일로부터 실제 급여지급까지 소요되는 기간을 의미한다. 산재보험의 요양급여와 휴업급여는 3일의 대기일을 가진다. 직업재활급여에는 직업훈련비용 및 직업훈련수당 등이 있다. ㄴ은 14일 이내에 지급하여야 하며, ㄹ의 경우는 근로기준법에 따른 평균임금을 기준으로 한다.

Q16 다음 중 산업재해보상보험과 관련이 없는 이론이나 원칙은?

① 최소사회비용이론   ② 원인주의   ③ 사회협약이론
④ 직업위험이론   **⑤ 과실책임원칙**

해설 : 산재보험은 무과실책임주의를 원칙으로 한다. 즉, 사업주의 고의, 주의, 과실을 따지지 않고 근로자의 업무상 재해에 대한 사업주의 책임을 인정한다(이전에는 사업주의 고의 및 과실이 입증될 경우에만 근로자가 보상을 받을 수 있는 과실책임주의를 원칙으로 하였음).

※ 산재보험의 이론 및 원칙
 - 최소사회비용이론 : 산재보험이라는 간편한 가입절차 및 급여지급으로 민사상 재판에 따른 비용, 시간, 노력절감이 가능하다면 책임을 따지지 않는다.

- 원인주의 : 산업재해로 인정받기 위해서는 업무기인성과 업무수행성이라는 2가지 요건(원인)을 충족시켜야 한다.
- 사회협약이론 : 산업재해에 대해 확실하고도 신속한 보상을 보장받는다면 근로자는 민사배상을 포기할 수 있고 사업주는 자신의 과실이 없어도 배상할 수 있다.
- 직업위험이론 : 자본주의체제나 산업경쟁체제에서 산업재해는 필연적인 현상이며 재해에 대한 비용은 반드시 생산비용의 일부로 포함되어 있기 때문에 과실책임 여부에 관계없이 지급되어야 한다.

제15장   사회보험제도(2) : 국민건강보험제도[125]

1. 국민건강보험제도의 개념
- 국민건강보험은 기본적으로 의료비로 인한 경제적 부담으로부터 국민들의 부담을 덜어주려는 것
- 국민건강보험은 질병으로 인해 발생하는 경제적 부담 및 사망 등을 당해 일시에 많은 지출을 하게 됨에 따라 가계가 파탄되는 것을 방지하기 위한 보험의 원리를 이용하여 의료비의 지출 부담을 건강보험 가입자 모두에게 분산시켜 가입자의 생활을 안정시키려는 사회보험
- 사회보험의 원리를 바탕으로 모든 국민이 의료보험에 강제로 가입토록 하여 피보험자에게 질병, 부상 등의 사고가 발생할 경우 요양 또는 요양비를 제공하는 것
- 요약) 질병으로 발생하는 경제적 부담의 해결을 위해 사회공동체가 공동으로 책임을 지는 제도

2. 국민건강보험제도의 유형
① 우리나라 건강보험제도는 재원의 대부분을 보험료를 통해 거두고 의료공급을 민간부문이 주도하는 형태인 사회보험방식을 채택하고 있음.
② 우리나라 건강보험제도는 2000년 7월 이전까지는 의료보험이라는 용어를 사용하였으나, 그 이후부터는 건강보험 이라는 용어를 사용
③ 건강보험 이라는 용어는 의료보험에 비해서 보다 포괄적인 보험급여를 한다는 목표를 가짐.
   예) 의료보험 : 질병발생시 의료 진료비에 대한 보장이 중심
④ 건강보험 : 추가로 적극적인 예방급여와 질병발생으로 인해 일을 못해서 소득이 상실될 경우 이를 금전적으로 보상해 주는 상병급여를 포괄하는 의미를 가지고 있음 (상병급여를 현금급여를 의미하는 것으로 볼 수 있음).

---
[125] 국민건강보험제도에 대해서는 류기형 외(2018: 204-206), 현외성(2018: 159-182), 이상은 외(2019: 158-179), 원석조(2014: 280-294), 박병현(2013: 365-405), 임정문 외(2016: 238-241), 양승일(2015: 139-146), 양정하 외(2016: 253-266), 오봉욱 외(2015: 138-139), 서보준 외(2013: 151-153), 임우석 외(2012: 244-245), 이준영·김제선(2012: 221-252), 김준규 외(2011: 219-222), 이수천 외(2011: 366-378), 박병현(2010: 383-428), 배기효 외(2010: 180-185), 김종명 외(2010: 227-236), 임봉호 외(2010: 267-287), 이진숙 외(2010: 301-308), 김태성·김진수(2004: 184-186), 박석돈(2002: 169-191) 등을 참고하여 정리·제시하였음.

3. 국민건강보험제도의 발전과정
- 1963년 의료보험법 제정하여 다음 해 6월부터 시행하기로 함.
- 그러나 시행을 유보하다 1977년에 이르러서야 본격적으로 시행
- 1977년 7월부터 500여 이상 사업장 근로자 의료보험 실시
- 1979년부터 공무원 및 사립학교 교원에 대한 의료보험 실시
- 1979년 7월부터 300인 이상 사업장까지 확대
- 1988년 1월부터 농어촌지역 의료보험 실시
- 1988년 5인 이상 사업장까지 의료보험 당연적용 확대실시
- 1989년 7월부터 도시지역 의료보험 실시하여 제도도입 12년 만에 전국민 의료보험을 실시하게 됨.
- 1999년 2월부터 국민건강보험법을 제정, 공포하고 2000년 1월부터 140개의 직장의료보험조합과 국민의료보험관리공단을 통합 운영함.
- 2000년 7월부터 국민건강보험법 시행

4. 국민건강보험제도의 관리운영
① 2000년 이전 : 직장의료보험조합 + 국민의료보험관리공단(지역과 공무원 교원 등)
② 2000년 7월 : 국민의료보험관리공단과 직장의료보험 통합, 의료보험은 단일조직으로 통합됨과 동시에 국민건강보험관리공단으로 출범

5. 국민건강보험제도의 적용대상

1) 가입자

① 자격요건과 대상
- 국민건강보험법의 가입자가 될 수 있는 사람은 **국내에 거주하는 국민**으로서, 적용제외대상자가 아닌 모든 사람이 일단 자격요건을 갖음(**국민개보험(國民皆保險)을 원칙**)
- 자격요건은 가입자와 피부양자가 모두 포함되는데, 피부양자는 다음에 해당하는 자 중 직장가입자에 의하여 주로 생계를 유지하는 자로서 보수 또는 소득이 없는

자
  ○ 직장가입자의 배우자
  ○ 직장가입자의 직계존속(배우자의 직계존속을 포함한다.)
  ○ 직장가입자의 직계비속(배우자의 직계비속을 포함한다.) 및 그 배우자
  ○ 직장가입자의 형제·자매

② 적용제외 대상
 - 의료급여법에 의하여 의료급여를 받는 자
 - 독립유공자 예우 및 지원에 관한 법률 및 국가유공자 등 예우 및 지원에 관한 법률에 의하여 의료급여를 받는 자
 - 외국정부 근로자에 대한 특례 : 외국정부가 사용자인 사업장의 근로자에 대한 건강보험에 관하여는 외국정부와의 합의에 의하여 정부가 따로 정할 수 있으며, 따라서 원칙적으로는 적용제외 대상자이지만 외국정부와의 합의에 따라 국민건강보험제도의 대상이 될 수 있음.
 - 외국인과 재외국민 : 대통령령이 정하는 외국인 및 재외국민은 보건복지부령이 정하는 바에 따라 본인이 신청하는 경우에는 국민건강보험법의 적용을 받는 가입자가 될 수 있음.

2) 가입자의 종류

① **직장가입자**
 - 사업장 근로자
  ○ 모든 사업장의 근로자 및 사용자와 공무원 및 교직원
  ○ 근로자란 직업의 종별에 불구하고 근로의 대가로서 보수를 받아 생활하는 자로서 공무원과 교직원을 제외한 자
 - 적용 제외자
  ○ 1월 미만의 기간 동안 고용되는 일용근로자
  ○ 현역병(지원에 의하지 않고 임용된 하사 포함), 전환복무된 사람 및 무관후보생
  ○ 선거에 의하여 취임하는 공무원으로서 매월 보수 또는 이에 준하는 급료를 받지 않는 자

○ 기타 사업장의 특성, 고용형태 및 사업의 종류 등을 고려하여 대통령령으로 정하는 사업장의 근로자 및 사용자와 공무원 및 교직원

② **지역가입자** : 가입자 중 직장가입자와 그 피부양자를 제외한 자

6. 국민건강보험제도의 급여
- 보험급여 수준 : 피보험자의 보험료 부담능력과 보험재정 상태 등을 감안, 보험료 부담수준과 균형을 이루는 수준에서 결정됨.
- 건강보험 급여 : 제공형태에 따라 현물급여와 현금급여로 구분(⇒ 우리나라 건강보험제도는 요양기관을 통해 의료서비스를 제공하는 현물급여 원칙)
  - 현물급여 : 가입자 및 피부양자에게 요양기관을 통해 직접 의료서비스를 제공하는 것으로 요양급여와 건강검진이 있음.
    ㉮ 요양급여 : 가입자 및 피부양자의 질병과 부상에 대한 예방·재활·입원·간호·이송 등에 대하여 직접 의료서비스를 제공받는 것
    ㉯ 건강검진 : 가입자 및 피부양자에 대한 질병의 조기 발견과 그에 따른 요양급여를 하기 위해 2년마다 1회 이상 건강검진 실시
  - 현금급여 : 요양비, 장제비, 본인부담액보상금, 장애인보장구 급여비 등이 있음.
    ㉮ 요양비 : 가입자 또는 피부양자가 긴급이나 기타 부득이한 사유로 인해 요양기관에서 제외되는 의료기관 등에서 질병, 부상, 출산 등에 대해 요양을 받거나 요양기관이외의 장소에서 출산할 때에는 그 요양급여에 상당하는 금액을 그 가입자 또는 피부양자에게 지급하는 것
    ㉯ 장제비 : 가입자 또는 피부양자가 사망한 경우 그 장제를 행한 자에게 지급하는 것
    ㉰ 본인부담금 보상금 : 가입자 또는 피부양자가 요양급여를 받고 지급한 본인부담금액이 매 30일간에 120만원을 초과할 경우 초과금액의 50/100을 지급하는 것
    ㉱ 장애인 보장구급여비 : 장애인복지법에 의해 등록한 장애인 가입자 및 피부양자가구입한 보장구에 대해 공단이 그 금액의 일부를 지급하는 것

<표 15-1> 국민건강보험제도의 급여의 종류

현물급여	요양급여
	건강검진
현금급여	요양비
	장제비본인부담액보상금
	장애인보장구급여비

7. 국민건강보험제도의 보험재정

① 보험료 부과
  ㉠ 우리나라 건강보험은 사회보험방식에 의해 재원을 조달함을 원칙으로 하고 있음.
  ㉡ 임금근로자(직장가입자, 공무원 및 교원 가입자) : 소득비례정율제
  ㉢ 지역가입자(농어민과 도시 자영업자) : 등급(구간)별 정액제(대상범위가 광범위 하고 소득의 형태가 다양하여 정확한 소득 파악에 어려움이 있어서 소득비례정율제 대신 실시)

② 건강보험 재정운영
  - 건강보험이 안정적으로 운영되기 위해서는 보험재정의 수입과 지출이 균형을 이루어야 함. 이는 가입자가 부담한 보험료와 국고지원금을 포함한 수입 범위 내에서 지출이 이루어져야 함을 의미

③ 진료비 심사와 진료비 지불제도
  ㉠ 진료비 심사 : 의료인에 의해 제공되는 의료서비스의 적정성을 평가하는 것
  ㉡ 건강보험제도에서는 진료비 심사를 통해서 의료기관에서 건강보험관리공단에 청구된 진료비의 적정성을 평가하여 과잉진료나 부당청구, 산정착오 등의 명목으로 청구된 진료비는 삭감하고 있음.
  ㉢ 진료비 심사 기관 : 건강보험 심사평가원
  ㉣ 건강보험심사평가원의 설립 목적 : 요양급여비용을 심사하고, 요양급여의 적정성에 대한 평가를 시행하며, 심사 및 평가 기준을 개발하는 등의 업무를 수행할 목

적으로 설립
⇒ 건강보험심사평가원은 심사기능뿐만 아니라 평가기능까지 가지고 있으며 평가 결과에 따라 요양급여 비용을 가산 또는 감액 조정하여 지급할 수도 있을 정도로 강화된 기능을 가지고 있는 곳

④ 진료비 지불제도
  ㉠ 의료기관을 이용한 피보험자의 진료비를 지불하는 방법 : 행위별 수가제, 인두불제, 총액계약제, 예산제 등
  ㉡ 행위별 수가제(fee for service, 점수제 또는 성과지불제) : 의료기관이 피보험자가 이용한 의료기관의 의료서비스를 항목별로 산정해서 그 총액을 지불하는 방법으로서, 우리나라를 비롯해 미국과 일본에서 실시되고 있는 제도
  ㉢ 인두불제 : 의료인이 일정한 인원을 할당 받아서 진료를 하고 할당된 인원에 따라 일정한 금액을 정해서 지급하는 방법
  ㉣ 총액계약제 : 한 국가의 진료비 총액을 미리 결정, 그 한도 내에서 진료를 하도록 하는 방법
  ㉤ 예산제 : 진료비 총액을 미리 결정하는 방법으로 총액계약제와 유사한 방법(병원이 국영 또는 공익기관으로 운영되는 영국이나 독일, 스웨덴 등에서 가능한 방법)

<표 15-2> 국가별 보건의료서비스 방식

구분	영국	뉴질랜드	호주	일본	미국	한국
보건의료 공급방식	국가보건서비스 방식(NHS)	혼합방식 (NHS+건강보험)	혼합방식 (NHS+건강보험)	국민건강보험 방식	민간보험방식	국민건강보험 방식(사회보험)
관리운영	정부	정부와 비영리기구	정부	정부와 조합	민간보험회사	정부
재원조달	조세	조세	조세	보험료 (일부국고지원)	민간보험료	보험료, 조세
적용대상	전국민	전국민	전국민	전국민	임의가입	전국민
보건의료 공급체계	공공주도	공공주도	공공주도	민간주도	민간주도	민간주도
진료비 지불방식	• 1차: 인두불제 • 2차: 총액예산	• PHO가입시: 인두제(입원시	• 1차: 행위별수가제	행위별 수가제 (일부병원의 입	행위별 수가제 (포괄수가제와	행위별수가제 (일부 진료군별

▶ 제15장. 사회보험제도(2) : 국민건강보험제도

구분	영국	뉴질랜드	호주	일본	미국	한국
	제와 건별비용 지급방식의 혼합형태	포괄수과제 적용) • PHO미가입시: 행위별수가제	• 2차: 총액예산제와 포괄수가제 혼합방식	원환자는 포괄수가제 적용)	정액제 혼용 운영)	포괄수가제 적용)

<표 15-3> 우리나라 국민건강보험제도의 주요 내용 분석

분석틀		주요 내용
운영주체 (전달체계)	관장자 (행정체계)	보건복지부(건강보험 제도관련 정책 결정) + 건강보험정책심의위원회(장관 소속 위원회)
	관리운영 (집행체계)	국민건강보험공단(건강보험 보험자) + 건강보험심사평가원(심사·평가 전문기관)
적용대상 (할당체계)	자격조건	국내 거주 전 국민(+ 공공부조인 의료급여 = 전 국민 의료보장 실현)
	가입자 종류	• 직장가입자: 사업장의 근로자 및 사용자와 공무원 및 교직원, 그리고 그 피부양자 • 지역가입자: 직장가입자를 제외한 자
정책방법 (급여체계)	수급조건	
	급여종류	요양급여 / 건강검진 / 요양비 / 임신·출산진료비 / 장애인보장구 급여비 / 장제비 / 본인부담액보상금
	급여수준	급여항목의 최고 80%~최저 20% 혜택 / 1회/2년 / 요양비의 보험급여 기준 및 방법 제8조 참고 / • 진료비: 60만원/1회 • 외래기관외 출산비: 25만원 / 보장구별 기준금액 한도 내, 구입금액의 90% 지급 / 2008년 폐지 / 분위별 본인부담액이 상한핵 기준 초과분 보상
	급여종류별 수급권자	<table><tr><th colspan="2">구분</th><th>수급권자</th></tr><tr><td rowspan="2">현물급여</td><td>요양급여</td><td>가입자 및 피부양자</td></tr><tr><td>건강검진</td><td>가입자 및 피부양자</td></tr><tr><td rowspan="4">현금급여</td><td>요양비</td><td>가입자 및 피부양자</td></tr><tr><td>장애인보조기기</td><td>가입자 및 피부양자 중 장애인복지법에 의해 등록한 장애인</td></tr><tr><td>본인부담액상한제</td><td>가입자 및 피부양자</td></tr><tr><td>임신·출산 진료비</td><td>가입자 및 피부양자 중 임산부</td></tr></table>
재원조달 (재원체계)	재정원천	보험료 + 정부지원(20%) [국고지원(14%) 건강증진기금(6%)] + 본인부담금(입원: 총진료비의 20% / 외래: 요양급여비용의 30~60%)
	재정부담 원칙	노사 각각 1/2
	보험료 산정기준	• 보험료 = 보수월액 × 건강보험료율 ※ 보수월액은 동일사업장에서 당해연도에 지급받은 보수총액을 근무월수로 나눈 금액
	보험료율	6.67% (사업주 3.335% + 근로자 3.335%)

✱ 평가하기

Q1 우리나라 국민건강보험에 관한 설명으로 옳지 않은 것은?

① 진료비 지불방식으로 행위별수가제와 포괄수가제가 사용되고 있다.
② 가입자는 직장가입자와 지역가입자로 구분된다.
③ **공무원 등 특수직역종사자는 가입대상이 아니다**
④ 건강보험의 요양급여와 노인장기요양보험의 요양급여는 급여내용이 다르다
⑤ 질병치료 시 상실된 소득을 보장하는 상병수당은 지급되고 있지 않다.

해설 : ③ 공무원 및 교직원도 가입대상(직장가입자)에 해당한다

Q2 다음에서 설명하는 것은 무엇인가?

> 고액·중증질환자의 과다한 진료비 지출로 인한 가계의 경제적 부담을 덜기 위해 건강보험 적용 본인부담금이 가입자의 보험료 수준별로 상한액을 초과하는 경우 그 초과액을 공단이 부담하는 제도

① 상병수당   ② 요양비   ③ 반환일시금
④ **본인부담액상한제도**   ⑤ 포괄수가제

해설 : ④ 보험료 수준별로 하위 50%는 연간 200만원, 중위 30%는 300만원, 상위 20%는 400만원을 상한액으로 한다.

Q3 건강보험 운영에 있어 통합주의 방식의 장점이 아닌 것은?

① 행정비용의 절감   ② 위험분산과 분배적 기능 확대
③ **자영자의 소득 파악**   ④ 지역 간 불평등 제거
⑤ 재정 효율성 증가

해설 : 건강보험의 통합주의 방식의 장점 : 관리운영의 효율성 제고, 지역 간, 계층 간 소득재분배 효과, 조합 간 격차 해소, 전국적 수준의 보험료와 급여수준 통제 가능

▶ 제15장. 사회보험제도(2) : 국민건강보험제도

Q4 우리나라 국민건강보험제도의 지역가입자 보험료 산정 시 고려할 요소로 적절하지 않은 것은?

① 소득　　　　　　　② 재산　　　　　　　③ 생활수준
④ **가족 수**　　　　　⑤ 경제활동참가율

해설 : ④ 지역가입자의 보험료 산정 시 소득, 재산(전월세, 자동차 포함), 생활수준, 경제활동 참가율(성, 연령) 등을 고려하여 결정한다.

Q5 국민건강보험제도 내의 본인부담 상한제도에 대한 설명으로 적절하지 않은 것은?

① 진료비 중 본인부담금이 일정한 금액을 초과할 경우, 초과한 부분을 공단이 부담
② 초과한 진료비는 사후에 환급받기도 한다.
③ 비급여 항목과 전액본인부담항목은 제외된다.
④ **6개월간 본인부담금이 100만원을 넘는 경우에 해당한다.**
⑤ 가계의 경제적 부담을 덜고, 건강보험의 보장성을 강화하는 목적을 가지고 있다.

해설 : ④ 6개월 간 본인부담금이 200만원이 넘었을 경우에 해당한다.

Q6 전국민 의료보험의 실시 년도는?

① **1989년**　　　　　② 2000년　　　　　③ 2001년
④ 2002년　　　　　　⑤ 2003년

해설 : 1989년 7월 1일부터 전국민 의료보험이 실시

Q7 국민건강보험의 급여내용이 아닌 것은?

① 요양급여　　　　　② 건강검진　　　　　③ 장애인보장구급여
④ **유족급여**　　　　⑤ 요양비

해설 : 국민건강보험제도의 현물급여는 요양급여, 건강검진 등이 있고, 현금급여로는 요

양비, 장애인보조기기, 본인부담액상한제, 임신·출산 진료비 등이 있다. ④ 유족급여는 국민연금제도의 급여종류이다.

Q8 다음에서 설명하는 것은 무엇인가?

> 고액·중증질환자의 과다한 진료비 지출로 인한 가계의 경제적 부담을 덜기 위해 건강보험 적용 본인부담금이 가입자의 보험료 수준별로 상한액을 초과하는 경우 그 초과액을 공단이 부담하는 제도

① 상병수당　　　　　② 요양비　　　　　③ 반환일시금
④ 본인부담액상한제도　　⑤ 포괄수가제

해설 : 이 문제는 본인부담액상한제도에 대한 것이다. 이 제도는 보험료 수준별로 하위 50%는 연간 200만원, 중위 30%는 300만원, 상위 20%는 400만원을 상한액으로 한다.

Q9 우리나라 국민건강보험에 관한 설명으로 옳지 않은 것은?

① 진료비 지불방식으로 행위별수가제와 포괄수가제가 사용되고 있다.
② 가입자는 직장가입자와 지역가입자로 구분된다.
③ 공무원 등 특수직역종사자는 가입대상이 아니다.
④ 건강보험의 요양급여와 노인장기요양보험의 요양급여는 급여내용이 다르다.

해설 : 공무원 및 교직원도 가입대상(직장가입자)에 해당한다.

Q10 다음 보기 중 국민건강보험제도에 대한 설명으로 옳은 것으로만 묶인 것은 ?

> 〈 보 기 〉
> 가. 포괄수가제를 일부 적용한다.
> 나. 상병수당 지급
> 다. 건강보험심사평가원은 요양급여의 적정성 심사·평가
> 라. 본인부담금 상한제도는 6개월간 본인부담금이 400만 원이 넘는 저소득에 한하여 실시

① 가, 나, 다 ② 가, 다 ③ 나, 라
④ 라 ⑤ 가, 나, 다, 라

해설 : 우리나라 건강보험은 행위별 수가제(개별 의료행위마다 가격이 지불되는 체계)가 적용 되지만, 일부 질병군에 대해 포괄수가제(발생빈도가 높은 질병군에 대해 환자의 입원일 수와 중증도에 따라 미리 정해진 표준화된 진료비를 지급)를 적용하고 있다. 건강보험심사평가원은 요양급여비용을 심사하고 요양급여의 적정성을 평가한다. 현재 우리나라 건강보험에서는 상병수당(질병기간 동안 소득보장)을 지급하지 않는다. 본인부담금 상한제도는 고액·중증질환자의 과다한 진료비 지출로 인한 가계의 경제적 부담을 덜어주기 위하여 6개월간 건강보험 본인부담금이 300만원을 넘었을 경우 그 초과금액을 공단이 부담하는 제도이다.

제16장   사회보험제도(3) : 노인장기요양보험제도[126]

1. 노인장기요양보험제도의 시행 의의
① 그동안 가족의 영역에 맡겨져 왔던 치매·중풍 등 노인에 대한 장기간에 걸친 간병, 장기 요양 문제를 사회연대 원리에 따라 국가와 사회가 분담
② 노인뿐만 아니라 장기요양을 직접 담당하던 중장년층과 자녀 등 모든 세대에게 혜택을 주는 제도.
③ 노인들은 더 이상 자식들에게 부담을 주지 않고 계획적이고 전문적 장기 요양 서비스를 받을 수 있어 보다 품위있게 노후를 보낼 수 있음.
④ 장기요양을 직접 담당하던 중·장년층은 정신적, 육체적, 경제적 부담에서 벗어나 경제, 사회활동에 전념할 수 있음.
⑤ 자녀들도 장기 요양 부담이 해소된 가정에서 더 나은 교육과 보살핌을 받을 수 있을 것임.

2. 국민건강보험제도와의 차이점
① 국민건강보험 : 치매/중풍 등 질환의 진단, 입원 및 외래 치료, 재활치료 등을 목적으로 주로 병·의원 및 약국에서 제공하는 서비스를 급여 대상으로 함.
② 노인장기요양보험 : 치매/중풍의 노화 및 노인성 질환 등으로 인하여 혼자 힘으로 일상생활을 영위하기 어려운 대상자에게 요양 시설이나 재가 장기 요양기관을 통해 신체 활동 또는 가사지원 등의 서비스를 제공하는 제도

3. 노인장기요양보험제도의 적용대상
① 인구학적 조건 : 65세 이상의 노인 및 65세 미만으로 노인성 질병을 가진 자
② 신체적 조건 : 장기요양등급 인정신청을 하여 1~5등급 판정을 받은 자

---

[126] 노인장기요양보험제도에 대해서는 류기형 외(2018: 207-209), 현외성(2018: 237-258), 이상은 외(2019: 246-265), 원석조(2014: 295-308), 임정문 외(2016: 246-249), 양승일(2015: 173-181), 오봉욱 외(2015: 141-142), 서보준 외(2013: 158-160), 임우석 외(2012: 247-249), 김준규 외(2011: 228-230), 이준영·김제선(2012: 315-337), 이수천 외(2011: 378-386), 배기효 외(2010: 203-211), 임봉호 외(2010: 292-303), 이진숙 외(2010: 322-328), 김태성·김진수(2004: 192-195) 등을 참고하여 정리·제시하였음.

▶ 제16장. 사회보험제도(3) : 노인장기요양보험제도

4. 노인장기요양보험제도의 급여
　① 시설급여 : 노인요양시설, 노인요양공동생활가정
　② 재가 급여 : 방문요양, 방문목욕, 방문간호, 주·야간 보호, 단기보호
　③ 특별현금급여 : 가족요양비, 특례요양비, 요양병원 간병비

5. 노인장기요양보험제도의 재원

1) 보험료
　① 보험료 징수 : 장기요양보험 가입자는 건강보험 가입자와 동일하며 국민건강보험공단은 장기요양보험료와 건강보험료를 통합하여 징수함.
　② 국민건강보험공단은 통합, 징수한 장기요양보험료와 건강보험료는 각각 독립회계로 관리함.
　③ 장기요양보험료 = 건강보험료액 × 장기요양보험료율(2021년 11.52%)

2) 국가부담
　① 국가는 매년 예산의 범위 안에서 당해년도 장기요양보험료 예상 수입액의 100분의 20에 상당하는 금액을 국민건강보험공단에 지원
　② 국가와 지방자치단체는 의료수급권자의 장기요양급여 비용 중 공단이 부담하여야 할 비용과 관리운영비의 전액을 대통령령이 정하는 바에 따라 각각 부담

3) 본인일부부담금
　① 재가급여 : 당해 장기 요양급여 비용의 100분의 15
　② 시설급여 : 당해 장기 요양급여 비용의 100분의 20
　③ 국민기초생활보장법에 의한 수급자는 전액 면제
　④ 의료급여수급권자, 소득·재산등 보건복지부장관이 정하여 고시하는 일정금액 이하인 자는 본인 부담금을 50% 경감

6. 노인장기요양보험제도의 기대효과
　① 노인의 삶의 질 향상

② 가족의 부양 부담 경감
③ 여성 등 비공식적인 요양인의 사회·경제활동 활성화
④ 사회서비스 일자리 확대, 지역 경제 활성화
⑤ 노인의료 및 요양의 전달체계 효율화

<표 16-1> 우리나라 노인장기요양보험제도의 주요 내용 분석

분석틀		주요 내용									
운영주체 (전달체계)	관장자 (행정체계)	보건복지부(건강보험 제도관련 정책 결정) + 건강보험정책심의위원회(장관 소속 위원회)									
	관리운영 (집행체계)	국민건강보험공단(건강보험 보험자)									
적용대상 (할당체계)	자격조건	국내 거주 전 국민 + 일정 기여 조건									
	가입자 종류	※ 국민건강보험 가입자의 종류와 동일 •직장가입자: 사업장의 근로자 및 사용자와 공무원 및 교직원, 그리고 그 피부양자 •지역가입자: 직장가입자를 제외한 자									
정책방법 (급여체계)	수급조건	•연령 및 노인성질환 유무 기준: 65세 이상의 노인 또는 65세 미만으로서 치매, 뇌혈관질환 등 대통령령으로 정한 노인성 질병을 가진 자인 동시에, •등급판정 기준: 1~5등급 및 인지지원등급의 장기요양 인정을 받은 자									
	급여종류	시설급여		재가급여					특별현금급여			기타재가급여 (복지용구)
		노인요양	노인공생	방문요양	방문간호	방문목욕	주야간보호	단기보호	가족요양비	특례요양비	요양병원간병비	
	급여수준	70,990/일	62,230/일	22,310/시간	45,290/회(時)	74,470/회	46,960/8시간	57,320/일	150,000	시행 유보		-
재원조달 (재원체계)	재정원천	보험료 + 정부지원(20%) + 본인부담금 (시설급여 20%, 재가급여 15%)									
	재정부담 원칙	노사 각각 1/2									
	보험료 산정기준	보험료 = 건강보험료(액) × 장기요양보험료율									
	보험료율	10.25%% (사업주 5.125% + 근로자 5.125%)									

▶ 제16장. 사회보험제도(3) : 노인장기요양보험제도

* 평가하기

Q1 다음 중 노인장기요양보험제도에 관한 설명으로 옳지 않은 것은?

① **단기보호는 시설급여에 속한다.**
② 장기요양인정의 유효기간은 최소 1년 이상으로 한다.
③ 노인요양공동생활가정도 시설급여를 제공할 수 있다.
④ 장기요양기관을 설치, 운영하고자 하는 자는 시장·군수·구청장의 지정을 받아야 한다.
⑤ 65세 이상의 노인 또는 65세 미만으로 특정 노인성 질환을 가진 자로 6개월 이상 장기요양을 요하는 자가 대상이 된다.

해설 : 단기보호는 방문요양, 방문목욕, 방문간호, 주·야간보호, 기타 재가급여와 함께 '재가급여'에 속한다.

Q2 노인장기요양보험제도에 대한 설명 중 옳은 것은?

① 고령으로 인한 노인의 소득보장을 위한 사회보험제도이다.
② 65세 이상의 노인만이 대상이 된다.
③ 장기요양급여는 재가급여에 우선해서 시설급여가 제공된다.
④ **신체활동 또는 가사활동 지원 등에 관한 장기요양급여를 지급한다.**
⑤ 장기요양급여의 신청자격에서 의료급여 대상자는 제외된다.

해설 : 노인장기요양보험제도는 치매, 중풍 등 노인성 질환으로 인해 거동이 불편한 어르신들에게 요양서비스를 제공하는 사회보험제도로서, 65세 이상 및 65세 미만의 특정 노인성 질환을 가지고 6개월 이상의 장기적인 요양이 필요한 자가 그 대상이 되며, 시설급여에 우선해서 재가급여를 제공하고 있고, 의료급여 대상자도 대상이 된다.

Q3 노인장기요양보험의 급여와 재원에 대한 다음의 내용 중 잘못된 것은? 3

① 급여의 종류로는 재가급여, 시설급여, 특별현금급여가 있다.
② 가입자가 부담하는 장기요양보험료, 국가의 조세, 본인의 일부 부담금으로 재원이

구성된다.
③ **국민기초생활수급권자의 본인일부부담은 1/2로 경감한다.**
④ 장기요양보험료는 국민건강보험료와 통합하여 징수된다.
⑤ 방문요양, 방문목욕, 주·야간 보호 등은 재가급여에 해당된다.

해설 : 국민기초생활수급권자의 경우, 본인일부부담금이 전액 면제 되며, 의료급여수급권자는 본인일부부담금의 50%를 감면한다.

Q4 노인장기요양보험의 실시 시기는?
① 2007년　　　　　② **2008년**　　　　　③ 2009년
④ 2006년　　　　　⑤ 2005년

해설 : 2007년 4월 2일에 국회 통과하여 2008년 7월 1일 실시

Q5 노인장기요양보험법 상 장기요양급여에 포함되지 않는 것은?
① 방문요양　　② 주·야간보호　　③ **도시락배달**　　④ 방문목욕

해설 : 노인장기요양급여의 종류
　　㉠ 재가급여 : 방문요양, 방문목욕, 방문간호, 주·야간보호, 단기보호, 기타재가급여(복지용구)
　　㉡ 시설급여 : 노인요양시설, 노인요양공동생활가정
　　㉢ 특별현금급여 : 가족요양비, 특례요양비, 요양병원간병비

Q6 노인장기요양보험제도에 대한 설명으로 틀린 것은?
① 65세 이상의 노인을 대상으로 한다.
② **건강보험료와 구분하여 고지하고 회계 관리는 함께 한다.**
③ 신청을 하면 등급심사를 거쳐 급여를 받을 수 있다.
④ 국가와 지방자치단체도 급여비용의 일부를 부담한다.
⑤ 수급자의 본인부담이 존재한다.

해설 : 노인장기요양보험 가입자는 건강보험 가입자와 동일하며, 건강보험공단은 장기요양보험료와 건강보험료를 통합 징수하되, 보험료는 각각 독립회계로 관리함

Q7 다음 중 장기요양등급은 몇 등급으로 구분되는가?

① 1등급 ② 5등급 ③ 1~10등급
④ 1~3등급 **⑤ 1~5등급**

해설 : 장기요양등급은 대상자의 심신의 기능저하 상태를 측정하는 방법에 따라 1~5등급으로 분류한다.

Q8 노인장기요양보험법령의 내용으로 옳은 것은?

① 장기요양보험사업은 고용노동부장관이 관장한다.
② 장기요양보험사업의 보험자는 국민연금공단으로 한다.
③ 장기요양보험료는 건강보험료와 통합하여 고지하여야 한다.
④ 통합 징수한 장기요양보험료와 건강보험료를 각각의 독립회계로 관리하여야 한다.
⑤ 장기요양급여는 시설급여를 우선적으로 제공하는 것을 기본원칙으로 한다.

해설 : 노인장기요양보험사업은 보건복지부장관이 관장하고 보험자는 국민건강보험공단이 된다. 노인장기요양보험료는 건강보험료와 분리하여 고지하고 통합 징수하며 각각 독립회계로 관리된다.

Q9 일상생활을 혼자서 수행하기 어려운 노인과 관련한 사례를 접한 A 사회복지사가 현행 노인장기요양보험제도의 급여와 관련하여 처리해야 할 사안 중 옳지 않은 것은?

① 연령이 65세 이상 또는 65세 미만으로서 치매 등 대통령령으로 정하는 노인성 질병여부를 확인한다.
② 재가노인요양보호가 집에서 24시간 재가급여를 제공하기 때문에 시설급여를 제공하는 장기요양기관보다 주간보호센터 등 재가급여 기관을 우선 조사한다.
③ 도서·벽지 등 장기요양기관이 현저하게 부족한 지역은 보건복지부장관이 정하여 고시하는 경우 특별현금급여가 가능하므로 노인의 거주지를 파악한다.
④ 장기요양보험사업의 보험자는 국민건강보험공단이므로 관련 문의사항은 국민건강

보험공단에 확인한다.

해설 : 24시간 재가급여를 제공하는 재가노인요양보호라는 말은 노인장기요양보험법령에 없다. 그리고 재가노인요양보호가 집에서 24시간 재가급여를 제공하기 때문에 주간보호센터 등 재가급여 기관을 우선 조사한다는 것도 말이 되지 않는다.

Q10 노인장기요양보험제도에 대한 설명으로 틀린 것은?

① 65세 이상의 노인을 대상으로 한다.
② **건강보험료와 구분하여 고지하고 회계관리는 함께 한다.**
③ 신청을 하면 등급심사를 거쳐 급여를 받을 수 있다.
④ 국가와 지방자치단체도 급여비용의 일부를 부담한다.
⑤ 수급자의 본인부담이 존재한다.

해설 : 노인장기요양보험 가입자는 건강보험 가입자와 동일하며, 건강보험공단은 장기요양보험료와 건강보험료를 통합징수하되 보험료는 각각 독립회계로 관리한다.

제17장   사회보험제도(4) : 고용보험제도[127]

1. 고용보험제도의 개념

① 자본주의 시장경제체제 하에서는 경기가 아무리 좋아도 기업의 생존과 소멸은 끊임없이 이루어지고 있음. 그에 따른 어느 정도의 실업률은 당연하다고 볼 수 있음.

② 기술혁신에 따른 구조조정과 경기 변동에 따라 실업은 누구에게나 발생할 수 있는 사회적 위험이 되고 있기 때문에, 실업자의 발생을 국민경제 차원에서 보면 근로자 개인과 개별기업의 책임으로만 방치 할 수는 없다는 것

③ 국민경제 차원에서 실업자 발생의 문제점
- 실업자의 발생 → 실업자와 그 가족의 구매력 저하 → 국내 소비수요의 감소 → 생산의 저하와 고용의 감소 초래 → 실업을 더욱 확대 → 경제 침체

④ 고용보험법 제1조 : "고용보험은 고용보험의 시행을 통하여 실업예방·고용촉진 및 근로자의 직업능력 개발 및 향상을 도모하고 국가의 직업지도·직업소개 기능을 강화하며 실업근로자에게 생활에 필요한 급여를 실시함으로써, 근로자의 생활안정과 구직 활동을 촉진하고 경제·사회발전에 이바지함을 목적으로 한다" 라고 규정

⑤ 즉, 실업을 보험의 원리에 의해 노동자가 실직으로 인해 소득을 상실하였을 때 생활의 안정을 위해 일정 기간동안 일정 수준의 급여를 지급하는 사회보험의 일종으로 볼 수 있다는 것

⑥ ∴ 고용보험 ⇒ 실직자에 대한 생계지원과 재취업을 촉진하고 나아가서는 실업의 예방 및 고용안정, 노동시장의 구조 개편, 직업능력개발 강화 등을 위한 사전적, 적극적 차원의 종합적인 노동시장정책의 수단

2. 고용보험제도의 기능

① 빈곤 방지의 사회보장적 기능 : 근로자가 실직을 당했을 경우 실직자 및 그 가족에 대한 실업급여를 지급함으로써 사회적 빈곤의 증대를 완화

---

[127] 고용보험제도에 대해서는 이상은 외(2019: 116-125), 류기형 외(2018: 211-213), 현외성(2018: 207-236), 임정문 외(2016: 244-246), 양승일(2015: 162-170), 오봉욱 외(2015: 139-140), 서보준 외(2013: 154-156), 임우석 외(2012: 246-247), 김준규 외(2011: 225-227), 이준영·김제선(2012: 291-310), 이수천 외(2011: 358-366), 배기효 외(2010: 189-203), 김종명 외(2010: 251-258), 임봉호 외(2010: 339-356), 이진숙 외(2010: 315-322), 김태성·김진수(2004: 189-192), 박석돈(2002: 233-279) 등을 참고하여 정리·제시하였음.

② 사회적 연대증진의 정치적 기능 : 실업을 많이 발생시키는 고용주나 근로자에게는 높은 보험요율을 부과시켜 실업의 발생을 억제하고자 하는 장치(경험요율제)를 도입해서 고용주가 고용안정을 유지하도록 해서 실업문제를 둘러싼 노사간 긴장과 갈등을 완화시키는 역할 수행함으로써 사회구성원간의 일체감을 높여 정치적 안정과 사회적 연대를 증진

③ 소득재분배 및 기업경쟁력 강화의 경제적 기능
  ㉠ 실업급여를 지급함으로써 경기불황 시에 근로자의 구매력을 일정수준 유지하여 경기에 대한 조절기능 수행
  ㉡ 보험료를 동일하게 부담하고 있지만 대부분 실업발생 확률이 높은 저소득계층에 지원이 이루어지기 때문에 소득 재분배의 기능 담당
  ㉢ 고용보험제도는 민간주도의 자율적인 직업능력개발사업의 교육훈련을 활성화 : 근로자의 노동생산성 향상과 고용안정 및 기업의 경쟁력 강화에도 도움을 줌.

④ 불평등 예방의 사회적 기능
  - 저소득층에서 실업이 주로 발생하기 때문에 실업급여와 직업훈련, 재취업 촉진 등의 고용보험 제도는 사회적 불평 등의 심화를 예방

3. 고용보험제도의 기본원칙
① 실업발생은 근로자 개인만의 책임이 아닌 사회적 책임론 대두
② 운영은 국가에서 담당
③ 자격 및 수혜대상은 일정기간 피보험자 자격을 가져야 하고 보험료를 납부해야 함
④ 보험료와 보험금은 균등을 이루어야 한다.
⑤ 보험금은 노동의사능력, 구직중이지만 취업기회를 얻지 못한 경우 지급
⑥ 보험금의 지급은 일정기간 자금의 일부에 해당하는 금액을 지급

4. 고용보험제도의 관리운영
① 관장(주관)부서 : 고용노동부(+ 고용정책심의회)
② 관리운영조직
  ㉠ 고용노동부 지방청(고용안정센터) : 고용보험업무 수행
  ㉡ 근로복지공단 : 보험료 징수

5. 고용보험제도의 적용대상

1) 적용대상 : 1998. 10. 1부터 1인 이상의 근로자를 고용하는 모든 사업 또는 사업장 대상 적용

2) 당연적용사업
   ① 사업이 개시되거나 사업이 적용요건을 충족하게 되었을 때 사업주 또는 근로자의 의사와 관계없이 자동적으로 보험관계가 성립되는 사업을 말함.
   ② 적용제외사업
      ㉠ 법인이 아닌 농업, 임업, 어업 및 수렵업 중 상시근로자 4인 이하 고용 사업
      ㉡ 총 공사금액이 매년 노동부장관이 고시하는 금액(2천만원) 미만인 건설공사
      ㉢ 연면적이 100제곱미터 이하인 건축물의 건축 또는 연면적이 200제곱미터 이하인 건축물의 대수선에 관한 공사
      ㉣ 가사서비스업

3) 임의가입사업
   ① 고용보험법의 의무적용을 받지 아니하는 사업(위의 적용제외 사업)으로서 고용보험 가입여부가 사업주의 자유의사에 일임되어 있는 사업
   ② 이 경우 사업주는 근로자 과반수 이상의 동의를 얻어 고용보험가입신청서를 관할 근로복지공단에 제출하여 승인을 받아야 가입할 수 있으며 사업주의 선택에 따라 고용보험의 전 사업(실업급여, 고용안정/직업능력개발사업)에 가입하거나 실업급여에만 가입할 수 있음.

6. 고용보험제도의 급여 : 고용안정사업, 직업능력개발사업, 실업급여사업
   ① 고용안정사업 : 근로자의 실업을 예방하고 고용안정을 도모하는 고용조정지원사업과 고령자·여성 등 노동시장 취약계층에 대한 고용촉진지원사업, 그리고 고용촉진시설 지원사업 등이 있음.
   ② 직업능력개발사업 : 근로자들의 직업수행능력을 향상시킴으로써 직장에서 노동생산

성을 향상시키고, 근로자의 임금수준을 향상시켜서 기업의 경쟁력을 강화하기 위해 실시하는 사업
- 현행 사업
  - 사업주 지원사업 : 직업능력개발훈련사업, 유급휴가훈련지원, 직업능력개발훈련시설·장비 자금대부 및 지원사업 등
  - 근로자 지원사업 : 수강장려금 지원, 근로자학자금대부, 실업자 재취업훈련 지원사업 등
③ 실업급여 : 구직급여와 상병급여, 연장급여, 취업촉진수당 등
  ㉠ 구직급여 : 실업급여 중 가장 기본적인 급여, 피보험자의 실업기간 중 생활안정을 도모하기 위해 지급되는 급여

〈표 17-1〉 구직급여의 소정급여일수

구분		피보험기간				
		1년 미만	1년 이상 3년 미만	3년 이상 5년 미만	5년 이상 10년 미만	10년 이상
이직일 현재 연령	50세 미만	120일	150일	180일	210일	240일
	50세 이상	120일	180일	210일	240일	270일

※ 출처 : 고용보험법 [별표 1] 구직급여의 소정급여일수(제50조제1항 관련)

  ㉡ 상병급여 : 수급자격자가 수급기간 중 질병이나 부상, 또는 출산으로 인해 7일 이상 동안 취업이 불가능한 경우에 구직급여에 갈음하는 상병급여 지급
  ㉢ 연장급여 : 훈련연장급여, 개별연장급여, 특별연장급여 등
  ㉣ 취업촉진수당 : 조기재취직 수당, 직업능력개발 수당, 광역구직활동비, 이주비 등

7. 고용보험제도의 재원(보험료)
① 실업급여사업 재원
  ㉠ 근로자와 사용자가 각각 반씩 분담(2020년에 1.6%, 근로자 0.8%+사용자 0.8%)
  ㉡ 고용안정사업·직업능력개발사업 : 사용자 전액 부담
② 고용안정사업·직업능력개발사업의 보험료율은 종사자수와 우선지원 대상기업 여부에 따라 다름.

<표 17-2> 고용보험제도의 보험료율

구분		근로자	사업주
실업급여		0.8%	0.8%
고용안정, 직업능력 개발사업	150인 미만	-	0.25%
	150인 이상 우선지원대상 기업	-	0.45%
	150인 이상~1000인 미만 기업	-	0.65%
	1000인 이상 기업, 국가 지방자치단체	-	0.85%

③ 두루누리 사업 시행(http://www.insurancesupport.or.kr)
  ㉠ 10인 미만 사업장 근로자의 고용보험과 국민연금의 가입을 장려하기 위해 '두루누리' 사업 시행
  ㉡ 2020년 10명 미만 사업장에서 일하는 월평균 소득 215만원 미만 근로자의 보험료와 사용자의 보험료를 국가가 일부 지원
④ 자영업자의 고용보험료 = 기준보수 7등급(2015년 이전은 5등급) × 보험료율
  - 2019년 자영업자의 기준보수 : 1등급 182만원, 2등급 208만원, 3등급 234만원, 4등급 260만원, 5등급 286만원, 6등급 312만원, 7등급 338만원

<표 17-3> 우리나라 고용보험제도의 주요 내용 분석

분석틀		주요 내용			
운영주체 (전달체계)	관장자 (행정체계)	고용노동부(고용보험위원회) + 지방고용노동청 내 고용센터(실업급여 관련 업무)			
	관리운영 (집행체계)	근로복지공단(가입, 징수, 자격관리 등) + 국민건강보험공단(보험료 고지, 수납 등)			
적용대상 (할당체계)	자격조건	국내 거주 1인 이상 사업 또는 사업장의 근로자와 사업주 모두			
	가입자 종류	●당연적용사업장의 사업주와 근로자(의무가입대상, 보험가입 대상 근로자) ●임의가입사업장의 사업주와 근로자(근로자의 과반수 이상의 동의 필요) ●적용제외 대상 사업과 근로자(보험가입 제외 대상 근로자)			
정책방법 (급여체계)	실업급여 수급조건	●이직일 이전, 18개월(피보험단위기간) 중 180일 이상 고용 ●근로의 의사와 능력에도 불구, 취업× ●재취업 노력 ●비자발적 실업			
	급여종류	실업급여 (구직급여)	육아휴직급여	출산전후 휴가급여	상병급여
	급여수준	퇴직전 평균임금의 60%×소정급여일수	첫 3개월, 통상임금의 80% 잔여기간, 통상임금의 50%	출산전후 휴가기간 중 통상임금 상당액	구직급여액과 동일, 구직급여의 미지급일수 한도 내에서 지급
재원조달 (재원체계)	재정원천	보험료			
	재정부담 원칙	●실업급여 : 사업주와 근로자가 보험료의 1/2을 각각 부담 ●고용안정・직업능력개발사업 : 사업주 전액 부담			
	보험료 산정기준	●개인별 월평균 보수(보수총액) × (실업급여보험료율+고용안정・직업능력개발사업보험료율) ※ 개산보험료(예상 1년치 보수총액에 대한 보험료)/확정보험료(전년도 보험료 정산)			
	보험료율	●실업급여 : 노사 각각 0.8% ●고용안정・직업능력개발사업 : 0.25%~0.85%			

제17장. 사회보험제도(4) : 고용보험제도

* 평가하기

Q1 다음 중 실업과 관련된 설명으로 틀린 것은?

① 실업은 소득상실에 대한 대응으로 나타났다.
② 실업에 대한 사회보험적 대응이 실업보험과 고용보험이다.
③ **실업은 고용과 관련되기 때문에 질병과 자살과는 상관이 없다.**
④ 고용보험은 실업과 고용에 대한 사회적 대응을 시민들의 보편적인 권리로 본다.

해설 : 실업은 소득상실 이상의 의미를 갖는다. 쌍용자동차 노동자들이 '해고는 살인이다' 라는 표어는 이를 잘 보여 주고, 실제 해고와 관련하여 25명이나 자살했다. 또한 실업은 스트레스나 약물중독으로 이어질 수 있다.

Q2 고용보험제도에 대한 설명으로 옳은 것은?

> ㄱ. 실업급여 사업에 해당하는 보험료는 사업주의 근로자가 각각 50%씩 부담한다.
> ㄴ. 구직급여는 현물급여이다.
> ㄷ. 고용안정·직업능력개발사업에 해당하는 보험료는 사업주가 전액 부담한다.
> ㄹ. 구직급여를 받기 위해서는 실직 전 18개월 중 120일 이상 근무 기간을 충족시켜야 한다.

① ㄱ,ㄴ,ㄷ　　② ㄱ,ㄷ　　③ ㄴ,ㄹ
④ ㄹ　　　　　⑤ ㄱ,ㄴ,ㄷ,ㄹ

해설 : ② 고용보험의 보험료: 실업급여 사업에 해당하는 보험료는 사업주와 근로자가 각각 50%씩 부담, 고용안정·직업능력개발사업에 해당하는 보험료는 사업주가 전액 부담한다. ㄴ. 구직급여는 현금급여이다. ㄹ. 실직 전 18개월 중 180일 이상 근무

Q3 다음의 <보기>가 설명하는 실업급여의 내용은 무엇인가?

> < 보 기 >
> 실업 신고한 이후 질병, 부상 또는 출산 등으로 취업이 불가능하여 구직활동을 할 수 없는 경우 구직급여를 받을 수 없으므로 생계에 어려움을 겪을 수 있는 대상자를 위한 급여

① 고용유지 지원금 　　　　② 특별연장급여
③ 출산전후 휴가급여 　　　　**④ 상병급여**
⑤ 직업능력개발수당

해설 : ④ 상병급여에 대한 내용이다. 상병급여는 질병·부상기간이 7일 이상인 경우 수급자격자의 생계안정을 위하여 구직급여 대신 지급한다. 상병급여의 급여액은 구직급여액과 같다.

Q4 다음의 고용보험제도 가운데 적극적 노동시장정책으로 실시되는 정책은?

| ㉠ 고용정보제공 | ㉡ 취업촉진수당 | ㉢ 고령자 고용촉진 | ㉣ 구직급여 |

① ㉠, ㉡, ㉢ 　　　　**② ㉠, ㉢** 　　　　③ ㉡, ㉣
④ ㉣ 　　　　⑤ ㉠, ㉡, ㉢, ㉣

해설 : 적극적 노동시장정책에는 고용안정·직업능력개발사업(고용정보제공, 고령자 고용촉진)이 있고, 소극적 노동시장정책에는 실업급여(취업촉진수당, 구직급여)가 있다.

Q5 다음 중 실업보험과 관련된 부작용이 아닌 것은?
① 빈곤의 덫 　　　　② 실업증대 유발
③ 기업의 노동비용 증대 　　　　④ 실업기간의 증가
⑤ 실직자의 구직노력 감소

해설 : ① 빈곤의 덫은 사회복지급여에 의존하여 근로의욕을 상실하고 빈곤에 머무르는 현상을 말한다.

Q6 우리나라 고용보험법상 실업급여 대기기간은 며칠인가?
① 3일 　　　② 5일 　　　**③ 7일** 　　　④ 9일 　　　⑤ 11일

해설 : ③ 우리나라 고용보험법상 실업급여의 대기기간은 7일임. 대기기간 동안에는 구

직급여뿐 아니라 상병급여, 취업촉진수당 등은 지급되지 않는다.

Q7 다음 중 고용보험제도에서 실업급여에 해당하지 않는 것은?

① **휴직급여** ② 연장급여 ③ 취업촉진수당
④ 구직급여 ⑤ 직업능력개발수당

해설 : 고용보험 사업과 급여

> **1. 실업급여 사업**
> ① 구직급여: 근무기간이 180일 이상인 근로자가 이직, 해고되었을 경우 지급, 실직 전 평균임금의 50% 지급
> ② 취업촉진수당: 실업자들이 빨리 재취업할 수 있도록 유인
>   · 조기재취업수당: 빠른 시일 내에 재취직하는 경우에 지급
>   · 직업능력개발수당: 직업능력개발훈련을 받는 경우에 필요한 교통비와 식대 등의 비용을 지원, 1일에 5천 원 지급
>   · 광역구직활동비: 지방에 직장을 구하는 경우, 숙박비, 교통비 지급
>   · 이주비: 취직으로 거주지를 이전하거나 훈련을 받기 위하여 이사를 하는 경우에 이사비용으로 지급
> ③ 기타 연장급여
>   · 훈련연장급여: 최대 2년, 구직급여의 70%
>   · 개별연장급여
>   · 특별연장급여
> ④ 상병급여: 질병·부상 또는 출산으로 취업이 불가능하여 구직활동을 할 수 없는 경우, 질병·부상기간이 7일 이상인 경우
>
> **2. 모성보호 급여**
> ① 육아휴직급여 ② 산전후휴가급여
>
> **3. 고용안정사업 및 직업능력개발 사업**
> ① 고용창출 지원 ② 고용조정 지원 ③ 고용촉진 지원
> ④ 건서근로자 고용지원 및 직업능력개발 지원
> ⑤ 직업능력개발을 위한 사업주 지원
> ⑥ 직업능력개발을 위한 근로자 지원

Q8 다음 중 고용보험에 대한 설명으로 틀린 것은?

① 직업능력개발수당은 실업급여에 속한다.
② **사립학교 교직원, 공무원도 적용대상이다.**
③ 이의가 있을 경우 심사, 재심사 청구가 가능하다.
④ 구직급여를 지급받기 위해서는 직업안정기관에 신고해야 한다.
⑤ 직업안정기관의 장은 부당수급 발견시 반환명령을 할 수 있다.

해설 : 고용보험의 적용대상

> ① 당연적용 대상: 근로자를 1인 이상 사용하는 모든 사업 또는 사업장
> · 적용제외 대상: 농업·임업·어업 및 수렵업 중 4인 이하의 근로자를 고용하는 사업, 총공사 금액이 2천만원 미만인 건설공사, 가사서비스업의 사업주와 근로자
> · **적용제외 근로자**: 65세 이상인 자, 1개월간의 근로시간이 60시간 미만인 자, 1월 미만의 기간 동안 고용되는 일용근로자, 공무원·사립학교교직원연금법의 적용을 받는 자, 별정우체국법에 의한 별정 우체국 직원
> ② 임의적용대상: 노동부장관의 승을 얻은 사업

Q9 실업급여의 종류가 아닌 것은?

① 구직급여 　　　　② 상병급여 　　　　③ 연장 급여
④ 취업촉진수당 　　⑤ **요양급여**

해설 : 실업급여에는 구직급여, 상병급여, 연장급여, 취업촉진수당 등이 있다. 요양급여는 국민건강보험제도의 급여 종류이다.

Q10 고용보험제도에 대한 설명으로 옳지 않은 것은?

① 우리나라 4대 사회보험 중 가장 늦게 시행된 제도이다.
② 실직근로자에게 실업급여뿐만 아니라 직업능력개발사업과 고용안정사업도 시행하고 있다.
③ **실업급여에 필요한 보험료는 사용자만 부담하고 있다.**
④ 실업급여는 소극적 노동시장정책의 일환이다.
⑤ 일종의 단기보험이다.

해설 : 고용보험법은 1993년에 제정되고 1995년 7월 1일에 시행되었다. 주요사업 중에 실업급여는 노사 균등부담하고 있다. 그러나 직업능력개발사업과 고용안정사업은 사업주 전액부담이다. 따라서 정답은 ③이다.

Q11 고용보험사업 중 실업급여사업의 보험료는 누구로부터 징수되는가?
① 사업주 단독 　　② 노동부 　　**③ 사업주, 근로자**
④ 근로자 단독 　　⑤ 근로복지공단

해설 : 실업급여사업의 보험료는 사업주와 근로자가 각각 1/2 부담한다.

Q12 다음 보기의 고용보험제도에 대한 설명으로 올바르게 묶인 것은?

〈 보 기 〉
ㄱ. 실업급여 사업에 해당하는 보험료는 사업주의 근로자가 각각 50%씩 부담한다.
ㄴ. 구직급여는 현물급여이다.
ㄷ. 고용안정・직업능력개발사업에 해당하는 보험료는 사업주가 전액 부담한다.
ㄹ. 구직급여를 받기 위해서는 실직 전 18개월 중 120일 이상 근무 기간을 충족시켜야 한다.

① ㄱ,ㄴ,ㄷ　　**② ㄱ,ㄷ**　　③ ㄴ,ㄹ
④ ㄹ　　⑤ ㄱ,ㄴ,ㄷ,ㄹ

해설 : 고용보험의 보험료의 경우, 실업급여 사업에 해당하는 보험료는 사업주와 근로자가 각각 50%씩 부담, 고용안정・직업능력개발사업에 해당하는 보험료는 사업주가 전액 부담한다. ㄴ의 구직급여는 현금급여의 형태로 제공되고, ㄹ의 구직급여 수급조건은 실직 전 18개월 중 180일 이상 근무하여야 한다.

Q13 〈보기〉가 설명하는 실업급여의 내용은 무엇인가?

〈 보 기 〉
실업을 신고한 이후 질병, 부상 또는 출산 등으로 취업이 불가능하여 구직활동을 할 수 없는 경우 구직급여를 받을 수 없으므로 생계에 어려움을 겪을 수 있는 대상자를 위한 급여

① 고용유지 지원금　　　② 특별연장급여　　　③ 출산전후휴가급여
④ 상병급여　　　　　⑤ 직업능력개발수당

해설 : 이 문제는 상병급여에 대한 내용이다. 상병급여는 질병·부상기간이 7일 이상인 경우 수급자격자의 생계안정을 위하여 구직급여 대신 지급한다. 상병급여의 급여액은 구직급여액과 같다.

Q14 다음 중 고용보험에 대한 설명으로 옳은 것은?
① 구직급여의 급여일수는 보험가입기간과 연령에 따라 달라진다.
② 근로복지공단은 고용보험의 관리운영 및 구직급여 등을 제공한다.
③ 육아휴직 급여로는 월 90만 원을 지급한다.
④ 출산후 휴가급여는 여성근로자뿐만 아니라 남성근로자에게도 지급될 수 있다.
⑤ 출산후 휴가급여의 총휴가일은 45일이다.

해설 : 고용보험의 구직급여는 보험가입기간과 연령에 따라 90일~240일까지 차등적으로 받을 수 있다. ② 고용보험의 관리운영은 노동부 고용지원센터와 근로복지공단이 맡고 있다. 고용보험의 관리운영 및 구직급여 제공업무는 노동부가 맡고 있다. 한편, 근로복지공단은 고용보험 가입, 보험료 징수 등을 담당한다. ③ 육아휴직 급여로는 월50만원을 지급한다. ④ 육아휴직급여는 남녀 모두 신청가능하나, 출산후 휴가급여는 여성근로자만 신청가능, ⑤ 출산후 휴가급여의 총휴가일은 90일이고, 반드시 산후 45일을 확보하여야 한다.

Q15 다음 중 고용보험에 대한 설명으로 틀린 것은?
① 직업능력개발수당은 실업급여에 속한다.
② 사립학교 교직원, 공무원도 적용대상이다.
③ 이의가 있을 경우 심사, 재심사 청구가 가능하다.
④ 구직급여를 지급받기 위해서는 직업안정기관에 신고해야 한다.
⑤ 직업안정기관의 장은 부당수급 발견시 반환명령을 할 수 있다.

해설 : 사립학교 교직원, 공무원의 경우 적용제외대상이다.

제18장 사회보험제도(5) : 국민연금제도[128]

> **⟨Key Point⟩ 국민연금제도의 동기 및 배경**
> 1. 노령인구의 급격한 증가 예상
> 2. 경제성장으로 인한 지속적인 공업화로 인해서 산업재해와 교통사고등 각종사고율이 급격한 증가로 인해서 이러한 사고로 인한 대비책마련이 시급했음
> 3. 공무원. 군인. 사립학교 교직원 공적연금제도 실시하고 있는데 일반사업자 근로자는 일시금 형태 퇴직금으로 인해 노후 소득보장 측면에서 봤을 때 국민간의 형평성을 도모하기 위해서는 사업장관리자와 지역주민에 대해서도 공적연금제도가 절실히 필요
> 4. 1982년 이후에 물가상승률 안정 및 일인당 국민소득이 상승하고 이제는 국민연금제도로 인한 경제적여권이 어느 정도 성숙됨

1. 국민연금제도의 개요

① 1988년 1월 1일에 실시된 국민연금은 "국민의 노령·폐질 또는 사망에 대하여 연금급여를 실시함으로써 국민의 생활안정과 복지증진에 기여함을 목적으로 함."

② 국민연금제도가 그간 사회·경제적 여건 성숙으로 1988년에 실시되었다는 주장과 장기성 재정자금의 안정적인 공급이라는 재정정책의 필요성 때문에 도입되었다는 상반된 주장이 학자들 사이에 있으나, 국민복지 증진이라는 용어는 그간 "최저생활보장 또는 적정급여"라는 개념으로 변화하고, 재정자급조달이라는 용어는 "연금재정안정 또는 적정부담"이라는 개념으로 변화하였음.

③ 현재 국민연금은 "가입자인 국민이 노령, 장애 또는 사망으로 소득능력이 상실 또는 감퇴된 경우 본인이나 그 유족에게 일정액의 급부를 행하여 안정된 생활을 할 수 있도록 국가가 운영하는 장기적인 소득보장제도"로 운영되고 있음.

④ 공적연금제도

---

[128] 국민연금제도에 대해서는 류기형 외(2018: 201-204), 현외성(2018: 135-158), 원석조(2014: 248-270), 박병현(2013: 251-303), 이상은 외(2019: 209-242), 임정문 외(2016: 235-238), 양승일(2015: 151-159), 양정하 외(2016: 231-249), 오봉욱 외(2015: 139), 서보준 외(2013: 147-151), 임우석 외(2012: 243-244), 이준영·김제선(2012: 189-216), 김준규 외(2011: 216-219), 이수천 외(2011: 336-349), 박병현(2010: 257-312), 김종명 외(2010: 217-227), 임봉호 외(2010: 309-336), 이진숙 외(2010: 291-301), 김태성·김진수(2004: 181-184), 박석돈(2002: 127-167) 등을 참고하여 정리·제시하였음.

2. 국민연금제도의 내용

1) 국민연금제도의 대상자
   ① 국민연금제도 대상자
      ㉠ 국내 거주 18세 이상 60세 미만의 국민이 국민연금제도의 당연 적용 대상자
      ㉡ 국민연금의 당연적용 사업장에 근무하는 외국인이나 국내에 거주하는 외국인도 의무가입 대상
   ② 국민연금의 적용제외 대상
      ㉠ 공무원연금법의 적용을 받는 공무원
      ㉡ 군인연금법의 적용을 받는 군인
      ㉢ 사립학교 교직원
      ㉣ 국민연금법상 조기노령연금 수급권자 등과 같이 이중 연금을 받을 수 있는 국민
      ㉤ 시설보호 및 거택보호대상자
   ③ 국민연금 가입자의 종류
      ㉠ 사업장가입자
         - 상시 5인 이상의 근로자를 사용하는 사업장
         - 18세 이상 60세 미만의 근로자와 사용자
         - 당연적용사업장 외의 사업장의 사용자는 18세 이상 60세 미만의 근로자 2/3 이상의 동의로 가입이 가능
      ㉡ 지역가입자
         - 지역가입자는 사업장가입자가 아닌 자로서,
         - 18세 이상 60세 미만인 자는 원칙적으로 지역가입자에 해당
         - 사업장가입자 지역가입자 공무원연금수급권자 등의 무소득 배우자나 18세 이상 23세 미만인 자로서 학생이거나 군복무 등으로 소득이 없는 자는 지역가입대상에서 제외
      ㉢ 임의가입자
         - 임의가입자는 사업장가입자나 지역가입자의 의무가입 대상이 아닌 18세 이상 60세 미만인 자
         - 본인의 신청에 의하여 국민연금에 가입할 수 있음.
      ㉣ 임의계속가입자

- 임의계속가입자는 60세에 도달했지만 가입기간이 20년 미만인 가입자
- 본인의 희망으로 65세에 이를 때까지 국민연금에 계속 가입할 수 있음.
- 종류 : 사업장임의계속가입자, 지역임의계속가입자, 임의계속가입자 등

④ 납부예외자
- 사업장가입자나 지역가입자로서 연금보험료를 납부할 수 없는 사유가 발생할 경우에는 신청
- 병역의무 수행, 재학, 교도소 수용, 행방불명, 재해사고 등으로 소득이 감소되거나 기타 소득이 있는 업무에 종사하지 않을 경우에 해당

2) 국민연금제도의 급여

(1) 의의 : 가입자가 노령, 장애 또는 사망으로 인하여 소득이 중단, 상실 또는 감소되었을 때 기본적인 생활을 보장하기 위한 금전급부를 말하며, 급여 수급요건에 해당하는 자의 청구에 의하여 수급요건을 심사·결정하고 급여를 지급하며 수급권자 내역을 지속적으로 관리하는 것을 말함.

(2) 국민연금 급여의 특징
① 소득보장제도 : 나이가 들거나 질병·사고 등으로 장애를 입게 되거나 사망시에 본인 또는 유족에게 노령·장애·유족연금을 지급하여 기본적인 생계를 보장
② 퇴직금제도의 문제점 개선 : 국민연금은 퇴직금제도의 문제점 즉 노후생활 보장책으로서의 기능이 미흡하고, 일시금 형태로 지급되어 안정적이고 지속적인 소득보장 기능을 수행하지 못하고 있어 이를 보완하고, 특히 퇴직금제도가 적용되지 아니하는 자영자 또는 저소득 일용근로자 등의 소득보장에 중요한 기능을 수행함.
③ 소득재분배 기능 : 국민연금은 가입기간이 길고 납부한 보험료가 많을수록 받는 금액도 많아지게 되나, 저소득계층일수록 납입액 대비 연금수급액의 비율이 더 높아지도록 설계되어 계층간에 소득재분배 기능을 함.
④ 연금액의 실질가치 보장 : 연금액의 최초 결정시에는 가입기간중의 소득을 연금수급 전년도의 현재가치로 재평가하여 반영하고 연금을 받는 동안에는 매년 물가변동율에 따라 조정함으로써 물가가 인상되더라도 실질가치를 유지해 줌.

(3) 연금급여의 종류

<표 18-1> 우리나라 국민연금제도의 급여종류별 수급요건 및 급여수준

연금의 종류		수급권자	수 급 요 건	급 여 수 준
노령연금	완전 노령연금	본인	•20년 이상 가입하고 60세에 달한 경우 (선원 및 광부는 55세에 달한 경우)	•기본연금액의 100% + 가급연금액
	감액 노령연금	본인	•10년 이상 20년 미만 가입하고 60세에 달한 경우	•기본연금액의 47.5~92.5% + 가급연금액
	재직자 노령연금	본인	•10년 이상 가입하고 60세 이상 65세 미만인 자로서 소득이 있는 업무에 종사할 경우	•기본연금액의 50~90%
	조기 노령연금	본인	•10년 이상 가입하고 55세 이상 60세 미만인 자로서 소득이 있는 업무에 종사하지 않는 경우 본인이 희망 할경우	•기본연금액의 75~95% + 가급연금액
	분할연금	배우자	•혼인기간이 5년 이상인 자로서 배우자와의 이혼, 60세 도달, 배우자의 노령연금 수급권을 취득한 경우	•배우자였던 자의 노령연금액 중 혼인기간에 해당하는 연금액을 균분한 금액
	특례 노령연금	본인	•가입기간 5년 이상이고 다음에 해당하는 자 -1988.1.1 현재 45세~60세 미만 -1995.7.1 현재 45세~60세 미만 -1999.4.1 현재 45세~60세 미만	•기본연금액의 25~70% + 가급연금액
장애연금		본인	•가입 중 질병,부상이 발생하여 완치 후에도 장애가 있는 경우 그 장애가 존속하는 동안 장애정도에 따라 지급	•기본연금액의 60~100% + 가급연금액 • 장애 4급=기본연금액의 225% 일시금 지급
유족연금		유족	•가입자가 사망한 때(단, 가입기간이 1년 미만일 경우 가입중에 발생한 질병이나 부상으로 사망한 경우에 한함) •노령연금 수급권자가 사망한 경우, 장애등급 2급 이상의 장애연금수급권자가 사망한 경우	•기본연금액의 40~60% + 가급연금액
반환일시금		본인 또는 유족	•가입기간이 10년 미만인 자로서 60세에 달한 경우 •가입자 또는 가입자였던 자가 사망한 경우 (단, 유족연금이 지급되지 않는 경우에 한함) •국적상실, 국외이주한 때 •공무원, 군인, 사립학교교직원, 별정우체국 직원이 된 경우	•납부한 연금보험료 + 이자 + 가산이자

3) 국민연금제도의 관리운영
  ① 국민연금제도의 관장 부서: 보건복지부
  ② 국민연금제도를 집행 : 국민연금관리공단(보건복지부장관의 위탁)

4) 국민연금제도의 재원
  ① 사업장가입자의 연금 보험료는 근로자, 사용자가 각각 소득월액의 4.5%씩 부담(합계 9%)
  ② 1995년 7월 농어촌지역부터 시작하여 1999년 4월 도시지역까지 확대된 지역가입자는 소득월액의 9% 부담

3. 국민연금제도의 재정방식

① 적립방식(funded system) : 장래에 지급하게 될 연금급여를 위해 보험료, 국고출연금, 누적기금 등을 적립하는 방식
② 부과방식(pay-as-you-go) : 부과방식은 한 해 지출액 정도에 해당하는 미미한 보유잔고를 남겨두고 그 해 연금보험료 수입을 그 해 급여의 지출로 써 버리는 것을 말함.
③ 부분적립방식 : 부과방식을 주로 하되 부분적으로 적립금을 유지하는 경우로, 현재 우리나라의 재정운영방식

〈표 18-2〉 우리나라 국민연금제도의 주요 내용 분석

분석틀		주요 내용
운영주체 (전달체계)	관장자 (행정체계)	보건복지부
	관리운영 (집행체계)	국민연금공단
적용대상 (할당체계)	자격조건	• 1인 이상 근로자 사용 사업장의 한국 국적의 국내거주 18-60세 미만 사용자 및 근로자 • 사업장가입자가 아닌 사람
	가입자 종류	사업장가입자, 지역가입자, 임의가입자, 임의계속가입자
정책방법 (급여체계)	연금 급여액 관련	※ 연금액 = 기본연금액 × 지급률* + 부양가족연금액 * 노령연금의 지급률 : 가입기간 10년 50% (1년당 5% 증가) * 장애연금의 지급률 : 장애1급 100%, 2급 80%, 3급 60%, 4급(일시금) 225% * 유족연금의 지급률 : 가입기간 10년미만 40%, 10년이상 20년미만 50%, 20년이상 60%

분석틀		주요 내용
		$[2.4(A+0.75B) \times P_1/P + 1.8(A+B) \times P_2/P + 1.5(A+B) \times P_3/P + 1.485(A+B) \times P_4/P +$ 　　1988~1998　　　　1999~2007　　　　2008　　　　　　2009 $1.47(A+B) \times P_5/P + 1.455(A+B) \times P_6/P + \cdots \cdots + 1.2(A+B) \times P_{23}/P +$ 　　2010　　　　　　2011　　　　　　　　　　　　2028 $Y(A+A) \times C/P + X(A+\frac{1}{2}A) \times 6/P] \times (1+0.05n/12)$ 　출산크레딧　　　　군복무크레딧 • A = 연금수급전 3년간 전체 가입자의 평균소득월액의 평균액 ※ 2019.12.~2020.11. 사이 지급사유 발생자에게 적용할 연금수급 전 3년간의 평균소득월액(A) : 2,438,679원 • B = 가입자 개인의 가입기간 중 기준소득월액의 평균액(노령연금 산정 시에만 실업 크레딧 포함) • P = 가입자의 전체 가입월수 (노령연금액 산정 시에만 출산, 군복무 및 실업 크레딧을 포함한 전체 가입월수) • n = 20년 초과월수(노령연금액 산정시에만 출산, 군복무 및 실업 크레딧을 포함한 전체 가입월수) • X : 1.5 ~ 1.2까지의 비례상수 중 노령연금 수급권 취득시점의 상수 • C : 추가가입기간 12, 30, 48, 50 (균분하는 경우에는 6, 15, 24, 25) (출산, 군복무 및 실업 크레딧으로 인한 연금액 및 증가되는 가입기간은 노령연금액 산정시에만 적용됨)
	급여종류	노령연금　　　장애연금　　　유족연금　　　반환 일시금　　　사망 일시금
	급여수준	상기 [표 18-1] 참조
재원조달 (재원체계)	재정원천	보험료
	재정부담 원칙	노사 각각 1/2
	보험료 산정기준	기준소득월액(하한 31 ~ 상한 486만원) × 연금보험료율
	보험료율	9% (근로자 4.5% + 회사 4.5%)

▶ 제18장. 사회보험제도(5) : 국민연금제도

＊ 평가하기

Q1 우리나라 국민연금에 대한 내용으로만 짝지어진 것은?

① 기여식 연금 - 정액연금 - 확정급여식 연금
② 기여식 연금 - 소득비례연금 - 확정기여식 연금
③ 무기여 연금 - 소득비례연금 - 확정급여식 연금
④ 무기여 연금 - 정액연금 - 확정기여식 연금
⑤ **기여식 연금 - 소득비례연금 - 확정급여식 연금**

해설 : 연금제도의 분류

> ① 무기여 연금과 기여연금
>   · 기여식 연금: 가입자들이 별도로 기여한 재원으로부터 연금을 수급
>   · 무기여 연금: 별도의 보험료를 거두지 않고 일반재정으로 급여 지급
> ② 정액연금과 소득비례연금
>   · 정액연금: 이전의 소득은 고려하지 않고 동일한 금액을 지급
>   · 소득비례연금: 과거 소득을 기준으로 급여를 차등 지급
> ③ 확정급여식과 확정기여식 연금
>   · 확정급여식 연금: 과거의 소득과 가입기간 등에 의해 급여가 달라짐, 나중에 받을 연금액이 사전에 결정되어 있음
>   · 확정기여식 연금: 기여금만 결정, 급여액은 적립한 기여금의 운용 결과에 의해 나중에 결정

Q2 국민연금제도에 대한 설명으로 옳지 않은 것은?

> ㄱ. 2033년 이후에는 노령연금을 받을 수 있는 연령이 65세(조기노령연금은 60세)가 된다.
> ㄴ. 연금급여는 기본연금액과 부양가족 연금액을 합산한 금액으로 받는다.
> ㄷ. 출산크레딧제도는 출산을 장려하고, 연금수급 기회 증대를 위해 둘째 이상의 자녀를 출산하는 가입자에게 가입기간을 추가로 인정하는 제도이다.
> ㄹ. 한 사람에게 둘 이상의 국민연금 급여가 발생한 경우 무조건 선택한 하나만 지급받을 수 있다.

① ㄱ,ㄴ,ㄷ   ② ㄱ,ㄷ   ③ ㄴ,ㄹ
④ ㄹ   ⑤ ㄱ,ㄴ,ㄷ,ㄹ

해설 : ④ 특정한 경우에는 선택하지 않은 급여의 일부를 지급받을 수 있다.

Q3 국민연금제도의 역사적 과정에 대한 설명으로 적절하지 못한 것은?
① **1973년 국민복지연금법 제정으로 국민연금제도가 시행되었다.**
② 1992년 5인 이상 사업장으로 확대되었다.
③ 1995년 농어촌지역으로 확대되었다.
④ 1999년 도시지역 가입자 확대로 전국민 연금시대에 돌입하였다.
⑤ 2001년 5인 미만 사업장으로 적용이 확대되었다.

해설 : ① 국민복지연금법을 제정하였으나 경제 불황으로 시행이 계속 연기되다가 1988년부터 시행

Q4 국민연금에서 연금급여를 계산할 때 형평적 가치를 반영한 요소에 해당하는 것은?
① 연금보험료　　　　② 평균소득월액　　　　③ **기준소득월액**
④ 조세　　　　　　　⑤ 노령연금

해설 : ③ 형평적 요소는 기여한 만큼 비례하여 연금을 지급하기 위한 것이다. 기준소득월액은 자신이 연금보험료를 낸 실적에 따라 조금 더 많이 낸 사람에게 좀 더 높은 급여를 지급하도록 하는 요소이다.

Q5 노령연금 중 10년 이상 20년 미만 가입자로서 60세에 달한 때 지급되며, 선원 및 광부 등은 55세에 달한 때 지급되는 연금은 무엇인가?
① 완전노령연금　　　② **감액노령연금**　　　③ 재직자노령연금
④ 조기노령연금　　　⑤ 특례노령연금

해설 : ① 20년 이상 가입한 자로서 60세 에 달할 때 (단, 선원 및 광부 등은 55세에 달한 때), ③ 10년 이상 가입한 자로서 소득이 있는 업무에 종사하고 있는 경우 60세 이상 65세 미만의 기간 동안 지급(단, 선원 및 광부 등은 55세 이상 60세 미만), ④ 10년 이상 가입한 자로서 55세 이상인 자가 소득이 있는 업무에 종사하지

아니하는 경우, 60세에 달하지 않더라도 본인의 희망에 의해 그가 생존하는 동안 지급, ⑤ 1999년 4월 1일 현재 50세 이상 60세 미만인 자로서 60세가 되기 전에 5년 이상 10년 미만 가입한 자는 60세가 되는 날부터 지급

Q6 국민연금의 실시연도는?
　① 1988년　　　　　② 1989년　　　　　③ 1990년
　④ 1991년　　　　　⑤ 1992년

해설 : 1988년 1월 1일에 실시된 국민연금은 "국민의 노령·폐질 또는 사망에 대하여 연금급여를 실시함으로써 국민의 생활안정과 복지증진에 기여함을 목적으로 함.

Q7 국민연금 급여의 특징과 거리가 먼 것은?
　① 소득보장제도　　② 퇴직금제도의 문제점 개선　　③ 소득재분배 기능
　④ 연금액의 실질가치 보장　**⑤ 노후건강보장**

해설 : 국민연금 급여의 특징은 소득보장제도, 퇴직금제도의 문제점 개선, 소득재분배 기능, 연금액의 실질가치 등이 있음.

Q8 국민연금제도의 필요성에 대한 설명으로 타당하지 않은 것은?
　① 근대적 연금제도의 출현은 산업화의 과정과 같은 깊은 관련이 있다.
　② 의학기술과 산업화로 인해 노인인구의 수는 증가하였고, 노인의 경제적 가치도 증가하였다.
　③ 도시화와 핵가족화로 인해 가족들은 노인부양에 대한 어려움을 겪게 되었다.
　④ 경제적 성장의 결과 국가의 재정추출 능력은 대폭적으로 향상되었고 국가는 이를 기반으로 연금제도를 도입하게 되었다.

해설 : ② 산업화로 인해 노인의 경제적 가치는 감소하였으나, 의학기술의 발달로 노인인구의 수가 증가하였다.

Q9 우리나라 국민연금의 급여 형태로 타당치 않는 것은 어느 것인가?
① 노령연금　　　　② 장애연금　　　　③ 유족연금
④ 이직일시금　　　⑤ 반환일시금

해설 : 우리나라 국민연금제도의 급여종류는 노령연금, 장애연금, 유족연금. 반환일시금, 사망일시금 등이 있다.

Q10 다음 보기의 국민연금제도에 대한 설명으로 옳지 않은 것은?

< 보 기 >
ㄱ. 2033년 이후에는 노령연금을 받을 수 있는 연령이 65세(조기노령연금은 60세)가 된다.
ㄴ. 연금급여는 기본연금액과 부양가족 연금액을 합산한 금액으로 받는다.
ㄷ. 출산크레딧제도는 출산을 장려하고, 연금수급 기회 증대를 위해 둘째 이상의 자녀를 출산하는 가입자에게 가입기간을 추가로 인정하는 제도이다.
ㄹ. 한 사람에게 둘 이상의 국민연금 급여가 발생한 경우 무조건 선택한 하나만 지급받을 수 있다.

① ㄱ,ㄴ,ㄷ　　　　② ㄱ,ㄷ　　　　③ ㄴ,ㄹ
④ ㄹ　　　　　　　⑤ ㄱ,ㄴ,ㄷ,ㄹ

해설 : 특정한 경우에는 선택하지 않은 급여의 일부를 지급받을 수 있다.

Q11 다음 중 우리나라의 국민연금제도에 관한 설명으로 합당치 않는 것은?
① 1988년 1월 1일부터 국민연금법 제6조 규정에 의해 국내에 거주하는 18세 이상 60세 미만의 전 국민대상이나 공무원연금, 군인연금, 사립학교교직원연금법 등의 적용을 받는 자는 제외한다.
② 국민연금공단은 보건복지부장관의 위탁을 받아 국민연금제도의 실질적인 사무를 집행한다.
③ 급여의 종류로는 노령연금, 장애연금, 유족연금, 반환일시금, 사망일시금 등이 있다.
④ 우리나라 국민연금제도의 소요 재정은 가입자의 전액부담이다.

⑤ 국민연금이란 일반적으로 가장이 폐질, 노령, 퇴직 및 사망에 의하여 소득이 상실되는 경우를 대비하여 미리 갹출한 보험료를 기초로 하여 제공되는 현금급여이다.

해설 : 우리나라 국민연금제도의 가입자는 크게 사업장가입자와 지역가입자로 대별된다. 사업장가입자의 경우 사업주와 피용자 각각 1/2을 통해서, 지역가입자의 경우는 가입자 당사자가 전액 부담하는 보험료를 재원으로 하여 재정을 조달하고 있다.

Q12 국민연금에 대한 설명으로 옳지 않은 것은?
① 유족연금은 10년 이상 가입한 자의 가족에게 지급한다.
② 완전노령연금은 가입기간 20년이상, 60세에 도달한 경우 지급한다.
③ 장애연금은 장애등급별로 급여수준이 다르다.
④ 조기노령연금은 55세부터 받을 수 있다.
⑤ **유족연금의 경우에는 부양가족연금액이 가산되지 않는다.**

해설 : 국민연금의 노령연금, 장애연금, 유족연금에는 모두 기본연금액에 부양가족연금액이 가산된다.

제19장 공공부조제도(1) : 국민기초생활보장제도[129]

1. 국민기초생활보장제도의 주요내용
- 첫째, 국가의 보호를 필요로 하는 최저생계비 이하의 저소득층에 대한 기초생활보장을 위하여, 수급권자 범위의 확대 및 선정기준을 합리화 하였음.
- 둘째, 자활지원서비스의 체계적 지원을 통한 「생산적 복지」를 구현하고 있음.

● 특징
- 공공부조제도
- 최저생계소득 이하의 빈곤한 국민에게 생계유지가 가능할 수 있도록 급여를 제공하는 제도
- 1999년에 법으로 제정되었으며, 이를 바탕으로 2000년 이후부터 시행됨. 기초보장제도 이전에는 1961년에 제정된 '생활보호법'이 여러차례 개정되면서 빈곤층에 대한 소득보장을 수행하였음.

● 목적 : 기초보장제도는 생활이 어려운 국민에게 필요한 급여를 제공하여, 이들의 최저생활을 보장하고 자활을 조성하고자 마련되었음.

● 적용대상자
- 수급권자는 부양의무자가 없거나, 부양의무자가 있어도 부양능력이 없거나 부양을 받을 수 없는 자로서 소득인정액이 최저생계비 이하인 자
- 수급권자가 아니라도 생활이 어려운 자로서 일정기간동안 급여가 필요하다고 인정하는 자는 수급권자로 봄.
- 부양의무자가 있어도 부양능력이 없거나 부양을 받을 수 없는 경우

● 급여
- 급여는 수급자가 자신의 생활의 유지·향상을 위하여 그 소득·재산·근로능력 등을 활용하여 최대한 노력하는 것을 전제로 이를 보충·발전시키는 것을 기본원칙으로 함(자립지원·보충급여의 원칙).
- 급여의 기준
  ① 급여는 건강하고 문화적인 최저생활을 유지할 수 있는 것(최저생활보장의 원칙)
  ② 급여는 수급자의 연령·가구규모·거주지역 기타 생활여건 등을 고려하여 급여의 종류별로 정함.

---

[129] 국민기초생활보장제도에 대해서는 류기형 외(2018: 230-232), 현외성(2018: 259-281), 원석조(2014: 323-333), 박병현(2013: 305-364), 이상은 외(2019: 311-322), 임정문 외(2016: 251-254), 양승일(2015: 115-126), 양정하 외(2016: 284-305), 오봉욱 외(2015: 142-143), 서보준 외(2013: 173-178), 임우석 외(2012: 251-253), 이준영·김제선(2012: 124-133), 김준규 외(2011: 231-233), 이수천 외(2011: 398-418), 박병현(2010: 317-379), 배기효 외(2010: 226-236), 김종명 외(2010: 271-282), 임봉호 외(2010: 247-263), 이진숙 외(2010: 331-337), 김태성·김진수(2004: 178-181), 박석돈(2002: 281-311) 등을 참고하여 정리·제시하였음.

③ 보장기관은 급여를 개별가구를 단위로 하여 행하되, 특히 필요하다고 인정하는 경우에는 개인을 단위로 하여 행할 수 있음.
- 급여의 종류 : 생계급여, 주거급여, 의료급여, 교육급여, 해산급여, 장제급여, 자활급여 등
  ① 기본적으로 생계급여와 수급자의 필요에 따라 지급하며, 급여의 수준은 급여와 수급자의 소득인정액을 포함하여 최저생계비 이상이 되도록 함.
  ② 차상위계층에 대한 급여는 보장기관이 가구별 생활여건을 고려하여 급여의 전부 또는 일부를 행할 수 있음.
  ③ 의료급여는 따로 법률이 정하는 바에 의함.

● 재원
- 기초보장제도의 가장 중심적인 재원은 일반예산
- 기초보장제도를 수행하기 위하여 소용되는 비용을 보장비용하는데, 이는 보장업무에 소요되는 인건비와 사무비, 생활보장위원회의 운영에 소요되는 비용, 급여실시 비용, 보장업무에 소요되는 비용 등으로 구성
- 보장비용의 부담
  ① 국가 또는 시·도가 직접 행하는 보장업무에 소요되는 비용, 급여의 실시비용은 국가 또는 당해 시·도가 부담
  ② 시·군·구가 행하는 보장업무에 소요되는 비용 중 급여실시비용은 보장기관 간에 협의하여 부담, 다만, 시·도 및 시·군·구의 수급자 분포 및 재정자립도등을 고려하여 국가부담비율, 시·도 부담비율, 시·군·구 부담비율은 차등적으로 적용할 수 있음.
  ③ 부양의무자로부터의 비용징수 : 수급자에게 부양능력을 가진 부양의무자가 있음이 확인된 경우에는 보장비용을 생활보장위원회의 심의·의결을 거쳐 그 비용의 전부 또는 일부를 그 부양의무자로부터 징수할 수 있음.

● 관리운영체계
- "중앙생활보장위원회"는 보건복지부 산하에 두며, 생활보장사업의 기본방향 및 대책 수립, 소득인정액 산정방식결정, 급여기준, 최저생계비의 결정, 자활기금의 적립·관리 및 사용에 관한 지침의 수립 등의 사항을 심의·의결함.
- 기초보장제도는 실제 수급자 또는 수급권자가 거주하는 지역의 시장·군수·구청장이 행하고, 기초보장업무를 수행하기 위하여 사회복지전담공무원을 배치하여 실제업무를 수행하도록 함.

2. 국민기초생활보장제도의 실시상의 원칙

① 신청보호의 원칙 : 국민기초생활보장의 신청은 생활이 어려운 저소득 가구의 가구원, 그 친족 및 기타 관계인이 해당 가구의 급여를 신청하는 것을 원칙
② 최저생활보장의 원칙 : 국민들의 기초생활보장을 보장해야 할 의무를 가지고 있는

국가와 지방자치단체는 최저생계비 이하의 생활을 하고 있는 국민에게 법으로 정한 최저생계비 수준 이상의 생활을 보장해 주어야 함.
③ 자산조사와 생활실태조사 병행의 원칙 : 국민기초생활보장제도의 수급자격은 자산조사와 생활실태조사를 통해 이루어짐.
④ 필요상응의 원칙(= 개별화의 원칙 또는 차별처우의 원칙) : 국민기초생활보장법 제1조에는 생활이 어려운 자에게 필요한 급여를 행하도록 되어 있어 빈곤 정도에 따라 차별적으로 처우해야 하며, 각자에게 필요한 급여를 행하도록 하고 있음.
⑤ 세대단위의 원칙 : 국민기초생활보장제도는 가구를 단위로 실시
⑥ 현금급여의 원칙 : 수급자에게 지급되는 급여는 금전급여 형태를 취하는 것을 원칙으로 함.

3. 국민기초생활보장제도 급여의 원칙
① 최저생활보장의 원칙 : 생활이 어려운 사람에게 생계·주거·의료·교육·자활 등 필요한 급여를 행하여 이들의 최저생활을 보장함.
② 보충급여의 원칙 : 급여수준을 생계·주거·의료·교육 급여액과 수급자의 소득인정액을 포함한 총금액이 최저생계비 이상이 되도록 지원함.
③ 자립지원의 원칙 : 근로능력이 있는 수급자에게는 자활사업에 참여할 것을 조건으로 급여를 지급함. 수급자 가구별로 자활지원계획을 수립하고 자활사업에 참여하도록 조건 부여하고, 조건불이행자에게는 수급자 본인의 생계급여 일부 또는 전부를 지급하지 아니함.
④ 개별성의 원칙 : 급여수준을 정함에 있어서 수급권자의 개별적 특수 상황을 최대한 반영함. 이를 위해 수급권자 및 부양의무자의 소득·재산, 수급권자의 근로능력·취업상태·자활욕구 등 자활지원계획수립에 필요한 사항, 기타 수급권자의 건강상태·가구특성 등 생활실태에 관한 사항 등을 조사하여 반영함.
⑤ 가족부양 우선의 원칙 : 급여신청자가 부양의무자에 의하여 부양될 수 있는 경우에는 기초생활보장급여에 우선하여 부양의무자에 의한 보호가 먼저 행해져야 함.
⑥ 타급여 우선의 원칙 : 급여신청자가 다른 법령에 의하여 보호를 받을 수 있는 경우에는 기초생활보장급여에 우선하여 다른 법령에 의한 보호가 먼저 행해져야 함.
⑦ 보편성의 원칙 : 국민기초생활보장법에 규정된 요건을 충족시키는 국민에 대하여는 성별·직업·연령·교육수준·소득원 기타의 이유로 수급권을 박탈하지 아니함.

4. 국민기초생활보장제도의 급여 내용

① 생계급여 : 일반생계급여, 시설수급자에 대한 급여, 긴급 생계급여 등
② 주거급여 : 수급자에게 주거 유형에 관계없이 주거 안정에 필요한 임차료, 유지수선비 등을 지급
③ 교육급여 : 저소득 자녀에게 적정한 교육의 기회를 주기 위해 입학금, 수업료를 지급
④ 해산급여 : 수급자가 분만전과 후의 필요한 조치와 보호제도로 출산시 이에 필요한 재원을 지원
⑤ 장제급여 : 수급자가 사망한 경우 사체의 검안, 운반, 화장 또는 매장 기타 장제초지를 행하는데 필요한 금품을 지급
⑥ 자활급여 : 자활사업을 통해 근로능력이 있는 저소득층이 생업자금융자사업과 자활후견기관, 자활공동체운영 등을 통하여 스스로의 힘으로 자립 할 수 있도록 안정된 일자리제공 및 자활능력을 배양하도록 하는데 필요한 급여를 제공

※ 생계급여
- 생계급여는 수급자에게 의복. 음식물 및 연료비, 기타 일상생활에 기본적으로 필요한 금품을 지급
- 생계급여는 금전지급을 원칙, 그런데 세대주의 알콜중독 등으로 자녀 등 가구 구성원의 기본적인 생계유지를 위해 필요하다고 인정되는 경우에는 식품권, 식당이용권 등의 물품으로 지급할 수 있음.

<표 19-1> 우리나라 국민기초생활보장제도의 주요 내용 분석

분석틀		주요 내용
운영주체 (전달체계)	관장자 (행정체계)	보건복지부
	관리운영 (집행체계)	광역사도, 시군구
적용대상 (할당체계)	자격조건	1. 소득인정액 기준 수급권자 가구의 소득인정액이 급여종류별 수급자 선정기준(기준 중위소득 대비) 이하인 경우(*2019 기준중위소득 4인가구 4,613,536원) ① 생계급여: 기준중위소득 30% 이하 ② 의료급여: 기준중위소득 40% 이하

분석틀		주요 내용							
		③ 주거급여: 기준중위소득 44% 이하 ④ 교육급여: 기준중위소득 50% 이하 2. 부양의무자 기준 ① 부양의무자가 없거나 부양의무자가 있어도 부양능력이 없거나 또는 부양을 받을 수 없는 경우 ② 부양의무자 범위 : 수급권자의 1촌의 직계혈족(부모, 아들·딸 등) 및 그 배우자(며느리, 사위 등) 3. 근로능력 판정 ① 판정대상: 만18세 이상 64세 이하 수급권자 중 질병·부상 또는 그 후유증으로 치료나 요양이 필요한 사람(생계, 의료급여 수급권자만 적용) ② 판정기준: 국민연금공단의 전문의가 의학적 평가 및 활동능력 평가 등을 바탕으로 종합적으로 판단 - 의학적 평가: 국민연금공단의 심사전문 직원 및 자문위원(의사 또는 한의사)이 평가하여 의학적 평가 단계결정(1~4단계, 단계 외) - 활동능력평가: 국민연금공단 활동능력평가 담당자가 평가대상자 면담 또는 실태조사 등을 통하여 평가(0점~4점 부여) - 근로능력판정: 국민연금공단의 근로능력평가 결과를 토대로 시군구에서 근로능력판정 ③ 판정결과 적용 - 근로능력 없음 : 일반수급자 기준 적용 - 근로능력 있음 : 조건부수급자 기준 적용							
정책방법 (급여체계)	급여종류	생계급여	주거급여	의료급여	교육급여	해산급여	장제급여	자활급여	긴급급여
	급여수준	생계급여 지급기준 - 소득 인정액	국토 교통부 장관이 정하는 기준에 따라 지급	의료 급여법이 정하는 바에 따름	입학금, 수업료, 교과서대, 부교재비, 학용품비 지급 (교육부 장관이 정하는 기준)	출생영아 1인당 600천원	사망자 1구당 750천원	자활사업 안내 참조	긴급복지지원법에 근거
재원조달 (재원체계)	재원원천	① 일반조세 ② 국가 : 시군구 보장비용의 총액 중 100분의 40이상 100분의 90이하를 부담 ③ 시도 : 시군구 보장비용 총액 중 국가부담을 차감한 금액 중 100분의 30이상 100분의 70이하 ④ 시군구 : 시군 구 보장비용 총액 중 국가와 시도 부담 금액을 차감한 금액을 각각 부담							
	재정부담 원칙	국가 및 지자체 전액 부담							

▶ **제19장.** 공공부조제도(1) : 국민기초생활보장제도

* 평가하기

Q1 국민기초생활보장제도에 대한 설명으로 옳은 것은?

> ㄱ. 국민기초생활보장제도는 가구를 단위로 급여를 지급하는 것을 원칙으로 하나 필요하다고 인정되는 경우 개인을 단위로 급여를 지급한다.
> ㄴ. 수급자에게 지급된 수급품과 이를 받을 권리는 압류할 수 있다.
> ㄷ. 수급자의 취업으로 소득인정액이 기준을 초과한 때는 급여가 중지될 수 있다.
> ㄹ. 국민기초생활보장사업의 기획·조사·실시 등에 관한 사항을 심의·의결하기 위하여 특별시·광역시·도 및 시·군·구에 통합조사관리팀을 구성한다.

① ㄱ,ㄴ,ㄷ   ❷ ㄱ,ㄷ   ③ ㄴ,ㄹ
④ ㄹ   ⑤ ㄱ,ㄴ,ㄷ,ㄹ

해설 : ㄴ. 압류할 수 없다. ㄹ. 지방생활보장위원회에 대한 설명이다.

Q2 국민기초생활보장제도 실시상의 원칙이 아닌 것은?

① 신청보호의 원칙   ② 최저생활보장의 원칙
③ 자산조사와 생활실태조사 병행의 원칙   ④ 필요상응의 원칙
❺ **개별단위의 원칙**

해설 : 국민기초생활보장제도 실시상의 원칙
① 신청보호의 원칙   ② 최저생활보장의 원칙
③ 자산조사와 생활실태조사 병행의 원칙   ④ 필요상응의 원칙
⑤ 세대단위의 원칙   ⑥ 현금급여의 원칙

Q3 국민기초생활보장제도 급여의 원리가 아닌 것은?

① 최저생활보장의 원칙   ② 보충급여의 원칙   ③ 자립지원의 원칙
④ 개별성의 원칙   ❺ **특수성 원칙**

해설 : 국민기초생활보장제도 급여의 원리

① 최저생활보장의 원칙　② 보충급여의 원칙　③ 자립지원의 원칙
④ 개별성의 원칙　⑤ 가족부양 우선의 원칙　⑥ 타급여 우선의 원칙
⑦ 보편성의 원칙

Q4 국민기초생활보장제도의 급여 내용이 아닌 것은?

① 생계급여　　　　② 주거급여　　　　③ 교육급여
④ **장해급여**　　　⑤ 장제급여

해설 : 장해급여는 산업재해보상보험제도의 급여종류임.

Q5 국민기초생활보장제도 실시 때 신설의 급여 내용이 어느 것인가?

① **주거급여**　　　② 생계급여　　　　③ 장제급여
④ 장해급여　　　　⑤ 장제급여

해설 : 주거급여는 수급자에게 주거 유형에 관계없이 주거 안정에 필요한 임차료, 유지수선비등을 지급

Q6 국민기초생활보장제도의 급여 내용 중 사람의 생존과 직접적인 연관성을 가지는 급여는 어느 것인가?

① **생계급여**　　　② 주거급여　　　　③ 교육급여
④ 장해급여　　　　⑤ 장제급여

해설 : 생계급여는 일반생계급여, 시설수급자에 대한 급여, 긴급 생계급여가 있다. 수급자로 산정된 대상자 에게 최저생계비를 지원하고 긴급생계는 주소득원의 사망, 질병, 행방불명, 천재지변으로 갑자기 생계가 어려운 경우 가구별로 주어지는 급여임.

Q7 다음 중 국민기초생활보장의 부양의무자에 해당되는 것은?

① 같이 살고 있는 손자녀
② 같이 살고 있지 않은 손자녀

③ 같이 살고 있는 형제 및 그 배우자
④ 같이 살고 있지 않은 형제 및 그 배우자
⑤ **같이 살고 있지 않은 자녀 및 그 배우자**

해설 : 국민기초생활보장법의 현재 부양의무자 기준은 수급권자의 1촌 이내의 직계혈족 및 그 배우자이다.

Q8 국민기초생활보장제도에 관한 설명으로 옳지 않은 것은?

① 우리나라의 최저생계비 계측은 전물량방식을 사용하고 있다.
② 수급요건을 연령, 근로능력 상실 등의 인구학적 기준을 철폐하였다.
③ 소득과 재산을 합한 소득인정액으로 단일화하였다.
④ 부양의무자는 수급권자의 1촌의 직계혈족 및 배우자를 말한다.
⑤ **조건부수급자가 근로를 하지 않으면 가족전체의 생계급여를 지급하지 않을 수 있다.**

해설 : 근로능력이 있는 조건부수급자가 조건을 이행하지 아니한 것이 명백한 경우 조건을 이행할 때까지 본인 생계급여의 일부 또는 전부를 중지한다. 본인의 생계급여란 동일한 소득인정액에서 가구원이 1인 증가됨에 따라 증가되는 생계급여액을 의미하는 것으로, 조건불이행자 본인을 뺀 나머지 가구원만을 기준으로 동일 소득인정액에 해당하는 생계급여액을 지급한다. 따라서 조건불이행자가 1인 가구인 경우에는 가구의 생계급여 전부를 중지한다.

Q9 다음 중 국민기초생활보장제도에 대한 설명으로 옳게 묶인 것은?

< 보 기 >

ㄱ. 국민기초생활보장제도는 가구를 단위로 급여를 지급하는 것을 원칙으로 하나 필요하다고 인정되는 경우 개인을 단위로 급여를 지급한다.
ㄴ. 수급자에게 지급된 수급품과 이를 받을 권리는 압류할 수 있다.
ㄷ. 수급자의 취업으로 소득인정액이 기준을 초과한 때는 급여가 중지될 수 있다.
ㄹ. 국민기초생활보장사업의 기획·조사·실시 등에 관한 사항을 심의·의결하기 위하여 특별시·광역시·도 및 시·군·구에 통합조사관리팀을 구성한다.

① ㄱ,ㄴ,ㄷ　　　　② ㄱ,ㄷ　　　　③ ㄴ,ㄹ
④ ㄹ　　　　　　⑤ ㄱ,ㄴ,ㄷ,ㄹ

해설 : ㄴ의 수급자의 수급권은 압류할 수 없으며, ㄹ의 내용은 지방생활보장위원회에 대한 설명이다.

Q10 다음 중 국민기초생활보장제도에 대한 설명으로 옳지 않은 것은?
① 주거급여가 있다.
② 조건부 수급제도를 운영하고 있다.
③ 재산의 소득환산제도를 시행하고 있다.
④ 생계급여 수급자가 제도시행 이전보다 증가하였다.
⑤ **모든 수급자가 근로소득공제(자활장려금)를 받는다.**

해설 : 근로소득공제(자활장려금)는 자활사업에 참여하는 조건부 수급자들에게만 지급된다.

Q11 국민기초생활보장법에 대한 설명 중 옳은 것은?

〈 보 기 〉
가. 수급자 선정과 급여는 최저생계비와 소득인정액만을 비교해서 정한다.
나. 급여신청자가 부양의무자에 의하여 부양될 수 있는 경우에도 기초생활보장급여를 우선적으로 지급한다.
다. 주거급여는 가족수에 관계 없이 동일한 급여를 지급한다.
라. 조건부수급자에게는 자활사업 참여를 조건으로 생계급여를 지급한다.

① 가 · 나 · 다　　　② 가 · 다　　　③ 나 · 라
④ 라　　　　　　　⑤ 가 · 나 · 다 · 라

해설 : 근로능력이 있는 조건부수급자의 경우에도 자활사업 참여를 조건으로 생계급여를 지급받을 수 있다.

▶ **제19장.** 공공부조제도(1) : 국민기초생활보장제도

※ 보충 설명
가. 수급자 선정시 부양의무자 기준과 소득인정액기준(소득인정액이 최저생계비 기준보다 낮은 경우)을 함께 충족시켜야 한다.
나. 부양의무자에 의해 부양될 수 있는 경우에는 부양의무자에 의한 보호가 먼저 행해져야 한다.
다. 주거급여는 기존 정액급여에서 가구별 0원-최저주거비까지 정률급여로 지급

제20장   공공부조제도(2) : 의료급여제도 등

1. 의료급여제도[130]

1) 설립과정
   - 1976년 9월 : 전국의료보장기반확립을 위한 의료시혜 확대방안 마련
   - 1977년 1월 : 의료보호에 관한 규칙을 제정 시행하다 동년 12월에 의료보호법이 제정
   - 1979년부터 구호사업적 의료보호사업에서 사회보장적인 성격의 의료보호를 시행
   - 2001년 5월 : 의료보호법이 개정, 공포됨에 따라 급여비용 지급업무를 시군구에서 건강보험공단으로 위탁하여 소재지와 관계없이 진료비가 전국적으로 형평성 있게 지급되고 지급기간도 단축시킴.

2) 의의와 특성
   ① 생활유지 능력이 없거나 생활이 어려운 저소득 국민의 의료문제를 국가가 보장하는 공공부조제도로 건강보험과 함께 국민 의료보장의 중요한 수단이 되는 사회보장제도
   ② 생활유지 능력이 없거나 생활이 어려운 국민들에게 발생하는 의료문제 즉, 개인의 질병, 부상, 출산 등에 대해 의료급여 서비스(진찰·검사, 치료 등)를 제공

3) 대상자 범위
   ① 1종 보호대상자 : 외래와 입원 진료 모두 전액 무료
      - 국민기초생활보장법에 의한 수급권자
      - 재해구호법에 의한 이재자
      - 의사상자보호법에 의한 의사상자 및 유족
      - 독립유공자예우에관한법률 및 국가유공자등예우에관한법률의 적용을 받고 있는 자와 그 가족
      - 문화재보호법에 의하여 지정된 중요 무형문화재의 보유자 및 그 가족
      - 북한이탈주민의보호및정착지원에관한법률의 적용을 받고 있는 자와 그 가족

---

[130] 의료급여제도에 대해서는 현외성(2018: 283-295), 원석조(2014: 331-333), 임정문 외(2016: 254-257), 양승일(2015: 115-126), 양정하 외(2016: 306-326), 오봉욱 외(2015: 144), 서보준 외(2013: 179-183), 임우석 외(2012: 253-254), 이수천 외(2011: 418-430), 박병현(2010: 383-428), 이진숙 외(2010: 337-343) 등을 참고하여 정리·제시하였음.

- 광주민주화운동관련자보상등에관한법률 제8조의규정에 의하여 보상금을 받은자와 그 가족
- 전염병예방법에 의한 제3종 전염병 중 성병에 감염되어 입원진료를 받는 자

② 2종 보호대상자 : 진료비용의 20%를 본인 부담
- 국민기초생활보장법에 의한 수급권자 중 1종 보호대상자에 해당되지 않는 자

<표 20-1> 의료급여수급자의 유형

구분	지원대상
1종 수급자	기초생활수급자 : 근로무능력가구, 희귀·중증난치질환자, 중증질환자(암환자, 중증화상환자만 해당), 기초생활보장 시설수급자
	행려환자, 이재민, 의상자 및 의사자의 유족, 18세 미만 입양아동, 국가유공자, 국가무형문화재 보유자, 북한이탈주민, 5·18민주화운동 관련자, 노숙인 ※ 국가유공자, 국가무형문화재 보유자, 북한이탈주민의 경우 소득재산기준이 있음
2종 수급자	기초생활수급자 중 1종 수급대상이 아닌 가구

※ 출처 : 보건복지부(2021), 2021년 의료급여사업안내.

4) 주요 사업내용

<표 20-2> 의료급여제도의 주요 사업내용

구분	지원내용
요양 급여	진찰·검사, 약제·치료재료의 지급, 처치·수술 기타의 치료, 예방·재활, 입원, 간호, 이송에 대한 의료서비스 제공 ※ 본인부담 : (1종)입원 면제, 외래 1,000~2,000원, (2종)입원 10%, 외래 1,000원~15%, 약국 500원(일부 예외 있음)
요양비	자동복막투석에 사용되는 복막관류액 또는 소모성재료비, 당뇨병 소모성 재료비, 자가도뇨 소모성 재료비, 산소치료비, 인공호흡기·기침유발기 대여비, 양압기 임대비용 및 소모품 구입비 지원
	병·의원, 조산소가 아닌 자택 또는 이송 중 출산 시 25만 원 지급
건강 검진	○(일반건강검진) 고혈압, 당뇨 등 심뇌혈관질환을 조기 발견하여 치료 및 관리로 연계하기 위해 건강검진 실시(2년에 1회, 비사무직은 매년) - 국가건강검진제도 참조(본 책자 167p.) ○(생애전환기 건강검진) 성별연령별 특성에 적합한 맞춤형 건강진단

구분	지원내용
	- 골밀도 검사 : 만 66세 여성 - 인지기능장애 : 만 66세 이상 2년 마다 - 정신건강검사(우울증) : 만 70세를 시작으로 10년 동안 1회 - 생활습관평가 : 만 70세 - 노인신체기능검사 : 만 66, 70, 80세
임신·출산 진료비	임신·출산에 대한 진료비 60만 원을 가상계좌로 지급 (다태아인 경우 100만 원)
장애인 보조기기 구입비	장애인보조기기 구입금액 지급 ※ 보조기기에 대한 유형별 기준액, 고시금액 및 실구입 금액 중 최저금액에 해당하는 금액을 지급

※ 출처 : 보건복지부(2021), 2021년 의료급여사업안내.

〈표 20-3〉 의료급여의 주요제도

구분	대상	주요내용	비고
의료급여 연장승인제도	질환별 365일 초과자	• 질환별 365일 초과자에 대해 초과된 급여일수를 연장하는 제도 중증질환, 희귀난치성질환으로 연간 365일 초과된 경우 급여일수 연장 승인 • 11개 만성고시질환으로 연간 365일 초과된 경우 급여일수 연장 승인 • 기타 질환으로 연간 365일 초과된 경우 급여일수 연장 승인	읍·면·동 신청-연장승인신청서 제출
선택 병의원 제도	• 당연적용대상자 • 자발적대상자	• 당연적용대상자: 의료급여일수를 초과하여 사용한 경우 병의원을 선택하여 이용 • 자발적대상자: 본인 의사로 병의원을 선택하여 이용	읍·면·동 신청-선택병의원 신청서 제출
1종의료급여수급자 본인부담면제제도	• 18세미만인 자 • 임산부 • 산정특례등록자	1종의료급여수급자 외래 진료비 본인부담을 면제하는 제도	읍·면·동 신청-의료급여기관 외래진료

구분	대상	주요내용	비고
	(중증질환, 희귀난치 등) • 가정간호를 받고 있는자 • 행려환자 • 선택병의원 이용자		본인부담면제 신청서
건강생활유지 지원제도	1종의료급여수급자 (본인부담면제자제외)	• 1종의료급여수급자에게 월 6,000원을 공단 가상계좌에 지원하는 제도 본인부담면제는 지원 제외 • 건강생활유지비를 지원하여 1종의료급여수급자 외래진료시 본인부담비용 차감 1종의료급여수급자 외래진료시 본인부담비용(1차 의원 - 1,000원, 2차 병원 - 1,500원, 3차 병원 - 2,000원)	

※ 출처 : 보건복지부(2021), 2021년 의료급여사업안내.

2. 기초연금제도[131]

1) 도입배경 및 의의[132]

① 도입배경 : 1988년부터 국민연금제도가 시행되었지만 제도가 시행된 지 오래되지 않아 국민연금에 가입하지 못한 사각지대가 많이 존재하고, 가입자라 하더라도 그 기간이 짧아 충분한 연금을 받지 못하는 현상이 발생이 발생하자 이에 대한 대안이 필요

② 의의 : 현재의 심각한 노인빈곤문제를 해결하는 동시에, 미래세대의 부담을 경감시키고 노후에 안정된 혜택을 지원하고 복지를 증진함.

2) 적용대상

① 연령 요건 : 만 65세 이상인 자

---

[131] 본 서(書)의 기초연금제도에 대한 기본적인 내용은 보건복지부(2021)의 「기초연금 사업안내」를 참고하여 정리하였음.
[132] 보건복지부 기초연금 사이트(http://basicpension.mohw.go.kr) 참고.

② 소득인정액 요건 : 가구의 소득인정액이 선정기준액 이하인 자
  (선정기준액 : 단독가구 - 1,690,000원, 부부가구 - 2,704,000원)
③ 직역연금 수급권자 제외 요건 : 공무원, 사립학교교직원, 군인, 별정우체국직원 등 직역연금의 수급권자와 그 배우자는 기초연금 지급대상에서 제외

3) 기초연금액
① 기초연금 수급권자에 대한 기초연금액은 기준연금액과 국민연금 급여액 등을 고려하여 산정[133]
② 기준연금액
  - 기초연금 수급권자 중 기준연금액을 기초연금액으로 지급하는 대상
    • 공적연금(국민연금, 직역연금, 연계연금) 수급권이 없는 사람(무연금자)
    • 「국민연금법」에 따른 장애연금·유족연금 수급권자
    • 「국민연금과 직역연금의 연계에 관한 법률」에 따른 연계노령유족 (퇴직유족)연금 수급권자
    • 「장애인연금법」 제4조에 따른 수급권자
    • 「국민기초생활보장법」 제2조제2호에 따른 수급권자
    • 국민연금 급여액 등이 기준연금액의 150% 이하인 자
  - 기준연금액 : 월 최대 300,000(2021년 1월 ~ 2021년 12월)
③ 기초연금액
  - 기준연금액의 지급대상에 해당하지 않는 자의 기초연금액은 「소득재분배급여(A급여)에 따른 산식」 또는 「국민연금 급여액」 등을 고려하여 산정
  - 국민연금 수급권자의 기초연금액 산정 : 국민연금 소득재분배급여금액(A급여액) 기준

    - {기준연금액3) - (2/3 × A급여액)} + 부가연금액

  - 연계노령연금 수급권자 : 국민연금 A급여액과 연계퇴직연금액의 1/2을 합산 적용

    - {기준연금액 - 2/3 × (A급여액 + 연계퇴직연금액의 1/2)} + 부가연금액

④ 부가연금액 : 월 최대 150,000원(2021년 1월 ~ 2021년 12월)

---

133) 공적 노후소득보장체계는 국민연금을 주축으로 하고 국민연금액에서 부족한 부분은 기초연금으로 보전하여 모든 국민이 노후에 최소한의 생활을 할 수 있는 사회안전망을 제공하고자 국민연금 급여액 등을 고려하여 산정

▶ 제20장. 공공부조제도(2) : 의료급여제도 등

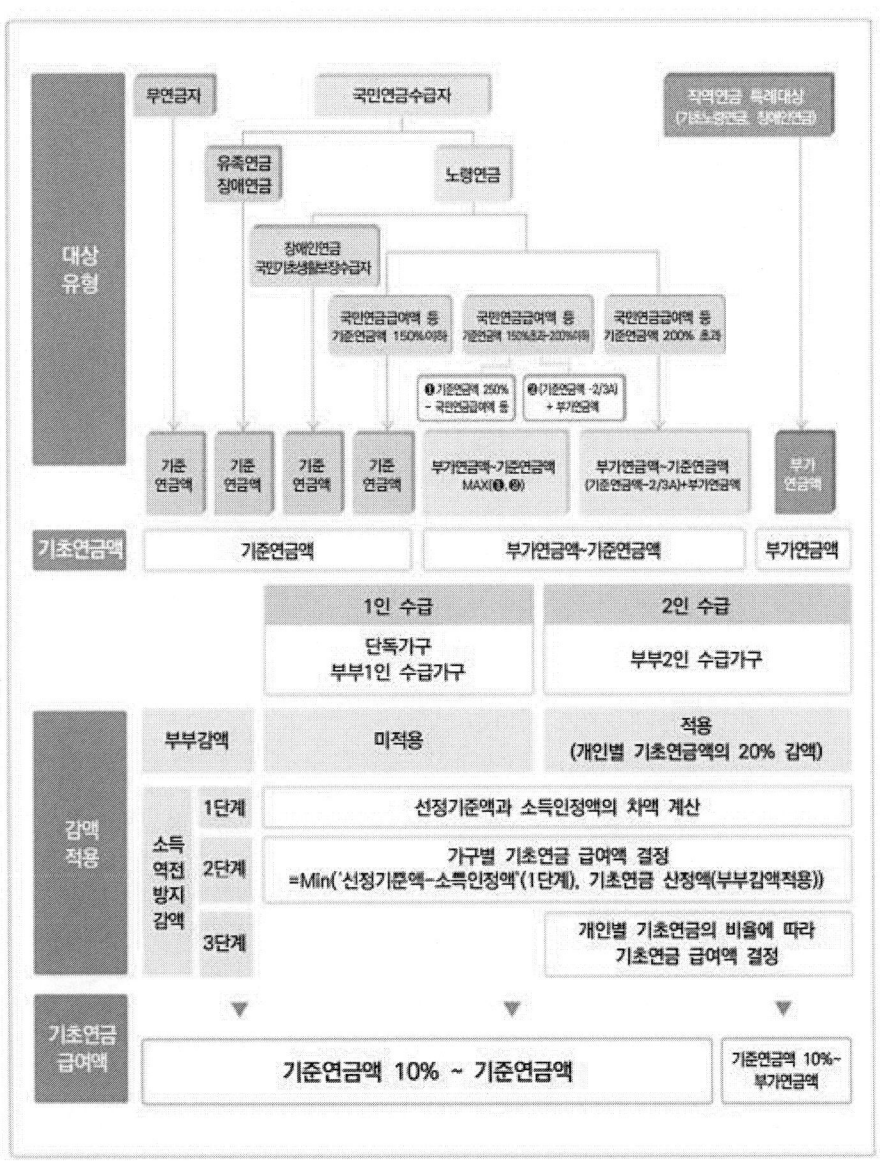

[그림 20-1] 기초연금의 급여액 결정

4) 비용의 분담
① 국가는 지방자치단체의 노인인구 비율 및 재정 여건 등을 고려하여 기초연금의 지급에 드는 비용 중 40% 이상 90% 이하 범위에서 비용을 부담
② 국가가 부담하는 비용을 뺀 비용은 시·도와 시·군·구가 상호 분담[134]

---
[134] 시·도와 시·군·구의 부담비율은 보건복지부장관과 협의하여 시·도의 조례 및 시·군·구의

③ 재정이 상대적으로 열악하나 사회복지분야의 예산 지출 규모가 비교적 큰 시·군·구의 재정부담을 완화하고자 국가가 해당 시·군·구의 기초연금 지급에 드는 비용 중 일부를 추가 지원

5) 국가와 지방자치단체의 책무 [법 제4조]
① 기초연금이 노인의 생활안정을 지원하고 복지를 증진하는 데 필요한 수준이 되도록 최대한 노력하여야 하고, 이에 필요한 비용을 부담할 수 있도록 재원을 조성
  - 이 경우 「국민연금법」 제101조 제1항에 따라 설치된 국민연금기금은 기초연금 지급을 위한 재원으로 사용할 수 없음.
② 국가와 지방자치단체는 기초연금의 지급에 따라 계층 간 소득역전 현상이 발생하지 아니하고 근로의욕 및 저축유인이 저하되지 아니하도록 최대한 노력하여야 함.

3. 긴급복지지원제도[135]

1) 대상 : 위기상황으로 생계유지가 어려운 가구.
  ※ 위기상황
   - 주 소득자가 사망, 가출, 행방불명, 구금시설에 수용 등의 사유로 소득 상실하고 가구 구성원에게 다른 소득원이 없는 때
   - 보건복지가족부장관이 정하여 고시하는 사유가 발생한 때

2) 긴급복지지원제도의 급여
  ① 금전 또는 현물 등의 직접지원
  ② 생계지원 : 식품비와 의복비 등 생계우지에 필요한 비용 또는 현물 지원, 최저생계비의 60% 까지 지원
  ③ 긴급복지지원의 기간은 1개월 간의 생계유지 등에 필요한 지원을 기본으로 함.

4. 재해구호 사업

조례로 정함.
135) 긴급복지지원제도에 대해서는 류기형 외(2018: 232-235), 임정문 외(2016: 260-262), 오봉욱 외(2015: 143-144), 서보준 외(2013: 183-185) 등을 참고하여 정리·제시하였음.

1) 개념 및 구호 대상
   ① 재해구호사업이란, 한해. 풍수. 수해. 화재 등 비상재해가 발생하였을 때 국가와 지방자치단체가 공적자금을 활용하여 그 지역의 재해를 구호하여 주는 응급구호
   ② 재해구호법은 1962년 제정, 실시되었고, 1990년 농작물재해보상법이 제정되어 시행

2) 재해구호의 내용
   ① 사망·실종자의 유족 및 부상자 위로금
   ② 이재민 생계구호
   ③ 재해복구지원
   ④ 방역·의료구호 및 식품위생관리

3) 재해 구호 기금 적립 및 관리

5. 근로장려세제(EITC, Earned Income Tax Credit)[136]

1) 개념
   ① 사회보험이나 기초생활보장제도의 혜택을 받지 못하는 저소득근로자에게 정부가 생계비 등을 보조해 주는 조세 제도, 즉 일은 하고 있으나 소득이 적어 생활이 어려운 저소득근로자 가구를 지원하기 위한 근로연계형 소득지원제도
   ② 1975년 미국에서 최초로 도입된 제도. 우리나라는 2008년부터 시행해서 2009년도에는 그 혜택이 확대됨.

2) 특징
   ① 세금을 걷는 것이 아니라 반대로 지원해주기 때문에 "마이너스 소득세"라고도 함.
   ② 근로의욕을 높이는 효과가 있음.

3) 선정기준
   ① 소득요건: 1세대 구성원 전원의 총소득기준금액

---

[136] 근로정려세제에 대해서는 원석조(2014: 333-336)를 참고하기 바람. 특히 구체적인 내용에 대해서는 조세특례제한법 제10절의2의 법 규정을 살펴보기 바람.

㉮ 단독가구 : 2,000만원 미만
㉯ 홀벌이 가구 : 3,000만원 미만
㉰ 맞벌이 가구 : 3,6000만원 미만
② 부양요건 : 18세 미만 자녀 1인 이상(동거가족으로서 소득금액 합계액이 100만원 이하, 해당 거주자의 주소나 거소에서 생계를 같이 함)(가족관계등록부 제출)
③ 재산요건 : 가구원이 소유하고 있는 토지·건물·자동차·예금 등 대통령령으로 정하는 재산의 합계액이 2억원 미만일 것
④ 국민기초생활보장 급여 3개월 이상 수급가구는 지급대상에서 제외

4) 지급액 : 최대 300만원(맞벌이의 경우)

6. 기타
- 의사상자 예우에 관한 사업
- 북한이탈주민보호 및 정책지원에 관한 사업
- 일제하 일본군위안부 피해자에 대한 생활안정 및 기념사업 등에 관한 사업

7. 우리나라의 공공부조의 문제점과 주요 과제

1) 국민기초생활보장제도의 문제점 및 과제
  ① 수급자 신정과정에서의 문제
  ② 도덕적 해이 내지는 노동 동기의 약화를 경계
  ③ 사회복지사들의 전문성 확보와 확대 배치
  ④ 자활지원프로그램의 개선 요구

2) 의료급여제도의 문제점 및 과제
  ① 의료보호대상자의 선정방법과 그 범위의 객관성 제고방안이 모색
  ② 진료비의 심사와 지급체계를 정립
  ③ 장기적으로 의료급여보호제도를 건강보험제도에 흡수, 통합시켜 행정 비용을 막고 대상자들의 낙인문제를 해결하고 사회보험의 원리가 적용되도록 함.

3) 재해구호사업의 주요 쟁점
   ① 재해구호기금의 관리문제로 관리전문가의 배치가 필요
   ② 재해는 천재보다 인재로 발생하는 경우가 더 높기 때문에 예방을 강조

★ 평가하기

Q1 EITC에 대한 설명으로 바르게 된 것은?

> ㉠ 조세제도를 활용한 소득보장제도이다.
> ㉡ 일을 통한 빈곤 탈출 정책의 일환이다.
> ㉢ 최대급여액은 맞벌이의 경우 300만원 이다.
> ㉣ 임금 및 자영업노동 등 일을 하고 있는 조건이어야 지원 가능하다.

① ㉠, ㉡, ㉢   ② ㉠, ㉢   ③ ㉡, ㉣
④ ㉣   ⑤ ㉠, ㉡, ㉢, ㉣

해설 : 근로장려세제(EITC)는 저소득층의 세금부담을 경감시켜주는 동시에 근로소득이 일정수준 이하인 가구에 대해서는 현금급여를 제공할 수 있는 조세체계를 활용한 "근로연계형 소득보장제도"이다. 또한 근로빈곤층에 대한 소득지원과 근로유인을 목표로 하는 제도이다. 근로소득의 변화에 상관없이 최대급여액을 수급하는 평단구간에서 최대급여액은 맞벌이가구의 경우 300만원이다.

Q2 다음 중 긴급복지지원제도에 대한 설명으로 적합하지 않은 것은?

① 위기상황에 처한 사람을 신속하게 지원하기 위한 제도이다.
② 생계·의료·주거 지원 등을 제공한다.
③ 2006년 3월부터 시행된 한시적인 제도이다.
④ **국민기초생활보장 수급권자를 대상으로 한다.**
⑤ 현물지원이 곤란한 생계지원 또는 해산비와 장제비의 경우에는 금전지원을 실시한다.

해설 : 긴급복지지원제도는 갑자기 어려운 위기에 처한 사람이 국민기초생활보장제도를 신청하여 수급받는 데 걸리는 기간이 상당히 길기 때문에 발생하는 문제를 보완하기 위해 선지원·후심사의 형태로 단기간 지원하는 제도이다.

Q3 의료급여법에 관한 설명으로 옳은 것은 무엇인가?

① 의료급여비용은 전부 의료급여기금에서 부담한다.
② 의료급여를 받을 권리는 양도 또는 압류할 수 있다.
③ 의료급여 내용에 건강검진은 포함되지 않는다.
④ 국내에 입양된 18세 미만의 아동도 수급권자에 포함된다.

해설 :
- 급여비용의 본인부담 : 급여비용은 대통령령으로 정하는 바에 따라 그 전부 또는 일부를 의료급여기금에서 부담하되, 의료급여기금에서 일부 부담하는 경우 나머지 비용은 본인이 부담함.
- 수급권의 보호 : 의료급여를 받을 권리는 양도하거나 압류할 수 없음
- 의료급여 내용 : 진찰·검사, 약제·치료재료의 지급, 처치·수술과 그 밖의 치료, 예방·재활, 입원, 간호, 이송과 그 밖의 의료목적의 달성을 위한 조치
- 수급권자 구분

구분	대상
1종 수급권자	국민기초생활보장법'에 의한 수급자 중 다음의 어느 하나에 해당하는 자 • 근로능력이 없거나 근로가 곤란하다고 인정된 자만으로 구성된 세대의 구성원 • 18세 미만, 65세 이상, 중증장애인 등 • 타법에 의한 의료급여 수급권자(이재민, 의상자 및 의사자의 유족, 입양아동, 국가유공자, 중요무형문화재 보유자, 북한이탈주민, 5.18 민주화운동 관련자, 노숙인 등) • 일정한 거소가 없어 무연고자로 확인된 사람
2종 수급권자	• 국민기초생활보장법에 따른 수급권자 중 1급 수급권자에 해당하지 아니하는 자 • 보건복지부장관이 2급 의료급여가 필요하다고 인정하는 자

Q4 의료급여법령에 관한 설명으로 옳지 않은 것은?

① 국민기초생활보장법에 따른 수급자는 의료급여 수급권자이다.
② 수급권자가 다른 법령에 따라 의료급여를 받고 있는 경우에는 의료급여법에 따른 의료급여를 하지 아니한다.
③ 관할 시장·군수·구청장은 수급권자가 되려는 자의 인정 신청이 없더라도 직권으로 수급권자를 정할 수 있다.
④ 지역보건법에 따라 설치된 보건지소는 제1차 의료급여기관이다.

⑤ 의료급여기관은 의료급여를 하기 전에 수급권자에게 본인부담금을 청구하여서는 아니 된다.

해설 : 의료급여법 제3조의3(수급권자의 인정 절차 등)의 제1항에 의하면, 의료급여법의 수급권자가 되려는 사람은 보건복지부령으로 정하는 바에 따라 시장·군수·구청장에게 수급권자 인정 신청을 하여야 한다.

Q5 국민기초생활 보장법에 따른 의료급여 수급자로서 의료급여법상 1종 수급권자가 아닌 사람은?

① **18세인 자**
② 65세인 자
③ 장애인고용촉진 및 직업재활법에 따른 중증장애인
④ 임신 중에 있는 자
⑤ 병역법에 따른 병역의무를 이행중인 자

해설 : 의료급여법 상 의료급여 수급권자의 연령별 기준은 '18세 미만' 과 '65세 이상' 이다.

Q6 우리나라의 근로장려세제에 관한 설명으로 옳지 않은 것은?

① 자녀수별로 급여액, 급여의 증가율, 급여의 감소율 등을 차등화 하였다.
② **고용노동부가 주무 부처이다.**
③ 저소득층의 소득증대와 근로유인을 목표로 한다.
④ 미국의 EITC 제도를 모델로 하였다.
⑤ 우리나라 근로장려세제의 모형은 점증구간·평탄구간·점강구간으로 되어 있다.

해설 : 근로장려세제는 소득이 일정한 수준 이하인 근로소득자에 대하여 소득에 따른 세액 공제액이 소득세액보다 많은 경우에 그 차액을 돌려주는 제도로서, 주무부서는 국세청이다.

Q7 다음에서 설명하고 있는 제도는?

"면세점 이하의 소득계층에 대해 현금급여혜택을 부여하는 제도로서, 소득신고액이 과세대상의 최저한도 이하인 경우에 그 부족분에 대해서는 일정률을 적용하여, 그만큼의 금액을 정부가 세금의 환급과 같은 방법으로 지급하는 제도이다"

① 메디케이드(Medicaid)　　　　**② 부의 소득세(Negative Income Tax)**
③ 빈곤가정 일시부조(TANF)　　④ 조세지출(Tax Expenditure)
⑤ 메디케어(Medicare)

해설 : 부의 소득세는 기본적으로 소득세의 구조를 빈곤층까지 확장하는 제도로서, 세금을 징수하는 것이 아니라 오히려 급부를 한다는 점에서 부의 소득세라고 부른다. 우리나라의 근로장려제도가 그 예이다.

Q8 다음 중 의료급여법에 관한 설명으로 옳은 것은?

〈 보 기 〉
가. 수급권은 압류할 수 없다.
나. 차상위계층의 경우에도 의료급여 수급권자 될 수 있다.
다. 수급자는 1종과 2종으로 구분된다.
라. 건강보험공단에서 수급자격을 관리한다.

① 가 · 나 · 다　　　　② 가 · 다　　　　③ 나 · 라
④ 라　　　　　　　　**⑤ 가 · 나 · 다 · 라**

해설 : 의료급여수급권자는 1종, 2종으로 구분되는데, 차상위계층의 경우에도 기준이 충족될 경우 의료급여 2종 수급자가 될 수 있다.

제21장 사회복지정책의 과제와 전망

1. 목표체계의 확립과 대상범위의 확대
① 국민 최저수준을 사회보험급여를 통해 해결하고, 이를 보완하는 급여로서 공공부조를 존속시켜 나가도록 사회복지정책의 목표와 방향을 설정해야할 필요가 있음.
② 우리나라 사회복지정책의 목표로서 강조되어야 할 점은, 비정규 근로자 집단을 포함한 근로자 집단 전체를 사회보험 당연적용 대상으로 포함시켜야 함.

2. 사회복지정책 프로그램과 급여의 내실화
① 소득비례형 프로그램이 운영되어야 하고 지역가입자의 소득 불성실 신고로 인해 일부 자영업자에게 소득이 이전되는 왜곡현상에 대한 대책이 필요함.
② 공공부조의 경우, 국민기초생활보장 프로그램이 효율적으로 운영되려면 수급자 선정과정에서 신청자나 부양의무자들의 소득 및 재산파악이 제대로 이루어질 수 있어야 하고, 급여에 대해서도 현실화가 필요함.

3. 전달체계의 개선
① 사회복지서비스가 대상자에게 포괄적이고 통합적으로 대상자에게 제공되기 위해서는 지역주민의 욕구에 따른 특수성과 다양성을 고려하여 지방정부 차원에서의 전달체계를 민간과 공공이 상호보완적이면서 협력할 수 있는 협력형 전달체계를 구축해야 함.

4. 재원의 조달 : 사회복지 관련 재원의 안정적인 확보
① 사회복지관련 재원의 규모는 국민경제의 부담능력을 감안하여 합리적인 수준에서 결정
② 소득이 있는 곳에는 적절한 과세가 이루어져야 하며, 성실 신고자로부터 불성실신고자들에게 소득이 이전되는 현상이 발생하지 않도록 이들의 소득을 정확히 파악하여야 함.
③ 사회보험 재원의 조달과 대상자 급여에 있어서 효율성을 높이고, 사회보험관리 운영체계의 개선을 통해 사회보험 재정의 안정화가 이루어져야 하고, 민간 파트너십을 통한 민간재원을 동원하기 위한 효과적인 방안들이 마련되어야 할 것임.

▶ 참고문헌

[참 고 문 헌]

<국내문헌>

감정기·최원규·진재문, 2002, 「사회복지의 역사」, 나남출판.
강용규·김 병·김용준·김종상·김준환·박보식·염일열·최정규, 2007, 「사회복지개론」, 공동체.
강용규·김형수·양정하·오종희·유용식·전리상·주익수, 2013, 「사회회복지행정론」, 공동체.
강용규·정재필·김영호, 2020, 「사회복지학개론」, 지식공동체.
강혜규, 2004, "행정환경의 변화와 지방 사회복지 행정체계 개편의 과제", 한국사회복지행정학회 2004 추계학술대회 및 workshop.
강희갑·이상주·김명근·신기원·이규태, 2007, 「사회보장론」, 양서원.
곽효문, 1995, 「복지정책론」, 제일법규.
구재관·김성철·김재원·박경숙·박종팔·이양훈, 2012, 「사회복지정책론」, 양서원.
권오구, 2000, 「사회복지발달사」, 홍익재.
권육상·신상수·김희성·나용선·조상윤·홍석자·황희숙·최광수·권오균·김충식·김지현·남화수·박종선·박경아·양시영·최명주, 2010, 「사회복지개론」, 공동체.
권혁창·김현옥·조혜정·정창률·이철수, 2017, 「사회복지개론」, 학지사.
김경우·신상수·이승현·김재경, 2013, 「사회복지행정론」, 동문사.
김경우·박승식·신경희·김영대·김재경, 2014, 「사회복지정책론」, 동문사.
김광희, 2010, 「지역사회복지론」, 공동체.
＿＿＿, 2011, 「지역사회복지론」, 공동체.
김귀환, 2013, 「사회복지정책론」, 정민사.
김근조, 1991, 「사회복지법론」, 도서출판 광은기획.
＿＿＿, 1994, 「(개정)사회복지법론」, 도서출판 광은기획.
김기태·박병현·최송식, 2000, 「사회복지의 이해」, 박영사.
김병록·김귀환·유정욱·조당호, 2013, 「사회복지정책론」, 동문사.
김상호, 1998, "적립방식과 부과방식의 비교와 정책적 시사점", 「사회보장연구」 14권 1호, 한국사회보장학회.
김세돈, 2011, 「사회보장론」, 기한재.
김승훈, 2010, 「사회복지발달사」, 나눔의집.
김안호·양철호·류종훈, 2006, 「사회복지학개론」, 청목출판사.
김연명, 1988, "마르크스주의자의 사회정책발달이론", 「사회정책연구」 제10집, 한국복지정책연구소.
김영모 편, 1981, 「현대사회문제론」, 한국복지정책연구소 출판부, 제1장 제2절.
김영모, 1999, 「사회정책」, 한국복지정책연구소 출판부.
＿＿＿, 2000, 「사회복지학」, 한국복지정책연구소 출판부.
김영종, 2002, 「복지행정론」, 형성출판사.

김영화·박태정·장경은, 2008, 「사회복지정책론」, 공동체.
김제선·고강호·강석주·김재원·이규태, 2015, 「사회복지행정론」, 양서원.
김종명·김경섭·권원기·송낙길·염일열·오선영·장정순, 2010, 「사회복지정책론」, 양서원.
김종명·송낙길·염일열·이영희·이형렬·임재옥·장정순, 2015, 「사회복지정책론」, 양서원.
김종상·임우석·장은석·한재원, 2014, 「사회복지정책론」, 동문사.
김준규·김교정·유태완·정현숙, 2011, 「사회복지개론」, 창지사.
김태성, 2003, 「사회복지정책입문」, 청록출판사.
김태성·김진수, 2003, 「사회보장론」, 청목출판사
_____, 2004, 「사회보장론(개정판)」, 청목출판사
_____, 2005, 「사회보장론(2판)」, 청목출판사.
김태진, 2001, 「사회복지발달사」, 대구대학교출판부.
김해동·정홍익, 1985, 「사회행정론」, 한국방송통신대학교출판부.
김형식·이영철·신준섭, 2001, 「사회복지행정론」, 동인.
_____, 2013, 「사회복지행정론」, 양서원.
나직균·임정문·임동빈·현영렬, 2011, 「사회복지개론」, 동문사.
남기민, 2004, 「사회복지정책론」, 학지사.
_____, 2010, 「사회복지정책론(개정판)」, 학지사.
남일재·문영주·오 주, 2015, 「사회복지행정론」, 정민사.
남진열·강세현·전영록·유용식, 2010, 「지역사회복지론」, 공동체.
노병일, 2002, 「사회보장론」, 대학출판사.
_____, 2016, 「사회복지정책론」, 공동체.
류기형·강대선·류지선·배의식·백정원·손지현·옥수선·이미라·조향숙, 2018, 「사회복지개론(2판)」, 양서원.
류상열, 2002, 「사회복지역사」, 학지사.
모지환·김동원·김형수·박상하·안 진·엄기욱·오근식·이용교·이형하·장 현, 2005, 「사회보장론」, 학지사.
문수열·김 병·박주현, 2013, 「사회복지정책론」, 창지사
문수열·김 병·이창희·원기연·정영일·박주현, 2012, 「사회복지의 이해」, 창지사.
박경일, 2008, 「사회복지정책론」, 공동체.
_____, 2009, 「사회복지정책론」, 공동체.
박경일·김경호·김희년·서미경·양정하·이경희·이명현·장중탁·전광현, 2000, 「사회복지학강의」, 양서원.
_____, 2007, 「사회복지학강의」, 양서원.
박광준, 2002, 「사회복지의 사상과 역사」, 양서원.
_____, 2004, 「고령화사회의 노인복지정책」, 현학사.
박병현, 2003, 「사회복지정책론」, 현학사.

_____, 2008, 「사회복지정책론」, 학현사.
_____, 2010, 「사회복지정책론」, 학현사.
_____, 2012, 「사회복지정책론」, 학현사.
_____, 2013, 「사회복지정책론」, 학현사.
_____, 2016, 「사회복지의 역사」, 공동체.
박상하·유정욱·박연희·조성경·박일연·홍성대·김충식·노길희·양희택·전영숙, 2007, 「사회복지개론」, 양서원.
박석돈, 2002, 「사회보장론」, 양서원.
_____, 2006, 「사회보장론」, 양서원.
_____, 2010, 「사회보장론」, 양서원.
박석돈·김만호·성희자·이애재·신원식·배성우·남영옥·명선영·임성옥·이옥희·김수정·손지아·권신영·박순미, 2008, 「사회복지개론」, 양서원.
_____, 2010, 「(개정)사회복지개론」, 양서원.
박선태·최병태·서보준·김우호·김영숙·김학란, 2012, 「사회복지행정론」, 정민사.
박용순, 2008, 「사회복지개론」, 학지사.
박영순·송진영, 2012, 「지역사회복지론」, 학지사.
박정호, 2001, 「사회복지정책론」, 학지사.
_____, 2003, 「사회복지정책론(개정판)」, 학지사.
박종팔·구재관·김명근·박용권·조국행·송노원·이양훈, 2013, 「사회복지행정론」, 양서원.
박주현, 2018, 「사회복지발달사」, 어가.
박차상·김옥희·신민정·강윤경, 2006, 「사회복지학개론」, 학현사.
박차상·이경철·오세영, 2009, 「사회복지행정론」, 창지사.
_____, 2011, 「사회복지행정론」, 창지사.
박현수 역, 1991, 「거대한 변환」, 민음사, Polanyi, K., 1944, *The Great Transformation : The Political and Economic Origins of Our Time*, Boston : Beacon Press.
박현식·박지현·변보기·송혜자·오영훈·이옥진·정지웅·최미영, 2018, 「사회복지개론」, 양서원.
배기효·이해영·문혜숙·이연복·이채식·이형열·박 영·박영국·이남순·최순옥, 2010, 「사회복지개론」, 창지사.
배은영·류기덕·김남수·조당호·조대흥·권도국, 2010, 「사회복지행정론」, 공동체.
변재관·이인재·심재호, 2000, 「참여형 지역복지 체계론」, 나눔의집.
보건복지부, 2019, 국민기초생활보장사업안내.
보건복지부, 2021, 2021년 기초연금 사업안내.
보건복지부, 2021, 2021년 의료급여사업안내.
봉민근, 1997, 「사회복지정책론」, 학문사.
_____, 1999, 「사회복지정책론」, 학문사.
서보준·김우호·이대주·서명환·김정호·이정미·김갑주·박선태, 2014, 「사회복지정책론」, 공동체.

서보준·오현숙·송은희·김우호·박선태·김학란·현영렬, 2013, 「사회복지개론」, 공동체.
서상목·최일섭·김상균, 1988, 「사회복지 전달체계의 개선과 전문인력 활용방안」, 한국개발연구원.
성규탁, 1988, 「사회복지행정론」, 법문사.
_____, 1992, 「사회복지행정론」, 법문사.
송근원, 1994, 「사회복지와 정책과정」, 대영문화사.
_____, 2000, 「사회복지정책론」, 나남출판.
_____, 2004, 「사회복지정책학」, 학지사.
송근원·김태성, 1995, 「사회복지정책론(초판)」, 나남출판사.
_____, 1999, 「사회복지정책론(6쇄)」, 나남출판사.
_____, 2000, 「사회복지정책론」, 나남출판.
신민정·엄일열·조성욱, 2015, 「사회복지행정론」, 공동체.
신복기·박경일·장중탁·이명현, 2005, 「사회복지행정론」, 양서원.
신섭중·박광준·천세충·유광호·나병균·박병현·Thomlison Ray J.·김형식·임춘식·이수영·손준규, 1994, 「세계의 사회보장: 역사, 현황, 전망」, 유풍출판사.
신수식, 1989, 「사회보장론」, 박영사
신원식·김민주·김순애·박선태·박진필·이종운, 2011, 「사회복지개론」, 공동체.
신원식·채희용·우병훈·전대성·조성욱·김순애·김민주·이종운·류기덕·박진필·김영준, 2012, 「사회복지행정론」, 형설출판사.
심상용·심석순·임종호, 2016, 「사회복지발달사」, 학지사.
안홍순, 2012, 「사회복지정책론」, 공동체.
양승일, 2013, 「사회복지행정의 전달체계」, 행정학전자사전.
_____, 2015, 「사회복지정책론」, 양서원.
양점도·김도희·김혜영·박영국·박인태·박창제·신민전·이경은·전용호·정성일·채현탁, 2010, 「사회복지개론」, 공동체.
양정하·임광수·이명현·황인옥·신현덕·임 혁, 2004, 「사회복지정책론」, 양서원.
양정하·황인옥·배의식, 2013, 「사회보장론」, 공동체.
양정하·황인옥·신현석·유태완, 2001, 「사회복지정책론」, 양서원.
_____, 2016, 「사회복지정책론」, 양서원.
오미옥·정창훈·유정욱, 2013, 「사회복지정책론」, 정민사.
오봉욱·이명순·이영주·이태희·장수복·전수미·한주빈, 2015, 「사회복지개론」, 동문사.
오석홍, 2004, 「행정학」, 박영사.
오정수, 1988, "우리나라 민간사회복지 부분의 기능과 구조 개선방안", 「사회복지」 제136호.
오정수·류진석, 2004, 「지역사회복지론」, 학지사.
원석조, 2001, 「사회복지정책학원론」, 양서원.
_____, 2004, 「사회보장론」, 양서원.
_____, 2010, 「사회복지정책론(3판 1쇄)」, 공동체.

_____, 2012, 「사회복지정책론(4판 1쇄)」, 공동체.
_____, 2013, 「사회복지역사의 이해」, 양서원.
_____, 2014, 「사회복지정책론(5판 1쇄)」, 공동체.
_____, 2016, 「사회복지정책론(6판 1쇄)」, 공동체.
_____, 2018, 「사회복지발달사(5판)」, 공동체.
_____, 2019, 「사회복지개론」, 공동체.
유광호, 1985, "복지국가 이념의 이상적 연원(Aufsatz : Die Ideengeschichtlichen Grundlagen des Wohlfahrtsstaates)", 「경상논총」 3권, 한독경상학회.
윤철수·노 혁·도종수·김정진·김미숙·석말숙·김혜경·박창남·장은숙, 2008, 「사회복지개론」, 학지사.
이 강, 2010, 「한국사회복지정책론」, 동문사.
이광찬, 1992, "사회조합주의 복지국가와 국가조합주의 복지국가론의 비교연구", 중앙대학교 박사학위논문.
이상구·전남련·김갑용·석재은·김미자·이은화·이권일·오영식·김덕일, 2009, 「사회복지행정론」, 학현사.
이상은·권혁창·김기태·김정근·남현주·손동기·윤상용·정인영·정찬미·정창률·최유석, 2019, 「사회보장론: 제도의 원리와 형태」, 학지사.
이수천·고광신·전준현, 2011, 「사회복지정책론」, 나눔의집.
이영철·박미은·윤동성·엄기욱·이용교, 2003, 「사회복지학」, 양서원.
이인재·류진석·권문일·김진구, 1999, 「사회보장론」, 나남출판.
_____, 2002, 「사회보장론」, 나남출판.
_____, 2006, 「사회보장론」, 나남출판.
이종복·이상구·전남련·나예원·최홍성·박주선·김정애·이유선, 2014, 「사회복지행정론」, 정민사.
이종복·전남련·김덕일, 2006, 「사회복지실천론」, 학현사.
이준상·박애선·김우찬, 2018, 「사회복지발달사」, 학지사.
이준영·김제선, 2012, 「사회보장론: 원리와 실제」, 학지사.
이진숙·주은선·신지연·윤나리·노승택, 2010, 「사회복지정책론」, 양서원.
_____, 2014, 「사회복지정책론」, 양서원.
임봉호·김승훈·박종팔·남상권·조국행, 2010, 「사회복지정책론」, 양서원.
임영진·이영찬 역, 2003, 「영국 사회정책 현대사 : 구빈법에서 신노동당까지」, 인간과 복지, Jones, Kathleen, 2000, *The Making of Social Policy in Britain : from the poor law to new labour*, London : Continuum.
임우석·임선영·신민선·김양순·박지영·구금섭·최인근·김종철·장천식·장석고·엄미아, 2012, 「사회복지개론」, 공동체.
임은희·홍숙자·김성기, 2012, 「사회복지발달사」, 양서원.
임정문·현영렬·김재경·이덕희·나직균, 2016, 「사회복지개론」, 동문사.
임춘식·김근홍·김형방·김형수·김혜경. 2008, 「노인복지학개론」, 학현사.
장동일, 2008, 「한국사회복지법제론」, 동문사.

장인협, 1988, 「사회복지학개론」, 서울대학교 출판부.
장인협·이혜경·오정수, 1999, 「사회복지학」, 서울대학교출판부.
장창호·고순철·김익균·김치영, 2006, 「지역사회복지론」, 교문사.
전재일·배일섭·정영숙, 2000, 「사회복지정책론」, 형성출판사.
전해황·김종명·송낙길·송혜자·이영희·이장희·장정순, 2016, 「사회복지행정론」, 양서원.
정무성·김성철·나임순·노승현·유용식·이계윤, 2010, 「사회복지개론」, 신정출판사.
정재훈·유영림·이수진, 2016, 「사회복지발달사」, 청목출판사.
정정길, 2001, 「행정학의 새로운 이해」, 대명출판사.
조성한, 1997, 「사회복지행정서비스 전달체계 연구」, 한국행정연구원.
채구묵, 2009, 「사회보장론」, 학현사.
최경구, 1991, "조합주의 복지국가 연구", 고려대학교 박사학위논문.
최성재·남기민, 1993, 「사회복지행정론」, 나남출판.
_____, 2002, 「사회복지행정론」, 나남출판.
최용민·김치영·김경희·이종모, 2015, 「사회복지행정론」, 동문사.
최일섭·류진석, 2004, 「지역사회복지론」, 서울대학교출판부.
최일섭·정 은, 2006, 「현대 사회복지의 이해」, 공동체.
최일섭·최준보, 2012, 「사회복지개론」, 공동체.
한국복지정책연구소 편집부, 2002, 「사회복지학: 요약과 예상문제집」, 고헌출판부.
한국복지행정학회, 2014, 「사회복지정책론」, 양서원.
한동일·전해황·김종명·박상도·송낙길·이승현·이장희·장정순, 2011, 「사회복지행정론」, 양서원.
함세남·이만식·김근홍, 2001, 「사회복지역사와 철학」, 학지사.
허만형, 2004, 「사회복지행정론」, 법문사.
현외성, 2014, 「사회복지정책론」, 양서원.
_____, 2016, 「한국사회복지법제론」, 양서원.
_____, 2018, 「현대사회보장론」, 동문사.
홍봉수·임현진·장승전·임정빈·이해익·배재덕·이순자·정경수·곽정국·윤세희, 2012, 「사회복지정책론」, 공동체.
홍숙자·김경숙·박용권, 2015, 「사회복지발달사」, 양서원.
홍현미라·정진경·이은정·심선경·김가율·함수연, 2014, 「사회복지행정론」, 공동체.
황선영·노병일·김세원, 2012, 「(개정) 사회복지정책론」, 창지사.
황인옥·양정하·이상주·박미정·임 혁, 2006, 「사회복지법제론」, 학현사.
황진수·나종문, 2010, 「사회복지행정론」, 양서원.

〈국외문헌〉

Anderson, J. E., 1984, *Public Policy-Making (3rd ed.)*, New York : Holt, Rinehart & Winston.
Baker, J., 1970, "Social Conscience and Social Policy", *Journal of Social Policy*, Vol. 8, No. 2.

▶ 참고문헌

Beveridge, William, 1942, *Social Insurance and Allied Services*, Reprinted 1984, London: HMSO.
Brown, M., 1977, *Introduction to Social Administration in Britain*, London : Hutchinson.
Clapham, D., Kemp, P. et. al., 1990, *Housing and Social Policy*, Macmillan.
Collier, David & Messick, Richard E., 1975, "Prerequisites versus Diffusion: Testing Alternative Explanations of Social Security Adoption", *American political science review*, Volume 69, Cambridge University Press.
Dahl,, R. A., 1961, *Who Governs? Democracy and Power in the American City*, Yale Univ. Press.
DiNitto, Diana M., & Thomas, R. Dye, 1983, *Social Welfare: Politics & Public Policy*, Englewood Cliffs; New Jersey: Prentice Hall, Ins.
DiNitto, Diana M., 1991, *Social welfare: politics and public policy*, Englewood Cliffs, New Jersey : Prentice-Hall.
_____, 2000, "An Overview of American Social Policy." 11-26, In James Midgley, Martin B. Tracy and Michelle Livermore (eds.), *The Handbook of Social Policy*. London : Sage Pub., Inc.
_____, 2000, *Social Welfare: Politics and Public Policy*, Needham Heights, MA : Allyn and Bacon.
Douglas, Paul Howard, 1936, *Social Security in the United States*, Washington, D.C.: Bear Book.
Dye, Thomas R., 1981, *Understanding Public Policy (4th ed.)*, Englewood Cliffs, New-Jersey : Prentice-Hall, Inc.
Eriksen, K., 1997, *Making an impact : A handbook on counselor advocacy*, Washington, DC : Taylor & Francis.
Freeman, Howard., & Sherwood, Clarence., 1970, *Social Research and Social Policy*, Englewood Cliffs, NJ : Prentice-Hall, Ins.
Fridlander, Walter. A., 1961, *Introduction to Social Welfare*, Prentice-Hall, nc.
Friedlander, Walter. A. & Apte, Robert Z., 1955, 1980, *Introduction to Social Welfare*, 5th Edition, Prentice Hall Inc., N.J.
Furniss, Norman & Tilton, Timothy, 1977, *The Case for welfare State: From Social Security to Social Equality*, Bloomington: Indiana University Press.
Gate, Bruce. L., 1980, *Social Program Administration: The Implementation of Social Policy*, Englewood Cliffs, NJ: Prentice-Hall.
Gil, David G., 1992, *Unravelling Social Policy : Theory, Analysis, and Political Action towards Social Equality*, Cambridge Mass. : Schenkman Publishers.
Gilbert, Neil & Specht, Harry, 1974, *Dimensions of Social Welfare Policy*, Englewood Cliffs, N. J.: Prentice-Hall.
_____, 1986, *Dimensions of Social Welfare Policy* (2nd ed), Englewood Cliffs, New Jersey : Prentice-Hall.

_____, 1988, *Dimensions of Social Welfare Policy(4th ed)*, Boston: Allyn Bacon.
Gilbert, Neil & Terrell, Paul, 1998. *Dimensions of social welfare policy*, M. A.: Allyn and Bacon.
_____, 2002. *Dimensions of social welfare policy (5th ed)*, M. A.: Allyn and Bacon.
Gilbert, Neil, Specht, Harry & Terrell, Paul, 1993, *Dimensions of social welfare policy*, Englewood Cliffs, N.J. : Prentice Hall.
Gough, I., 1979, *Political Economy of the Welfare State*, London, Macmillan.
Hansmann, Henry, 1987, "Economic Theories of Nonprofit Organization", in Powell, Walter (ed.), *The Nonprofit Sector*, New Haven, CT: Yale University Press.
Harrison, M. L., 1984, *Corporatism and the Welfare State*, Hampshire : Gower Pub.
Higgins, J., 1978, "Regulating The Poor Revisited", *Journal of Social Policy*, Vol. 7, Part2.
Holzmann, R. & Jorgensen, S., 2001, "Social Risk Management: A New Conceptual Framework for Social Protection and Beyond", *International Tax and Public Finance*, Vol. 8, No. 4.
Jansson, B., 1984, *Theory and Practice of Social Welfare Policy*, California : Wadsworth Publishing Company.
Jones, C. O., 1977, *An Introduction to the Public Policy (2nd ed.)*, North Scituate, Mass: Duxbury Press.
Jones, C., Brown, J., and Bradshaw, J., 1978, *Issues in Social Policy*, Routledge and Kegan Paul, London.
Jones, Kathleen, 2000, *The Making of Social Policy in Britain : from the poor law to new labour*, London : Continuum.
Kahn, Alfred. J., 1969, *Studies in social policy and planning*, New York: Russell Sage Foundation.
_____., 1979, Social policy and social services, New York : Random House.
Kerr et al., 1964, *Industrialism and Industrial Man*, New York: Oxford Univ. Press.
Kingson, E. R. & Berkowitz, E. D., 1993, *Social Security and Medicare: A Policy Primer*, Westport, Connecticut : Auburn House.
Lowry, L., 1979, *Social Work with the Aging*, Harper and Row, N.Y.
MacCalum, G., 1967, "Negative and Positive Freedom", *Philosophical Review*, Vol. 76, No.3.
Marshall, T. H., 1963, *Sociology at the Crossroads*, Heinemann, London.
_____, 1965a, *Class, citizenship, and social development: essays*, Garden City, N.Y. : Doubleday.
_____, 1965b, *Social Policy*, London : Hutchinson.
_____, 1970, *Social Policy in the Twentieth Century*, London: Hutchinson.
Myers, Robert J., 1993, *Social Security*, Philadelphia: University of Pennsylvania Press.
Perlman, R., 1975, *Consumers and Social Services*, N. Y.: John Wiley.

Piven, F. F & Cloward, R., 1971, *Regulating the Poor; The Functions of Public Welfare*, Vintage Books.

Polanyi, K., 1944, *The Great Transformation : The Political and Economic Origins of Our Time*, Boston : Beacon Press.

Ponton, G., 1984, *Pluralist and Elitist Theories of Political Process*, Forder, A., Caslin, T. et. al., Theories of Welfare, RKP.

Prigmore, C. S. & Atherton, C. R., 1979, *Social Welfare Policy, Anaysis and Formulation*, Lexington : D.C. Health and Company.

Prigmore & Atherton, 신섭중 역, 1984, 「사회복지정책: 분석과 형성」, 부산대학교출판부.

Ramesh Mishra, 1977, *Society and Social Policy*, Macmillan, London.

Rein, Martin. 1970, *Social Policy : Issues of Choice and Change*, New York: Random House.

Rejda, George E., 1999, *Social Insurance and Economic Securit.* (6th ed), N.J.: Prentice-Hall.

Romanyshin, J. M., 1971, *Introduction to social welfare*, Englewood Cliffs, NJ: Prentice Hall.

Schmitter, Philippe C., 1974, "Still the century of corporatism?", *Review of Politics*, 36(1), Notre Dame, Ind: University of Notre Dame.

_____, 1979, *Still the Century of Corporatism?*, in Trends Towards Corporatist Intermediation, ed. Schmitter, Philippe C. and Lehmbruch, Gerhard, London: Sage.

Schmoller, Gustav, von., 1875, *Strassburg zur Zeit der Zunftkämpfe.*

Shortland, R. L., Mark, M. M. (eds.), 1985, *Social Science and Social Policy*, Beverly Hills, CA.: Sage.

Suchman, Edward Allen, 1967, *Evaluative research; principles and practice in public service & social action programs (1 edition)*, New York : Russell Sage Foundation.

Sullivan, M., 1987, *Sociology and Social Welfare*, London : Allen & Unwin.

Titmuss, Richard. M., 1958, *Essays on the Welfare State*, London : Allen & Unwin.

_____, 1963, "Social administration in a changing society", in Essays on the Welfare State, Boston : Beacon Press.

_____, 1968, *Commitment to Welfare*, London : Allen & Unwin.

_____, 1969, Essays on "the welfare state", Beacon Press in Boston.

_____, 1974, *Social Policy: an Introduction*, New York : Pantheon Books.

_____, 1979, *Social Policy*, London: Allen & Unwin.

Townsend, Peter. B., 1970, *The fifth social service: a critical analysis of the Seebohm Proposals*, London: Fabian Society.

_____, 1975, *Sociology and Social Policy*, Hamondsworth : Penguin.

Wagner, A., 1891, *Uber ozial Finanz and Steuerpolitik, Archiv Fur Soziale Gesetzgebung and Statistik*, Bd. IV.

Webb, A. L., Sieve, J. E. B., 1971, *Income Redistribution and the Welfare State*, London: Bell & Sons.

Weddburn, D., 1965, *Facts and Theories of the Welfare State*, The Socialist Register, London.
Weiss, C. H., 1972, *Evaluation Research*, Englewood Cliffs, New Jersey : Prentice-Hall, Inc.
Wholey, J. S., 1987, "Evaluability Assessment: Developing Program Theory", Special Issue: Using Program Theory in Evaluation, *New Directions for Program Evaluation*, Vol. 33.
Wilensky, Harold L. and Lebeaux, C. N., 1958, *Industrial Society and Social Welfare*, New York: The Free Press, Publication of the Russell Sage Foundation.
_____, 1965, *Industrial Society and Social Welfare*, N.Y. : Russell Sage Foundation.
Wilensky, Harold L., et al., 1985, *Comparative social policy: theories, methods, findings*, Berkeley : Institute of International Studies, University of California.